纪念中国共产党成立100周年
课程思政专辑

杏坛上的
时代之光

蒋传光　贺朝霞　主编
樊志辉　执行主编

中国出版集团　东方出版中心

图书在版编目（CIP）数据

杏坛上的时代之光 / 蒋传光，贺朝霞主编. 一上海：
东方出版中心，2023.4
ISBN 978-7-5473-2182-9

Ⅰ. ①杏… Ⅱ. ①蒋… ②贺… Ⅲ. ①师范大学－思
想政治教育－教案(教育)－上海 Ⅳ. ①G651

中国国家版本馆CIP数据核字（2023）第081706号

杏坛上的时代之光

主　　编　蒋传光　贺朝霞
执行主编　樊志辉
特约编辑　刘　旭
责任编辑　冯　媛
封面设计　钟　颖

出版发行　东方出版中心有限公司
地　　址　上海市仙霞路345号
邮政编码　200336
电　　话　021－62417400
印 刷 者　上海盛通时代印刷有限公司

开　　本　710mm×1000mm　1/16
印　　张　21.25
字　　数　266千字
版　　次　2023年6月第1版
印　　次　2023年6月第1次印刷
定　　价　88.00元

序

经过认真的筹备，体现哲学与法政学院多学科特色的出版物——"思想与时代"系列正式出版了，这是学院学科建设和科研工作的一件大事。该系列将以每年举办的"哲学与法政学院学术论坛"收录的论文为基础，同时收录全院师生（含博士和硕士研究生）在各学科领域的高质量科研论文，每年出版两本，为全院师生的科学研究提供学术园地和科研支撑平台。

习近平总书记在哲学社会科学工作座谈会上的讲话中指出："新形势下，我国哲学社会科学地位更加重要、任务更加繁重。""历史表明，社会大变革的时代，一定是哲学社会科学大发展的时代。当代中国正经历着我国历史上最为广泛而深刻的社会变革，也正在进行着人类历史上最为宏大而独特的实践创新。这种前无古人的伟大实践，必将给理论创造、学术繁荣提供强大动力和广阔空间。这是一个需要理论而且一定能够产生理论的时代，这是一个需要思想而且一定能够产生思想的时代。"习近平总书记的讲话使我们每个哲学社会科学工作者感到使命光荣、责任重大，我们不能辜负这个时代。

哲学与法政学院现有哲学、法学、政治学、公共管理学、社会学等一级学科，是一个多学科并存，以应用文科为主的学院，在上海师范大学的哲学与社会科学学科建设和科学研究中居于重要地位。学院各学科的师生结合自己的专业，从不同的领域积极开展研究，为党和人民述学立论、建言献策，为国家和地方决策提供咨询服务，为繁荣我国的哲学社会科学贡献力量，这是我们应义不容辞承担的社会责任。

哲学与法政学院出版的"思想与时代"这个系列，是学院学科建设、学术研究和学术交流的一项重要举措。因此，把这个系列持续做下去，并不断提高其质量，努力将其打造成学院的学术品牌和名片，是我们的目标。今后，学院将对如何办好"思想与时代"系列，进一步认真谋划和设计，精心策划研究主题和研究栏目，鼓励学科融合和跨学科交叉研究，并加大支持力度。因为，办好"思想与时代"系列，对学院的学科建设、提高学院整体科研水平，加强学院内部和学科之间的学术交流，营造学院良好的学术氛围具有重要的促进作用。具体地说，出版"思想与时代"系列的意义体现在以下方面。

第一，有利于学院学术研究氛围的形成。学术研究是学科建设的支撑。大学承担着培养人才和知识创新的双重任务。高水平人才的培养和知识的创新，都是以高水平的学科建设为基础的，而高水平的学科建设又是以高水平的学术研究成果为支撑的。哲学与法政学院的学科建设和学术研究取得了一定的成绩，但与高水平学科建设的要求相比还存在着很大的差距，无论是科研产出的数量和质量，还是为国家和地方提供高质量决策咨询的能力都有待提高。出版本系列就是要以此推动学院各学科的学术研究，为广大师生提供科研平台，以此促进产出更多高质量的成果，使学院的学科建设在现有的基础上再上一个台阶。

第二，学术研究需要思想的交流和启迪。学术研究不能想当然，问题意识的形成一方面来自自己知识的积累、学术敏感性和深入的思考，以及实践的需求；另一方面来自学术交流中的思想碰撞和启迪。通过交流，可以双向获得收益，一是从别人的观点、看问题的视角、分析论证问题的方式方法中可以获得启示，触发自己的灵感；二是自己的观点、结论，经过别人的批评、质疑、追问，可以进一步得到完善和深化。本系列一方面是要解决学院老师和研究生学术成果发表难的问题；另一方面是给学院同一学科之间、不同学科之间的老师和研究生们互相交流、学习提供机会，进一步调动老师和研究生们从事科研的积极性。

第三，学术创新需要学科的交叉协作。在实现国家治理体系和治理能力现代化的过程中，面临同样的社会问题，可以从不同的学科视角去解读和探讨，并寻求相应的解决方案。这就意味着，研究同一社会问题的社会科学不同分支学科之间，存在着交叉、重合的部分。这种交叉、重合就为学科合作的可能性提供了前提。此外，同一社会问题的解决，手段往往也不是单一的，可能需要多种手段的综合并用。如何做到多种手段的协同并进，就需要不同学科之间联合攻关和学科之间的交叉，形成新的交叉学科。哲学与法政学院是社会科学门类较为集中的一个学院，而且哲学、法学、政治学、公共管理、社会学等学科之间有着较强的关联度，这就为学院内部各学科的合作研究提供了便利和基础。学院出版"思想与时代"系列，为各学科的合作起到牵线搭桥的作用。

第四，为学院各学科老师和研究生展示自己的研究领域或最新研究成果搭建平台。不同学科的老师和研究生在学习与研究中都有自己关注的领域和所思所想，并形成了相应的成果，如何把自己的学术智慧和成果与大家共享，需要一个平台，"思想与时代"系列就为每位老师和研究生搭建了这样一个展示和交流的学术平台。

"思想与时代"系列主要体现哲学与法政学院学科建设特色，在为本学院师生的科研提供服务平台的同时，对符合系列风格和内容要求，来自校内外的高质量稿件也持欢迎态度。

"思想与时代"系列这棵幼苗破土而出了，希望她能够顺利、苗壮成长！

2023 年 3 月 3 日

前　言

实现学科教学与思想政治教育的有机结合，培育社会主义事业的建设者和接班人，是学院办学的根本任务之一。近年来，学院党委积极落实新时代教育评价改革的各项要求，围绕立德树人的中心工作，四责协同，从完善教学评价体系、开展师德师风建设、推进课程思政教学改革、实施组织力提升立德树人专项计划等方面着手，构建了学院立德树人的"四梁八柱"：

第一，构建立德树人的四责协同机制。学院党委牵头负责，学院院长书记共同担任课题组长，开展学院课程思政教学改革攻关，学院班子成员一岗双责，对学院立德树人进行顶层设计和具体规划，定期召集学生代表座谈，征集课程思政教学反馈，实现主体责任、第一责任和一岗双责、反馈监督的四责协同。

第二，落实新时代教育评价改革的要求，开展师德师风过程评价。学院从2017年开始，探索师德师风的过程评价体系。首先是开展师德失范的风险排查及甄别的底线排查。学院根据教育部关于师德建设的"六禁令""红七条"，研制了师德失范风险点和甄别点列表。在系例会、支部例会中，系主任、专业负责人、党支部书记就具体问题给予通知和处置，就有了更为明确的依据，也解除了老师的顾虑。2019年，研制了学院师德师风过程评价观测指标体系，将学生培养投入、教学过程反馈、学生培养绩效、教师本人参与公共事务情况、本人的教学科研业绩等分为34个观测点，对教师的立德树人工作作出客观画像。同时构建了以师德楷模综合评选，"我心中的好导师""优秀本科班导师"的专项评选的荣誉体系。师德师风过程评价观测、师德师风荣誉激励的完整链条，为评优晋升、一票否决制提供更为翔实的过程佐证。通过制定教师思想政治工作实施细则、录用人员思想政治素质把关流程、师德师风工作体制机制实施细则等系列文件的制定，为师德师风建设做出制度上的保障。

第三，开展"全员全程导师制"试点工作，启动师德示范计划。学院遴选以党员教授为主的导师队伍，对本科生义务开展全程导师工作。每人带教2—5名本科同学，全程负责学生的学业辅导、生涯指导、思想引导等工作。如首批试点的2017级哲学专业，15位"全程导师"中高级职称教师有13名，其中博士生导师8名，党员教师占比85%。每位"全程导师"义务带教2名本科生，贯通大学四年，每周与学生见面一次，每两周开展一次读书会交流活动，每学期指导同学阅读1—2本书籍，每学年指导本科生撰写1篇论文，每学年举办一次学术节，全体导师组共同指导学生排演一场哲学话剧，组织一次哲学命题的辩论会。通过更加富有人文关怀的导师制培养，学生的学习兴趣、学习效能都获得了提升。根据统计，在实施全员全程导师制之后，学生中考取研究生的比例有明显的提升。

第四，构建三级党建工作载体。2018年开始，学院党委遴选一批思想素质过硬、业务精湛的党员系科负责人，设立了双带头人工作室。双带头人工作室重点围绕课程思政综合改革、全员全程导师制等方面开展工作。2019年开始，为了更好地发挥各个学科点党员骨干教师的辐射作用，引领一个个教学科研团队立足岗位建功立业，又探索建立了5个党员导师工作室。党员导师工作室主要是打破学科界限，在全院平台上，对外开展区域共建，提供决策咨询、志愿服务等，对内向学生提供就业援助、学业帮扶、竞赛指导等。与2017年开始就着力建设的党员工作室（主要服务于主题党日的规范化建设，有固定的主题党日场所，开展政治生日、"七一"宣誓、总结表彰、主题党日复盘中心工作推进的现场评议、党课公开课等），形成了三级联建的工作格局。这些工作室的建设，覆盖了全体教工党员，同时又突出了各个系科中，把支部的战斗堡垒作用发挥到每个学生的成长上，发挥到每位教师的发展过程中。

第五，开展以课程思政为主题的组织力提升计划。各个教工党支部利用教研活动、主题党日等机会，研讨如何充分发挥学科育德、学科育人的功能，从资深党员导师示范、课程思政融入专业教学培养方案修订、建设课程思政精品课程等方面，开展了课程思政培育方案设计、课程思政教学案例编制等工作。2020年，学院党委以疫情防控为主题，对学院师生围绕疫情防控开展科学研究、决策咨询、志愿服务培训以及投身抗疫前线的案例，汇编成《公共安全事件下我们能做些什么》的专辑，作为教师开展课程思政的素材，让同学体会到用专业知识服务社会的成就感，也是增强四个自信的鲜活案例。今年学院党委以庆祝中国共产党的百年华诞，党史学习教育活动的开展为主题，又再次对教师的课程思政案例进行汇编，并呈现在各位读者面前。

本案例集包括：以系科为单位，教师开展课程思政教学研讨和案例交流；以党员导师工作室为平台，开展了师生寻访老党员的活动，分享他们坚守理想信念，立足讲台立德树人的人生故事；以"人生导师沙龙"的形式，资深党员教师讲党的历史，讲各个行业、各个学科在党的领导下，逐步发展的历史；以"学生心目中的好老师"为平台，分享了同学们对教师教书育人的一些好的做法的推介。通过以上四类活动，我们以课堂的引领、典范的力量、心灵的回应、讲坛的思考四个专栏，以杏坛上的时代之光为题，对学院开展立德树人的工作进行总结思考，对学院教师将课程思政理念融入各学科专业教学的探索进行展示，期待与各位读者共同思考。

贺朝霞

2021 年 6 月 6 日

目　录

2　讲坛的思考：思政的学术理性

3　典范的力量：寻访老党员的足迹

4 心灵的回应：学生大课堂

1

课堂的引领：课程思政教学案例

"知识产权法"课程教学中的"家国情怀"培养

艾围利[①]

内容摘要

通过学习和课堂设计，能让学生掌握知识产权法上保护民间文学艺术的相关法律制度，增强对中华文化的自信心和自豪感，理解我国相关立法的初心和本意，"讲好中国法律故事"。

关键词：知识产权法；民间文学艺术；家国情怀

为深入贯彻落实习近平总书记在全国高校思想政治工作会议上的重要讲话精神，上海师范大学哲学与法政学院法律系民商法课程组积极开展教学研讨，探索将"知识产权法"课程教学与课程思政有机融合的有效路径，在提升法学专业学生民商法理论素养的同时，培养学生的家国情怀，提升其思想境界、精神情操和文化素质。

在《知识产权法》教学过程中，努力挖掘《知识产权法》各章节中的思政元素，通过教学研讨、教学内容设计、教学效果评估等系列教学活动探索和总结，在增强学生对《知识产权法》课程学习兴趣的同时，努力培养学生的爱国主义精神和家国情怀。在课程教学中结合中国辉煌的非物质文化遗产、我国

---

① 作者简介：艾围利，上海师范大学哲学与法政学院副教授，博士，主要从事民法学研究。

近年来在国际专利申请上的巨大成就和世界五百强企业中我国品牌价值的迅速提升等具体素材，激发学生的民族自豪感和对家乡绚丽多彩的民间文学艺术的热爱。

以下结合《知识产权法》第三章"著作权客体"第二节"民间文学艺术作品的法律保护"的教学设计来作为课程思政的案例之一进行展示。

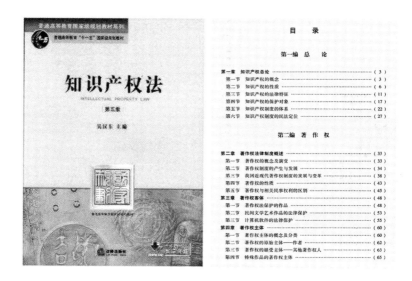

书影展示

一、家国情怀与教学设计

结合课程章节知识讲解，将课程思政内容与《知识产权法》教学内容进行融合。引导学生进行西方传统文化和中国传统文化比较学习，培养青年学子的家国情怀和文化自信，理解多民族文化的丰富多彩和中华文化的包容性，培养学生对家乡的热爱和自豪感。

《知识产权法》第三章第二节的内容为"民间文学艺术作品的法律保护"。20世纪60年代以后民间文学艺术作品受著作权法保护的需求逐步形成并发展起来，起因在于发展中国家保护自己民族文化的觉醒。与之形成鲜明对比的是，作为世界最发达国家的美国由于建国时间较短，并无丰富的民族传统文化，美国等国家对于民间文学艺术保护并不积极。课程教学以民间文学艺术作品法律保护的发展历程、中美法律差异等教学内容为切入点，并用事例分析民间文学艺术作品保护的必要性和中美差异的原因，等等。该章节内容非常适合进行课程思政的教学及民族自豪感和家国情怀的培养。教师针对法学专业学生的特点，在授课课程中加入了立法的历史文化背景分析，以学生自己家乡的民间文学艺术保护为方向的暑期社会实践调查和大创项目申报、我国民间文学艺术作品教学视频展示等课程思政点。

二、家国情怀的课中融入

（一）中国各民族、各地方民间文学艺术作品的展示与讲解

在展示和讲解各民族非物质文化遗产的基础上，结合本课程第二章的整体内容——"著作权客体"对非物质文化遗产进行分析，探究各种类型非物质文化遗产特征及其是否符合著作权客体要件。这些内容激发了学生的学习兴趣，丰富了跨文化知识，增强了文化自信心，提高了分析归纳的思维能力和学习效率，知识教育和思想教育相得益彰。

（二）课堂讨论

立法背后的历史文化因素分析——历史传统与文化多元性对立法的影响。引导学生将中国的民间文学艺术作品立法与美国民间文学艺术作品立法、《伯尔尼公约》进行比较，探究知识产权立法上的域外借鉴、移植与现实需求的关系，阐述从文化自信到制度自信的基本理念。我国绚丽多彩的历史文化传统及其保护需求决定了我国的相关法律制度设计，发达国家的法律制度也并非都是先进的。

蒙古族长调民歌

藏戏

贵州侗族大歌

羌族羌年

赫哲族伊玛堪说唱

新疆维吾尔族麦西热甫

（三）辅助教学

展示教学视频——《中国法庭14：乌苏里诉讼》，观看《乌苏里船歌》著作权纠纷案的庭审过程，并与学生一起讨论。

三、家国情怀的课后强化

为巩固学生对民间文学艺术作品法律保护的理解，教师布置了课上作业及课后作业，让学生完成搜集、整理并介绍自己家乡的民间文学艺术或非物质文化遗产以及当地的保护情况。引导感兴趣的学生可以此为研究项目，申报暑期社会实践调查项目和大学生大创项目。

课程总结

通过本课程的学习，学生对国内外民间文学艺术作品保护上的差异有了更加深入的了解，也进一步培养了学生的文化自信和法律制度自信，激发学生对自己祖国和家乡的热爱之情。多民族融合发展与文化多元性、包容性是中华文化的重要特征，也正是由于上述原因，我们需要通过相关法律制度构建和实施来保护我国优秀的历史文化和民间文化。学生通过学习和对比，能掌握知识产权法上保护民间文学艺术或非物质文化遗产的相关法律制度，同时理解我国相关立法的初心和本意，为向世界"讲好中国法律故事"打下基础。

"诚信"核心价值观融入法律人才培养课程实践

于 霄[①]

内容摘要

　　"诚信"本身是民法的主要原则，通过对其在合同中的贯通式学习，提高学生参与度期末反思与深化，使学生可以更全面完整地了解与贯彻社会主义核心价值观。

　　关键词：诚实信用；社会主义核心价值观；法律人才；法学教育

　　习近平总书记在全国高校思想政治工作会议上强调："把思想政治工作贯穿教育教学全过程，开创我国高等教育事业发展新局面""要坚持不懈培育和弘扬社会主义核心价值观，引导广大师生做社会主义核心价值观的坚定信仰者、积极传播者、模范践行者。"在总书记讲话的指引下，上海师范大学哲学与法政学院法律系党支部认真学习积极研讨，探索在法律人才的培养中，如何贯彻党中央的精神，培育和弘扬社会主义核心价值观。

　　"诚信"本身就是民法的重要原则，在合同法的教学中，一直都是必讲知识点。但是因为诚实信用原则立法比较抽象，司法实践运用比较谨慎，考试

① 作者简介：于霄，上海师范大学副教授，研究方向为民商法。

考查相对困难，一直都是一个讲而不精，学而不记的空洞标题。为了让诚实信用原则真实落地，不但可以指导学生的学习与工作，更可以从民法的基本实则中体会"德"与"行"的内在关系；为了使法律人才培养不仅是专业知识的传授，更是立德树人的实践；为了使未来的法律人不但可以守住职业的底线，更可以为社会守住道德的底线，笔者在合同法的教学中进行了积极能动的尝试。

课程思政教学案例《合同法》共23章内容，32课时，教学对象是法学专业二年级本科生。下面从内容体系、师生互动、课后反思三个方面介绍这一案例。

一、诚实信用是贯穿合同关系的基本原则与价值

在诸多的民事关系当中，合同关系始终伴随着我们的生活，在社会生活中起着重要的作用。法律人不但每天要面对大量的合同纠纷，更是作为合同一方主体，时常参与到合同关系之中。合同文本是履行行为的基础，也是纠纷处理的依据，但是在大多数情况下，合同内容不可能涵盖所有的履行行为。所以法律人既有可能是法律漏洞的寻找者，也有可能是诚实信用原则的捍卫者。这就对我们法律人才培养提出了新的课题。

从传统教学体系上来看，诚实信用作为原则，处于教学安排的第二章。但事实上诚实信用贯穿于合同缔约、成立、履行，甚至合同履行完毕之后的整个过程，而且也是很多典型合同（比如代理合同）的重要准则。

从内容上来看，诚实信用原则，在一般的教材当中，仅仅表述为通知协作等义务，然而诚实信用原则事实上是一种合同填补规则，只要是合同没有明文约定的，双方当事人都应当本着诚实信用的态度进行履行，不仅要保护自己的利益，也要保护对方当事人的利益。

二、诚实信用的价值是一个难以教授的道理

诚实信用看似简单，但事实却包罗万象，知识性虽弱，但立德树人的价值却很高。面对这一困难，《合同法》教学应注意提高学生参与度。

课堂教学展示

提高学生参与度包含了学生"谈知识、谈意识、谈认识"三谈内容以及课堂反思与生活实例讨论。在三谈活动中，学生结合既有的论文、著作，明晰了诚实信用原则的知识体系，更在此基础上深入分析了各种案情中可能出现的纠纷与救济。在课堂反思与生活实例讨论中，同学们结合自己的生活实际，深刻地领会了诚实信用原则的法律作用以及应用。

三、诚实信用需要期末反思与深化

诚实信用原则贯穿于整个合同关系当中，甚至延续到合同的履行之后。这就要求教师不仅仅在合同原则当中讲授，还要在合同法课程结束时进行总结。当学习过了合同的订立生效履行终止，当学习过了十几种典型合同，笔者带领同学回顾诚实信用的作用，社会意义与建构价值，反思社会主义价值的引领作用及法律落实，让学生深刻体会其重要性。并在此基础上，布置学生完成诚实信用的论文，从法律到人生，从职业到生活，全面评述已经学习的内容及体会，并最终与全班同学分享。

课程总结

通过本课程的学习，学生对诚实信用原则的基本知识体系有了更加深入的了解，对作为一个法律人如何更好地贯彻社会主义核心价值观有了更好的体会。本课程为培养新时代的法律人，全面完整地落实习近平总书记高校思想政治工作的指示作出了积极有益的尝试。

民法教学与思政贯彻

高庆凯①

内容摘要

民法是市民社会基本法。在民法教学中设置贯彻课程思政极为重要，亦非常契合。民法教学中课程思政元素丰富，选择"马工程"教材与课程思政的版块设计，是有效开展民法课程思政的前提保证。民法内载着天然的课程思政价值理念。但要注意民法课程思政需置于中国特色社会主义法治图景中展开。在方法论上，注重民法课程思政的长效性和合理性，实现个体、社会、国家在价值目标上一致。

关键词：民法教学；课程思政；社会主义核心价值观；国家治理体系与治理能力现代化

一、民法教学中课程思政的重要性与契合性

习近平总书记在有关教育的多个重要场合对课程思政作出了重要论述和指示。具体来说，在全国高校思想政治工作会议上，总书记要求用好课堂教育这一渠道，加强各科课程教育与思政教育的协同作用，共同促进"立德树人"的

---

① 作者简介：高庆凯，上海师范大学哲学与法政学院副教授，研究方向为民法。

教育理念，强调"守好一段渠、种好责任田，使各类专业课程与思想政治理论课同向同行，形成协同效应"。习近平总书记在全国教育大会上强调：要把立德树人融入思想道德教育、文化知识教育、社会实践教育各环节。课程思政即课程德育教育，在学校所有教学活动及教学科目中要以"立德树人"为出发点，以专业课程为载体，挖掘蕴含在专业知识中的德育元素，将德育因素贯穿渗透到教学的全过程，实现对学生的全面培养。

以习近平总书记的重要讲话精神为根本遵循，中共中央国务院《关于进一步加强和改进大学生思想政治教育的意见》（中〔2004〕16号）中指出："思想政治理论课是大学生思想政治教育的主渠道。思想政治教育课是大学生的必修课，是帮助大学生树立正确的世界观、人生观、价值观的重要途径，体现了社会主义大学的本质要求。"教育部《关于深化本科教育教学改革全面提高人才培养质量的意见》（教高〔2019〕6号）和《高等学校课程思政建设指导纲要》（教高〔2020〕3号）要求为完成"立德树人"这一根本任务，把"思政课程"和课程思政结合起来。在此背景之下，法学学科亟待实现教学目标和培养任务的更新转型，在法学专业课的教学中做好课程思政育人工作。

课程思政是指以构建全员、全程、全课程育人格局的形式，将学习中各类课程与思想政治理论课共同进行，形成互助的关系，以达到"立德树人"的一种综合教育理念。毋庸讳言，思政教育肩负着立德树人的重大历史使命，同时，专业教育本身亦旨在讲授专业知识，使学生成为对国家社会有用的人才，因此专业教育本身也落脚于育人。在此意义而言，思政教育与专业教育呈现出高度的有机统一性。问题是，一方面，专业不同，开展课程思政的路径、方法以及实施措施的重心可能相异。另一方面，课程思政也不是简单地将传统的思政教育与专业教育表层化地叠放于课堂之中。课程思政是高校将思想政治教育融入专业课程教育教学的整个过程，与高校思想政治理论课相结合，发挥不同课程的育人功能，共同构建高校育人体系，完成高等教育肩负的培养社会主义现代化建设需要的专门人才的任务。

职是之故，以课程思政为目标的全方位课堂教学改革正在重构成为高等教育的教学模式和目标。就法学专业而言，应该看到，将思政教育融贯于教学课程之中，无论在要素上还是在功能上，法学专业具备天然的课程思政优势。将思政之盐溶入法学教育之汤，实现两者的有机融合，进而助推法学教育的革新是水到渠成的事情。无疑，它在实现思政教育方式由单一到多元的创造性转变的同时，也能够夯实法学专业教育的信仰和价值根基。

进而言之，在法学领域，伴随《民法典》的制定和实施，课程思政也是助力《民法典》"进教材、进课堂、进头脑"的关键抓手。民法是市场经济和市民社会的基本法，《民法典》是构筑市场经济和市民社会的基础法典，其内在的公平正义、人文关怀、秩序维护等价值和功能图景皆期待通过课程思政的推动予以落实细化，以求在学生的心灵上生根发芽。与此同时，进入新时代之后，中国特色社会主义道路的旗帜和目标是以习近平新时代中国特色社会主义思想为根本指引，在党的坚强领导下，不断满足人民群众对美好生活的向往，使发展成果更多更公平惠及全体百姓。民法无论在价值目标还是功能导向上均与其契合，并提供着强大的规范保障。民法课程是高等教育中面向法学专业开设的专业必修课程，是法学专业的核心课程，其内容涵盖市场经济与市民社会的方方面面。思政与民法的互嵌互融是思政课程教学改革的重要契机，也是提炼民法的中国理论体系，面向中国社会现实提出自身解决方案的重要方法论。民法课程思政的有效开展并将其拓展扩大，积极与现实衔接，有的放矢进行专业教学是真正理解中国特色社会主义民法品格的有力保障。同时，这也是推进国家治理体系和治理能力现代化，深入贯彻习近平法治思想，实现立德树人、培养担负民族复兴法律人的重要保证。

二、前置思考一：民法课程思政的设计方案

民法教学中，值得挖掘的课程思政元素颇多。存在多样的课程思政板块和丰富的课程思政资源，通过分析提取均可以实现民法教学与课程思政有机融合，从而实现民法课程思政的贯彻。比如，对见义勇为者的保护，对弱势群体的倾

斜保护，财产权利的平等保护，人格权保护等。最基础也是覆盖范围最为广泛的课程思政部分是《民法典》第一编第一章：民法的立法目的、调整对象以及民法的基本原则。这一部分是理解民法的最基础部分，也是进行课程思政教学颇为适合的部分。据此，作为具体路径，从制度分析与案例分析两个进路，在民法基础理论中强调社会主义核心价值观的地位和功能，旨在从中充分提炼民法的价值意蕴及其与社会主义核心价值观的互构要素。

为此，学校选用的教材是中国人民大学出版社出版的《民法》（2020年）。这是目前最新版本的教材。编者是我国《民法典》起草的主要参与人，也是民法中贯彻社会主义核心价值观的有力实践者。其体现了民法课程思政的育人价值，同时也涵括了深刻的思想性。参考书是高等教育出版社出版的马工程教材《民法学》（2018年）。它在马克思主义的指导下，对中国特色社会主义民法进行了深入阐述，践行了社会主义核心价值观的宗旨要义。它们覆盖的民法整体范围，也能够充分展现中国民法的特色。

鉴此，课程思政教学展示为《民法典》第一编第一章，教学对象为法律系本科一年级（2020级）学生。因为，涵养和践行社会主义核心价值观是课程思政的重要一环，而民法及其法典恰恰是社会主义核心价值观的规范及落实的载体。

书影展示

三、前置思考二：民法教学的价值理念基础与方法论

习近平总书记在十九大报告中明确强调："要培育和践行社会主义核心价值观，要以培养担当民族复兴大任的时代新人为着眼点，强化教育引导、实践养成、制度保障，发挥社会主义核心价值观对国民教育、精神文明创建、精神文

化产品创作生产传播的引领作用，把社会主义核心价值观融入社会发展各方面，转化为人们的情感认同和行为习惯。"中央办公厅在《关于培育和践行社会主义核心价值观的意见》中将社会主义核心价值观分成三个层面："富强、民主、文明、和谐，是国家层面的价值目标；自由、平等、公正、法治，是社会层面的价值取向；爱国、敬业、诚信、友善，是公民个人层面的价值准则。"无疑，民法本身就内载着社会主义核心价值观的价值要义。在此意义上，民法学的教学内容本身就是对社会主义核心价值观的阐释和对中国特色社会主义"四个自信"的践行。不过，在制定法层面，《民法典》从《民法总则》制定时起就明文规定社会主义核心价值观，将对其弘扬置于《民法总则》乃至《民法典》的立法目的，凸显其在民法领域覆盖的广度和深度。

一方面，社会主义核心价值观是我国社会和人民高度聚合的价值共识，在深层与民法基本原则（如平等、自愿、公平、诚实信用、公序良俗和绿色原则等）存在系统的沟通性与共通性。全国人大常委会法工委原主任李适时指出："社会主义核心价值观融入了民法典编纂全过程，作为设计民法典的精神引领，大力弘扬社会公德和中华民族的传统美德，强化规则意识，增强道德约束，倡导契约精神，维护公序良俗，努力使民事主体自觉将社会主义核心价值观内化于心、外化于行，成为民事主体从事民事活动的内在戒律和外在约束。"其价值目标在民法的该部分有着浓厚的集中体现。另一方面，在此价值基础上，有必要看到，核心价值观以及基本原则统领的具体制度，也彰显了《民法典》鲜明的"中国性"。《民法典》中内含的价值和制度植根中国现实，保障中国人生活幸福，维护民事主体的权利，进而实现社会和谐。

另一方面，源于罗马法的民法源远流长，近代以来的该制度框架和话语体系经历多重中介被引入我国。不过，要正确把握中国民法的知识和内在原理，培养适应中国国情和社会需要的法律人才，过分依赖西方框架或者单纯讲解舶来的民法理论，显然不能支撑起中国的教育需要。因为《民法典》的具体制度均是立足基本国情，旨在解决中国问题，而拒绝简单舶来国外制度和理论。因此，在民法中融入课程思政，既是落实国家要求的需要，又是实现民法中国化、培育民法理论和实践的中国话语体系的方法，进而还是培养中国事业需要的人才的有效捷径。无疑，通过课程思政理解社会主义核心价值观，为使民法意义通透提供了有效的价值基础。

就法典层面而言，《民法典》一方面吸收提炼了中国自身的传统文化，一方面又对既往的民法制度和司法实践进行了体系性整合。同时，它也参照借鉴了比较法的经验，积极回答中国之问和时代之问，在21世纪20年代为世界民法规范群提供了中国经验和中国方案。因此，必须将民法课程思政置于中国特色社会主义法治图景中展开，彰显出"四个自信"的战略意义。

在方法论上，民法课程思政的长效性与合理性，端赖在民法教学中多元多层地展开民法与中国的本土资源挖掘在推进国家治理体系与治理能力现代化的协同治理转型中，发挥法治共识和信仰的引领作用。在开展民法课程思政过程中，还要注意引导和培育民事权利意识，并在价值目标上追求个体、社会和国家的内在一致性。以此为导向，融贯于教学活动中，取得教学效果上的提升。

四、课堂教学：内容与方法

（一）内容

（1）整体上，主要涉及民法的目的与功能、人身关系与财产关系的顺序调整、基本原则。从民法是什么切入，分析中西的不同观念。注重课程思政融合的有机性。

（2）《民法典》第1条规定"为了保护民事主体的合法权益，调整民事关系，维护社会和经济秩序，适应中国特色社会主义发展要求，弘扬社会主义核心价值观，根据宪法，制定本法。"明文规定弘扬社会主义核心价值观，表明其在《民法典》中的融贯要求。在民法教学中提炼基本原则规范与具体规范中的社会主义核心价值观的内核和要素，并将其作为解释适用的价值标尺。

（3）民法维护社会和经济秩序的功能面向与社会主义核心价值观有功能同质的侧面，同时也是中国民法的特殊品格的集中体现。在历史与潜在精神中探寻它的生动内容。揭示隐藏于《民法典》基本原则部分条文背后的精神意蕴。融入民法基本原则的阐释中，并寻找社会主义核心价值观的精髓要义与民法知识的契合之处。

（4）分析民法上"人"的意义。民法对人的自由、尊严以及人的权利保障的意义。通过分析民法调整对象，解释民法以人为本的价值内涵。

教学课件展示

（5）民法基本原则是民事立法、守法、司法和执法的指导原则，凝聚社会主义和谐社会的价值目标。梳理其规范的沿革。基本原则从不同层面呼应了社会主义核心价值观的内涵，对比社会主义核心价值观与民法基本原则，既把握其密切的逻辑关系，又通透其深刻的规范实质，彰显时代意义和价值理念。

（二）方法

（1）采取分组讨论的形式，调动学生积极参与课堂讨论。不局限于课堂的有限时间，通过课后复习和作业、课下跟踪持续学习等方式，结合党史学习、建党100周年活动等，在传统的课堂讲授之外积极拓展新的方式，打通传统学习的堵塞点，将课程思政延展于教学的整个过程。并且，及时跟进了解学生对社会主义核心价值观的反馈理解。

（2）以支部组织生活中讨论的智慧为支撑，将获得的课程思政的经验方法带到课堂。分享授课资料，讲授专业知识的同时，潜移默化地使学生领悟社会主义核心价值观。通过人文精神和理念价值的挖掘，实现"知识传授、能力提升和价值引领"的同步提升。

（3）在教学过程中联合实际、以案例教法

课程思政结合理论与实践，避免在抽象理论概念中演绎，突出案例教学方法。案例选择上体现普遍性和导向性。注重案例中的民法原理及其中国性分析。突出举一反三的效果。

五、课程效果与课后作业

（1）在民法基础理论学习的基础上，通过掌握条文、司法解释以及对代表案例剖析，初步具备理解民法精神和基本概念的能力。在此基础上，能够融会贯通地把握习近平法治思想的民法价值，掌握社会主义核心价值观的民法要义。通过课后拓展阅读，培养民法的学习方法，能够领会民法基本原则。同

教案展示

时，认识社会主义核心价值观的重大意义，自觉将其作为自己的行动指南，遵守社会公德，坚定在推进依法治国中培育和践行社会主义核心价值观的信念。

（2）融历史与现实于一体。民法课程思政既取材于横向的社会现实，又溯源于纵向的历史变迁。因此，思政元素既要呈现出现实中的创新创造，又要注重规范的动态演进史。自觉在中国语境下理解其意义。通过比较法与中国法的特色，增强历史使命感，能够将民法课程思政中的学习心得和方法灵活运用于课后作业的分析上。

六、可能的改进方向

民法课程思政不可能一劳永逸，要追求长久效果。持续地把社会主义核心价值观融入教学整体过程，内化为精神力量、外化为行为自觉。作为进一步的改进方向，可以尝试更多元的教学方式，探索更多的教学设计，整合资源，积

极撰写教改论文。还可以探讨将课堂教学与社会实践有效衔接，从而使得课程思政更有现实针对性，更为高效务实。不管如何，课程思政要紧扣立德树人的综合教育理念，在增强学生的时代感和使命感上持续着力。

高校法学思政教育"政治"与"学理"结合之实践

崔志伟[①]

内容摘要

习近平法治思想的提出为高校法学专业的思政建设提供了绝好的契机。高校法学思政的现实意义在于,深化学生对"坚持党对全面依法治国的领导"的政治认同;培养法律人"以人为本"的人文素养;增强学生对司法现状的实践关切。当下专业思政教育尚存在一定的"受授"障碍,对此,破解之道在于思政元素的合理挖掘与运用。以刑法学的授课为例,思政建设至少可从三个方面展开:将习近平法治思想细化入刑法解释方法的讲授;借鉴"情法平允"的古代优秀司法传统;积极引入实践中的示范性案例。案例本身丰富的情境化色彩使教学内容具有很好的代入感,既能增加课堂趣味,也能自然地引申出党的政策主张。通过透彻的学理分析,使学生借助专业知识产生对党和国家依法治国方略的科学性的内心认同,是高校法学思政教育"学理"与"政治"相结合的应然目标。

① 作者简介:崔志伟,上海师范大学哲学与法政学院讲师,法学博士。研究方向为中国刑法、比较刑法。本文系上海市浦江人才计划资助项目"刑事公正司法与'反向排除'犯罪认定模式研究"(项目号:2020PJC096)的阶段性研究成果。

关键词：习近平法治思想；法学思政；政治性；学理性

习近平总书记在2019年学校思想政治理论课教师座谈会上提出了"坚持政治性和学理性相统一"的要求，成为高校思政工作的总体指导。这种要求显然不限于思政理论课，专业课授课较为普遍地存在"偏执学理而轻忽思政"的现象，更应积极谋划"政治性和学理性相统一"的教学路径。2020年教育部印发的《高等学校课程思政建设指导纲要》（以下简称《纲要》）指出，思政工作要坚持不懈地用习近平新时代中国特色社会主义思想铸魂育人，要帮助学生了解相关专业和行业领域的国家战略、法律法规和相关政策。习近平法治思想是马克思主义法治理论中国化最新成果，是习近平新时代中国特色社会主义思想的重要组成部分，是全面依法治国的根本遵循和行动指南，当然也是依法治国的最高战略和政策。习近平法治思想的提出为高校法学专业的思政建设提供了绝好的契机和平台，从学理角度向法科学生阐释习近平法治思想的科学内涵，正是高校法学思政"政治"与"学理"相结合的要求所在。

一、高校法学思政的现实意义

高校法学思政既有思政工作的一般意义，也有全面推进依法治国的特殊意义。高校法学教师通过将党和国家依法治国的政策方针，尤其是习近平法治思想融入法学理论的传授当中，可以使学生深化对党的领导的政治认同，提升其法律工作的人文素养以及增强其对现实司法的实践关切。

（一）深化学生对"坚持党对全面依法治国的领导"的政治认同

高校法学教育具有双重维度，既是教育工作的一部分，也是法治工作的重要一环，两个方面须臾离不开党的领导。习总书记在2018年全国教育大会上强调"加强党对教育工作的全面领导，是办好教育的根本保证"。党的十八届四中全会通过的《中共中央关于全面推进依法治国若干重大问题的决定》也明确指出，"坚持党的领导，是社会主义法治的根本要求，是党和国家的根本所在、命脉所在，是全国各族人民的利益所系、幸福所系，是全面推进依法治国的题中应有之义。"可见，坚持党的领导是高校法学教育的根本政治方向。将包括习近平法治思想在内的习近平新时代中国特色社会主义思想融入高校法学教育当中，是坚持党的领导的当然要求，也是端正高校法学思政教育"政治方向感"的前提所在。

《纲要》同时指出，思政工作要引导学生增强对党的创新理论的政治认同、思想认同、情感认同。这种认同与专业知识上的知识认同是共增共进的。与思政理论课这种显性课程存在一定区别，专业思政课并非进行系统的政治理论阐述以及政治立场宣示，而是讲究润物无声的效果，将思政元素巧妙地融入专业知识当中，属于教师政治底蕴的自然流露。[①]正如习总书记在学校思想政治理论课教师座谈会上所指出的，"以透彻的学理分析回应学生""寓价值观引导于知识传授之中"。[②]高校教师在本专业知识讲授中，透过专业阐述，印证党的政策方针的科学内涵，更能促使学生产生对"坚持党的领导"的政治认同。此时，"坚持党的领导"就不再止于意识形态的范畴，而是有其充分的专业科学根据。当各类课程都能从己身专业角度出发，有效全面展开思政教育，党的政策方针的说服力和感染力无疑会大大加强。

（二）培养法律人"以人为本"的人文素养

习总书记在纪念五四运动100周年大会上的讲话中鼓励新时代中国青年，要努力学习马克思主义立场观点方法，努力掌握科学文化知识和专业技能，努力提高人文素养。[③]马克思主义的政治立场、娴熟的专业技能以及内在的人文素养是大学生成才的三个关键因素。课程思政也应在这三个方向上久久为功。人文

---

① 王莹、孙其昂："高校课程思政教师的政治底蕴：学理阐释与厚植路径"，《高校教育管理》2020年第2期。
② 本书编写组：《习近平总书记教育重要论述讲义》，高等教育出版社，2020年，第28页。
③ 习近平："在纪念五四运动100周年大会上的讲话"，《中华人民共和国国务院公报》2019年第13期。

素养的核心是突出人本身的价值、坚持以人为本。尤其是法学教育，纯粹的知识传授充其量只能培养出掌握法律技术的法律工匠，并不能满足"德才兼备的高素质法治人才"的要求。具体到法治领域，习总书记在2020年中央全面依法治国工作会议的讲话中指出，"推进全面依法治国，根本目的是依法保障人民权益。要积极回应人民群众新要求新期待，系统研究谋划和解决法治领域人民群众反映强烈的突出问题，不断增强人民群众获得感、幸福感、安全感。"①充分体现了习近平法治思想中鲜明的人民主体论立场。法治建设的成效需以人民的法治获得感作为评判的根本标准，立法、司法、执法均需重视人民的具体的"法治体验"。这对于法科学生即未来的法治工作者而言应当是一种很好的启发。

通过法学思政，教师应当使学生们明白，缺乏人文素养滋润的纯粹法科知识是机械的，在继后的法律适用过程中也往往是盲目的，难以胜任公正司法的职责。尽管说"法官除了法律就没有别的上司"，②但这并不意味着法律人可以教条式地适用法规范，也不意味着可以固守前理解。尊重人民的"法治获得感"便是强调司法需尊重人民感受、坚持司法为民。法学思政课可以使学生理解到，立法上的一般公正并不等同于个案公正，后者的实现需要司法者秉持"人民主体"的人文素养以及保持能动开放的认知空间；如果拟作出的判决不符合常情常理，或者难以取得公众普遍认同，就应反思自身对法规范的认知是否恰当，从而对法律作出合乎情理合乎公众体认的解释。

（三）增强学生对司法现状的实践关切

在当下的法学研究中存在一种现象，动辄将德国、日本法学理论奉为圭臬，甚至将此域外理论绝对化，以国外的理论评价衡量中国的实践。由此，难免导致法学研究教学与实践需求的脱节。法学思政的贯彻落实可以对此形成有效的纠偏和补济。

习总书记在学校思想政治理论课教师座谈会上强调，"要坚持理论性和实践

---

① 习近平：《论坚持全面依法治国》，中央文献出版社，2020年，第2页。
② 《马克思恩格斯全集（第一卷）》，人民出版社，1995年，第180页。

性相统一，用科学理论培养人，重视思政课的实践性。"①同样，在中国政法大学座谈会的讲话中习总书记也强调"法学教育要处理好法学知识教学和实践教学的关系"。②这种实践乃是扎根于中国当下依法治国的实践，而非单纯地列举国外的理论、法条和案例来说明中国的问题。无论是法学研究教学还是求学，均应坚持问题导向，以立法司法执法中的真问题为切入点，切忌照本宣科式的"空对空"。法学思政志在将党的政策方针、法律规范、理论知识、实践需求和典型案件素材有效地结合起来，避免纯理论的自说自话，注重以学理指引实践、以实践印证学理、以学理印证政治。

对于司法实践中的示范性案件，法学教师要积极向学生阐述其内在的学理根基和政策根据。例如，习近平总书记在民营企业座谈会的讲话中曾经强调要"大力支持民营企业发展壮大"，最高人民法院、最高人民检察院也发布了一系列关于平等保护民营企业的典型案例、指导案例，通过案例的分析，既可以使学生们真切体认党的政策方针的科学性，也能增强其实践关切。

二、恰当的思政元素是构筑课程思政体系的核心

就当下高校思政教育现状而言，尚存在不少需提升的空间。在部分专业课程师生的潜在认知中，专业知识仍然是"包打天下"，即便存在若干思政元素的引入，也存在机械化、碎片化、标签化的现象。这些问题的根源在于未深入提炼挖掘专业课的思政元素，也就难以实现"学理"与"政治"的无缝衔接。课程思政建设质量的提升也应着眼于思政元素的挖掘方式。

（一）当下思政教育的"受授"障碍

对于知识"受"的群体即学生而言，思政教育最大的挑战在于如何激发学生的兴趣，吸引其注意力，使其从理性和感性双重维度自觉产生对马克思主义

---

① 《习近平总书记教育重要论述讲义》，高等教育出版社，2020年，第28页。
② 习近平：《论坚持全面依法治国》，中央文献出版社，2020年，第171页。

中国化理论成果的内心认同。习总书记在北京大学师生座谈会上的讲话中强调，"让学生深刻感悟马克思主义真理力量，为学生成长成才打下科学思想基础。"[①] 但是，毋庸讳言，当下大学生群体价值观呈现多元化，追逐个性、崇尚自由且容易产生逆反心理，这就决定了思政教育不宜再坚持以往的"灌输"模式。如果专业课程思政机械化地插入思政元素，容易使学生的兴趣受挫，从而使本具科学性的政治理论受到排斥，反而会对思政教育产生负面影响。

对于知识"授"的群体即教师而言，思政教育的最大挑战在于部分教师的课程思政意识不强以及能力有待提升。习总书记在学校思想政治理论课教师座谈会上强调，"办好思想政治理论课关键在教师，关键在发挥教师的积极性、主动性、创造性。"[②] 对于专业课教师而言更是如此。"积极主动"主要是针对教师的课程思政建设态度即"想不想"的问题，"创造"则主要针对能力即能否建设出实效的问题。在部分专业课教师的潜意识中，学生的思政教育是思想政治理论课教师的职责，由此，授业者对于思政教育反应较为冷淡、消极被动；即便在教育管理者的硬性要求下进行了课程思政，"政治"与"学理"的结合也会十分生硬，无法有效贯穿整个课程体系。此外，部分专业教师可能意识到思政教育的必要性，但苦于无法寻找到有效的结合点而干脆放弃了思政元素的挖掘，导致了思政建设能力的停滞。

（二）问题解决路径在于思政元素的挖掘与运用

对于思政教育的"受授"障碍，破解之道在于教师本身需认真挖掘合适的思政元素。思政元素是连接"学理"和"政治"的纽带，合适的思政元素能够透过专业知识的讲解自然地过渡到党的政策主张、优秀传统文化上来，使学生透过专业知识的科学性和说服力，对党的优良传统和政治主张自觉产生政治认同，从而起到凝聚价值共识的效果。此时，"学理"与"政治"便处于"学理印证政治、政治提升学理"的良性循环中。对于教师而言，要破除固有的"学理"

---

① 习近平："在北京大学师生座谈会上的讲话"，《人民日报》，2018年5月3日，第2版。
② "办好思想政治理论课关键在教师"，《光明日报》，2019年3月19日，第1版。

与"政治"间的思维壁垒,"每门课程都或多或少地包含有一定的思想元素",①只存在是否愿意且善于挖掘的问题。

《纲要》指出,要深入梳理专业课教学内容,结合不同课程特点、思维方法和价值理念,深入挖掘课程思政元素,有机融入课程教学,达到润物无声的育人效果。思政元素的挖掘需要保持足够的政治敏锐性和扎实的专业功底。一方面,专业知识是思政的基础和载体,只有对专业知识体系驾轻就熟,才能弄清需选取何种思政元素、将之置于授课章节的哪个位置。另一方面,只有保持足够的政治敏锐性,才能建构起思政元素的知识宝库并视需而取。专业课思政其实就是立足于本专业学理知识体系,不断向优秀传统文化、马克思主义及其中国化的基本理论、党和国家的创新战略政策抛掷绳索,从而在"学理"与"政治"间建构一种"你中有我我中有你"的融合关系,进而坚固学生的政治立场和社会主义核心价值选择。其中,思政元素便相当于这道"绳索",恰当的思政元素应当能够实现"学理"与"政治"间的自然融合。例如,习近平总书记在讲话中多次强调"公正是法治的生命线""公正是司法的灵魂和生命",公正司法也就成为习近平法治思想中的重要组成部分。公正司法既与刑事诉讼法中的程序、证据规则密切相关,也是刑法解释的最终目标。那么,在涉及该部分知识讲授中,便可将"公正司法"作为课程思政元素,并围绕此元素附加上学理知识、政策意义等将之具体化。

尤需注意,专业课程思政的主体是专业知识,思政起到的是价值引领和画龙点睛的效果,融入的思政内容宜精不宜多,应避免喧宾夺主,否则便会冲淡知识的主线和课程的本旨。

三、高校法学思政"学理"与"政治"结合的具体经验

《纲要》指出,要支持各地各高校搭建课程思政建设交流平台,分学科专业领域开展经常性的典型经验交流。本人在刑法学的授课当中也总结到若干"学理"与

---

① 刘建军:"课程思政:内涵、特点与路径",《教育研究》2020年第9期。

"政治"相结合的具体经验，以期达到与其他专业课程思政教师经验交流的目的。

（一）将习近平法治思想细化入刑法解释方法的讲授

将习近平法治思想切实贯彻落实到全面依法治国的全过程、各领域，既是法学教育者及司法者共同的使命，也是致力于解决现实问题的迫切需求。习总书记在多个场合的重要讲话中多次强调"努力让人民群众在每一个司法案件中都能感受到公平正义"。可见，习总书记极为重视司法上具体的个案公正效果。个案公正的实现不唯依靠严格的程序保障，也需要恰当的法律解释方法和理念。经过四年的法科教育，诸多的法学院学生将走向审判者岗位，也就承担着将立法上的一般公正转化为个案公正的使命。在我国刑事实务界存在一种根深蒂固的观念，"法律就是法律，在任何情况下，遵守形式的法律标准是司法人员法定的义务。"[1]这背后其实是一种较为纯粹的法实证主义或概念法学立场，以为掌握了法规范的语词概念和三段论逻辑就可自然推导出恰当的判决。这便涉及法解释方面的教育问题。

刑法解释存在多种方法，但终极目标只有一个，即使案件得以合理公正裁决。文义解释仅仅是理解法规范的起点，而非止步于此。纯粹的文义解释往往会导致法规范适用的形式化、机械化以及价值判断的缺失。如果司法者在适用法律时将目光局限于具体的法律概念和规条，而忽视探寻和追问法律所承载的价值内核和规范目的导向，得出的裁判结论便可能看似于法有据实则背离法的本质和目的，也就是对法规范的误读。例如，在赵春华非法持枪案中，经过公众的广泛质疑，一审法院的主管副院长仍然会坚持认为，"从这个案子本身来讲，法律的这种审判依据，应该是没有问题"。[2]之所以自认"没有问题"，是因为将思维聚焦于"于法有据"，而未对案件的个案公正效果作出具体考察。在

---

① 劳东燕："法条主义与刑法解释中的实质判断——以赵春华持枪案为例的分析"，《华东政法大学学报》2017年第6期。
② 佚名："天津市河北区法院回应射击摊大妈获刑：判决时从情理上考虑得不多"，《茂名晚报》，2017年1月。

解释论上，造成该案"合法却不合情"的症结在于，对刑法上的"枪支"认定过于机械，从单纯的文义解释角度认定"枪支"，而忽视了非法持有枪支罪的规范目的在于保护不特定人的人身安全。当持有行为未对他人人身安全形成危险，显然不宜将持有对象解释为"枪支"进而认定为犯罪。

习近平法治思想中的法治人民主体论不仅是一种宏观的理念指导，也应细化到每一项法规范的制定和实施当中。具体到某个司法判决，其合理性不唯依靠严谨的规范判断，也需要充分考虑到个案所带来的人民法治体验。在讲授刑法解释部分课程时，应当向学生阐明，不应将某种解释方法绝对化或者将解释的位阶固定化，任何与公众体认的常情常理相悖的解释结论都应被摒弃。

（二）借鉴"情法平允"的古代优秀司法传统

除了党政方针这一最为核心的思政元素，中国优秀的传统历史也是挖掘"政治性"的有效方向。在任何罪名的解释与适用中，形式上的"合法"并非裁判合理性的充分要件，还需注重"法与情"的融合。习总书记有过专门强调："法律并不是冷冰冰的条文，背后有情有义。要坚持以法为据、以理服人、以情感人，既要义正词严讲清'法理'，又要循循善诱讲明'事理'，感同身受讲透'情理'，让当事人胜败皆明、心服口服。"[①]可见，"合情理"是刑事司法参与者尤其是裁判者形成案件结论并说理论证不可或缺的因素，在刑法授课过程中应当培养学生对此的敏感性。

中国古代司法便有"以情断案"传统，追求"情法平允"，《周礼》云："以五刑听万民之狱讼，附于刑，用情讯之。"郑玄注解："故书'附'作'付'。讯，言也，用情理言之，冀有可以出之者。"[②]可见，传统司法在出罪维度并非"不原其情，辄置诸理"，也就是并非坚持一种法条主义思维以及法的必然性逻辑，而是希冀追求一种公道的结果（"出之者"）。并且，古人已经认识到，"诸立议者

① 杨怀荣："执行工作也讲究情理法的融合"，《人民法院报》，2019年1月26日。
② 李学勤：《周礼注疏》，北京大学出版社，1999年，第913页。

皆当引律令经传，不得直以情言，无所依准，以亏旧典也。"①即，司法者虽然可以以"情理"为指引"发现"法律，但在判决中还是要以律文为基准，不宜只陈述情理理由。这对当下的裁判说理模式也是一种很好的启发。总书记所讲的"以法为据、以理服人、以情感人"，也是要求需注重裁判的合规范性。"情理"的非规范性决定了其本身不能成为裁判的依据，但可以成为对法律条文的理解与适用之妥当性的"内在指引"，如果对某一法律规范适用的结果严重违背公众的情理认同，则应就此反向审视对该规范的理解是否妥当。就此而言，"以情断案"需要有相应的法理支撑且能够通过"说理"予以表达，即"寓情于法"且"以理表达"。

就此，在讲授刑法解释的一般性理念和方法时，既需要结合我国传统司法"以情断案"的实践并取其精华，增强学生解释法律的"合情理"意识，也要引导学生加强刑法基本理论的积累，在案件分析时不是用直白的大众话语加以阐述，而是注重法言法语的规范运用，将"情理"作为佐证法规范理解与适用妥当性的方式，而非以"情理"本身作为裁判的依据。

（三）积极引入实践中的示范性案例

党和国家关于依法治国的战略部署既意在针对法治领域的薄弱环节及现实问题，也自然会得到实践的检验和印证。案例教学便兼具政策教育、学理教育和实践教育三重意义。一方面，故事式的案例讲述可以活跃课堂气氛；另一方面，可以从现实案例中揭示问题的症结所在，随后再"对症下药"式引入恰当的思政元素。例如，一度备受争议的王力军无证收购玉米案，经过再审宣判无罪后入选最高人民法院指导案例以及由最高人民法院、中央电视台联合评选出的"2017年推动法治进程十大案件"，可见该案的典型性和示范意义，应当成为刑法学教学的经典案例素材。入选"十大案件"的理由是，"本案由最高人民法院依法主动指定再审，表明人民法院对公民权利的积极保护，并通过案件审理

---

① 高潮，马建石：《历代刑法志注译》，吉林人民出版社，1994年，第121页。

推动相关法律法规修订，对保障人权，促进法律制度完善、促进国家治理发挥了重要作用。"[①]

关于本案，首先，从政策意义上，习近平总书记强调"推进全面依法治国，根本目的是依法保障人民权益"，立法、司法应当设法扩展人民的权益范围而非挤占这种权益空间。本案中王力军收购玉米行为虽然系无证经营，但在普通公众看来却是一种谋生手段，系正当经营。本案通过最高人民法院的介入纠正，积极保护公民权利，符合回应民众诉求的"法治人民主体"立场，体现了习近平法治思想的科学性和实践合理性。其次，从学理角度而言，本案无罪改判实际上选择了"抽象型秩序让位于具体个人权利"的立场，符合"两利相衡取其重"的利益衡量原理。由此可以论证，传统理论上关于本罪法益性质系市场管理秩序的观点有失偏颇。"如果某一经营行为仅仅侵犯了行政性管理秩序却未对个人权益形成任何威胁，行为之'益'与'害'的衡量就不能推导出成立犯罪，而仅仅是行政违法。"[②]这种典型案例便起到了促进刑法教义学知识体系内部更新的作用。最后，从实践角度，通过典型案例的分析，提取出具有一般可适用性的教义学裁判规则，有助于该罪名的规范化适用。通过该示范案例，阐明非法经营罪罪与非罪的界分前提不在于涉案数额等这种数量化标准，而在于是否具有危害市场参与者相关权益这种法益侵害本质。这既具有其充分的学理根据，也有助于非法经营罪在司法实践中的规范化适用。

总之，高校法学思政建设需要平衡好"政策""学理"与"案例"三个要素的关系。案例本身丰富的情境化色彩使教学内容具有很好的代入感，既能增加课堂趣味，也能自然地引申出党的政策主张，两者间系"问题与钥匙"的关系。围绕案例所进行的学理阐述也更能加深学生的印象。

---

① 靳昊，刘华东："最高法发布2017年推动法治进程十大案件"，《光明日报》，2018年2月2日。
② 崔志伟："法益识别与'情节'评定：利益衡量作用于构罪判断之另种路径"，《中国刑事法杂志》，2020年5月。

四、结　语

法科学生"专业素质与思想政治素质并进",是高校法学教育应当努力的总体方向。其中,专业素质是核心,政治素质是灵魂,两者缺一不可。高校专业教师既要排除对课程思政的畏难甚至抵触情绪,也要避免政治话语的"灌输""单刀直入"模式,否则容易使学生的兴趣受挫而对思政教育产生负面印象。习总书记在全国高校思想政治工作会议上还强调要"把思想政治工作贯穿教育教学全过程,实现全程育人、全方位育人"。这就决定了,"学理"与"政治"的结合不是一个"点"的碎片化状态,而是一条"线",贯穿整个课程教学。为此,需要不断深度挖掘提炼专业知识体系中所蕴含的思政元素,不断开拓思政元素的融入领域。习近平法治思想为法学思政建设提供了极好的契机。法学思政课建设有着多重意义,通过教学使学生学明知识、了解实践以及提升政治素质。通过透彻的学理分析,使学生借助专业知识产生对党和国家依法治国方略的科学性的内心认同,是高校法学思政建设的应然目标。

宪法学课程思政探索思政教育新模式

蒋　龑①

内容摘要

　　在专业课程中融入思想政治教育是全国高校思想工作会议中的明确部署。在"宪法学"教学中，上海师范大学法律系宪法行政法教研室全体教师认真贯彻，设计既有专业又是思政元素与理念的课程。本文就是对其中一个教学节段的说明与展示。

　　关键词：宪法学；课程思政；国体

　　习近平总书记在全国高校思想政治工作会议上强调"要坚持把立德树人作为中心环节，把思想政治工作贯穿教育教学全过程，实现全程育人、全方位育人"。上海师范大学哲学与法政学院法律系在学校、学院的指导下，就如何推进法学专业课程课程思政建设积极展开教学研讨，取得了较为丰硕的科研与教学实践成果。法律系全体教师旨在通过以"思政理念和元素"进入法学各专业课程，在教学中培养讲政治、强专业的新时代法律人才。

　　其中，以"宪法学"为代表的公法学和理论法学课程，因为其教学与科研内容天然地与国家主导意识形态和大政方针的亲缘性，故而应该特别强调"思

---

① 作者简介：蒋龑，上海师范大学哲学与法政学院讲师，法学博士。研究方向为宪法学、比较法学。

政理念与元素”对相关课程的思想指导，应该强调“思政理念与元素”贯穿进相关课程的全部而不是部分教学活动中。其中，法律系“宪法学”课程，通过挖掘教材中不同内容的思政课程理念和元素，展开了一系列教学设计论证、教学课程展演、思政课程内容反思等活动。“宪法学”课程选用胡锦光、韩大元著《中国宪法》和马工程《宪法学》为教材。主题涵盖宪法学基础理论（含宪法实施）、公民基本权利和义务，以及国家基本制度与国家组织等内容。不论是教材选择，抑或是课程教学，都坚持思想性原则，体现宪法学课程的思政育人价值。

课程思政教学案例展示之一为“宪法学”第二编“国家基本制度与国家组织”第一章“国体与政体”中“国体”部分的部分内容，教学对象为本科一年级学生，授课教师为蒋奕博士。

一、思政育人与教学设计

“国体与政体”章节是“国家基本制度与国家组织”篇的开始章节，对于大一新生来说，因为有中学政治课程的先修基础，所以这部分内容可谓是既熟悉又陌生。课程教学目标是在高中政治课程的基础上，依据我国宪法规范，如何从法学专业（尤其是法教义学）角度加深理解我国的国体和政体；同时要通过对国体和政治专业知识的讲解，潜移默化地培养选课同学对新中国国体和政体的内心认同。

教学展示系列的教学设计可以参见以下表格。

二、思政理念和元素的课中融入

严格来说，在整个宪法学教学过程中，思政要素是无处不在的。因为按照宪法解释学（宪法学主流理论）的理论前提，只有承认被解释宪法的合理性和正当性，才存在解释宪法的可能性。所以，对中国宪法的学习，就是透过对宪

题目	国体与政体
教材分析	本节课出自胡锦光、韩大元著《中国宪法》第十七章"国家机构概述"。这部分的主要内容是我国的国体与政体，对应的宪法规范主要是我国宪法总纲部分，尤其是第1—3条。 　　对于大一新生来说，国体和政体概念可谓是既熟悉又陌生。熟悉在于中学阶段的"思想道德修养与法律基础"等课程都涉及过该概念，程度较好的同学甚至能直接背诵出我国的国体和政体条款；但是陌生之处又在于，在大学阶段，我们从法学这门学科出发，如何来理解我国的国体与政体。 　　同时，通过正确理解我国的国体与政体，在内心信念上达成对党的领导、社会主义制度和人民当家作主的认同，具有非凡意义。所以，这部分内容需要高度融合思政要素，在展示宪学的学科性的同时，需要高度重视宪法的政治性。
学情分析	授课对象是法律系大一新生，课程至此，选课同学已经进入大学学习约两个月。 　　宪法学知识体系大致分成三个部分：宪法学总论，国家组织和基本权利导论。国体和政体章节是国家组织部分的开篇，是整个国家组织和基本权利部分的"总纲"。即对于国家机关及国家各机关之间的关系的理解，对于依据宪法，我国公民所享有的一系列基本权利的理解，都需要以正确认识和理解我国的国体与政体为前提，具有特别重要的意义。学习至此，同学们已经完成了一般意义上的"宪法学总论"部分的内容，已经开始具备了一定的宪法学知识基础。
教学目标	（1）知识与技能：让选课同学理解我国的国体和政体条款，尤其是正确理解"党的领导""人民民主专政""社会主义""依法治国""民主集中制"等特别重要的宪法和政治概念。 　　（2）情感态度与价值观：本部分内容具有高度的"专业-思政"同构性，选课同学需要在教师的讲授中，既能掌握上文所述这些重要的宪法和政治概念的重要含义，同时还需要在内心深处建立对这些重要的宪法和政治概念的内心认同。
重点难点	中国现行宪法第1—3条所确立的国体和政体规范。既是重点，也是难点。
教学方法	讲授法、理论分析法、规范分析法、经典著作解读法。
思政要素	首先在一般宪法学和国家学上区分、并分析国体与政体这一对宪法学和国家学经典概念，再结合中国宪法序言，和中国现行宪法第1—3条所确立的宪法规范详细讲解中国的国体与政体问题。思政要素集中体现在，我们将依次重点辨析"人民民主专政""社会主义"和"民主集中制"等重要宪法和政治概念的宪法规范含义，并在讲解中选读毛泽东《新民主主义论》和《论人民民主专政》的部分段落。

教学过程	环节一　课程回顾与课程介绍 上节课结束了宪法学第一部分"宪法学导论"部分，这节课开启新的章节"国家组织"，所以，作为面向大一新生的宪法学课堂，有必要从整体上回顾宪法学的知识结构。 环节二　国体条款 本环节为此教学节段的重点和难点。 对国体条款的讲解，将从三个角度依次展开。首先，"国体"和"政体"作为两个基础的宪法学和政治学概念，有其独立的思想史，在具体讲解我国具体的国体和政体之前，需要在理论上对其进行简要回溯。我们的回溯，又会特别重视国体和政体概念在我国近代以来的传播和演变史。 第二个角度会特别分析毛泽东《新民主主义论》和《论人民民主专政》两篇光辉文献的重点段落。这既是专业的要求，也是思政的要求，因为我国宪法条文中对国体和政体条款的规定，就直接脱胎于毛泽东的这两篇文献，在这里，集中体现了"专业—思政"同构性。 第三个角度会依次分析我国国体条款中的"党的领导""人民民主专政"和"社会主义"三个关键词。我们认为，只有正确把握了这个三个关键词的内涵，才能正确理解我国的国体条款。这里我们会特别解读并精读习近平总书记的相关精辟论述。帮助同学们正确理解，从而形成对我国国体条款的认同的内心信念。 环节三　政体条款 本环节为此教学节段的重点和难点。 对政体条款的讲解，将从两个角度依次展开。 首先，分析我国的人民代表大会制度及其民主集中原则，重点讲解民主集中制原则的内涵。 其次，我们将从"比较宪法"的角度，比较我国的民主集中制与西方资产阶级国家的三权分立体制，真金不怕火炼，社会主义制度不害怕比较，也只有在真正的客观的公允的比较中，才能够真正体现我国社会主义制度的优越性。从而帮助选课同学，不仅能够掌握知识，还能够因为对知识的掌握，涵养正确的社会主义宪法观。 环节四　课程总结与任务布置
教学方法	讲授法、经典著作解读法
授课意图	在中国共产党的百年澎湃历史中，留下了很多经典文献，这些文献，不仅具有政治意义和语境意义，凝结在其中的重点段落，还特别具有思想史意义。在我们既有的宪法学教学和科研中，对这部分文献的分析和把握不足，我们有必要弥补我们学界在这方面教学和科研的不足。 同时也能让选课同学从法学和政治学的角度来理解这些光辉文献的思想史意义，具有特别重要的意义。

法规范和文本的学习，学习当代中国的基本制度，大政方针与施政纲领；就是透过对宪法规范和文本的学习，自觉树立正确的世界观、爱国观和宪法观。

下面是"国体"知识单元思政理念和元素在课程中的融入简介。

（1）"学习强国"APP等教育资源的引入和推荐。课程将以习近平总书记在2019年9月12日视察北京香山革命纪念地时的讲话作为引入，习近平的讲话摘录为："在这里，毛泽东同志发表了《论人民民主专政》，为新中国的建立奠定理论基础和政策基础。在这里，中共中央同各民主党派、各界人士共同筹备中国人民政治协商会议，制定通过了起到临时宪法作用的《中国人民政治协商会议共同纲领》，确定了新中国的国体和政体，制定了一系列基本政策，描绘了建立建设新中国的宏伟蓝图。"很显然，在宪法学学习专业上，习近平的讲话为我们学习新中国的国体提供了必须精读的文本，同时作为2019年视察北京香山革命纪念地时的讲话，习近平的本次讲话本身也是"不忘初心，牢记使命"主题教育的组成部分，可以展开论述的课程思政点非常多。笔者还会借此推荐以"学习强国APP""中国共产党新闻网"等重要的网络教学资源。首先，学习中国宪法需要了解共和国波澜壮阔的革命和建设史，需要紧跟当下大政方针，同时考虑到网络上"杂音"颇多，所以，能够体现执政党宣传意志的网络资源就尤为重要。其次，党和国家领导人讲话、会议众多，这些网络资源恰恰能够及时地做到归类、整理，能够极大地方便师生学习、搜集相关资料。

（2）精读毛泽东《新民主主义论》和《论人民民主专政》两篇光辉文献的重点段落。顺着习近平总书记的重要提示，精读《毛泽东选集》中的相关文献，这既是专业的要求，也是思政的要求，因为我国宪法条文中对国体和政体条款的规定，就直接脱胎于毛泽东的这两篇文献，在这里，集中体现了"专业-思政"同构性。当然，课程中对这两篇文献的讲解，要区别于"中国近现代史纲要"课程中的讲法。近现代史纲要课程中，会更加侧重从"语境"的角度来理解上述文献，即在当时的历史环境下，上述文献对于新民主主义革命、抗日战争和新政协会议的重要作用。"宪法学"课程中的讲解，将更加侧重上述文献的"思想史"意义，即将毛泽东在这些文献中对"国体"等概念的提炼，放置在整个"'国体-政体'政治思想史"的脉络中来考察，指出以《新民主主义论》中为代表的毛泽东对于国体政体的阐述，不仅具有语境意义，同时在"思想史"意义上还是政治学-法学的经典文献，从而帮助选课同学能够从新的角度来理解我们党和国家革命建设改革历史中那些经典文献的意义。

（3）阐发"宪法学是有祖国的"宪法学习方法。国体和政体本身是中性的政治学-法学概念，因为任何国家都有与之对应的国体和政体。然而，一旦将这一对中性的学术概念运用于一个特定的政治共同体之时，就会自然地延伸出一个基本的评价问题，即中国（或美国、日本等）的国体和政体好不好的评价问题。笔者认为，"宪法学是有祖国的"应当为我们的宪法学学习的根本方法。所谓"宪法学是有祖国的"，笔者认为，大致可以区分为形式意义上和实质意义上两层含义。在形式意义上，中国课堂的"宪法学"（作为大一本科的专业核心必修课）当然以对中国宪法典和规范的讲解为主，同理，美国课堂的宪法学当然以对美国宪法典和规范的讲解为主。但是更重要的是实质意义上的含义，即我们所认为的"宪法学是有祖国的"，在根本意义上，是我们对面中国宪法典及其规范时应有的评价态度，尽管改革开放要继续推进，经济和政治体制改革正在有序展开，但是我们必须对中国宪法典及其规范背后的基本政治认同、基本的宪法原则——包括但不限于党的领导、社会主义和人民当家作主——有着基本的内心认同，在这个意义上，我们才能说"宪法学是有祖国的"。

三、总　结

以上为"宪法学""国体"单元中，相关的教学设计和"思政理念与元素"部分的说明，包括笔者在内的上海师范大学哲学与法政学院宪法与行政法教研组全体教师一致认为，专业的课程设计和课程思政的融入是无止尽的，我们在这里展示部分章节的教学情况，只为求得法学界和高等教育界的严肃认真的学术批评。

　　法学，尤其是以"宪法学"为代表的公法学和理论法学，因为其高度的政治性，所以对课程思政有着特别的要求。我们希望通过自身的教学科研活动，能够让选课同学有坚定的社会主义信念，有精湛的法学专业技艺，能够在将来成为合格的社会主义建设者。

从《刑法修正案（十一）》中挖掘课程思政元素

雷　昊①

内容摘要

　　刑法课是法学专业核心课程之一。在其中落实思想政治教育很有必要。《刑法修正案（十一）》新增了侵害英雄烈士、名誉罪。在全面介绍本罪的基础知识之后，结合时事热点，升华主题，增强爱国心，达成课程思政目标。

　　关键词：课程思政；刑法修正案；英雄烈士；爱国心

　　习近平总书记在全国高校思想政治工作会议中指出，要坚持把立德树人作为中心环节，把思想政治工作贯穿教育教学全过程，实现全程育人、全方位育人，努力开创我国高等教育事业发展新局面。刑法总论是法学专业核心课程之一，在法学教育中起到基础性作用，为将来进一步学习其他种类的法打下坚实基础。该课程的授课对象是法学专业的本科一年级学生，虽然基本都已经成年，但仍然存在心智尚不成熟、易受负面思想影响、人生规划迷茫等问题。在刑法总论课程中落实思政教育，坚持不懈培育和弘扬社会主义核心价值观，让学生坚定理想信念，很有必要。

---

　　① 作者简介：雷昊，上海师范大学讲师，研究方向为刑法学。

2021年3月1日，备受关注的《刑法修正案（十一）》正式实施，该修正案对现行刑法做出了多处修改，完善了我国的刑事立法。其中，在《刑法》第二百九十九条后增加一条，作为第二百九十九条之一："侮辱、诽谤或者以其他方式侵害英雄烈士的名誉、荣誉，损害社会公共利益，情节严重的，处三年以下有期徒刑、拘役、管制或者剥夺政治权利。"

本课程基于课程思政目标，按照树立学生爱国情怀的要求，将该条刑法修正案作为重点展开，通过现实案例的切入，回顾英雄烈士为新中国的成立抛头颅、洒热血的辉煌事迹，让学生确立正确的是非观和价值观，切实增强爱国信心。

书影展示

该课程片段由以下三个部分组成：

第一，向学生展示《刑法修正案（十一）》新增的侵害英雄烈士名誉、荣誉罪的构成要件，让学生从法律文本层面对于该罪名有基本且全面的认识。具体又可以分为三步走：

首先，和侮辱罪、诽谤罪进行比较。虽然三个罪所侵害的客体具有一定的相似性，都属于人的名誉。但是侮辱罪、诽谤罪的客体是任何自然人的名誉，属于传统刑法个人法益的范畴。而侵害英雄烈士名誉、荣誉罪的客体是英雄烈士的名誉、荣誉，已经超越了个人名誉的范围，包含了中华民族共同中华民族的共同记忆，是社会正义核心价值观的重要体现，属于超个人的集体法益。

然后，为正确适用法律，必须明确"英雄烈士"的范围，即《英雄烈士保护法》所划定的范围。为了让学生形成感性认识，以2020年中印边境冲突为例，带领学生回顾戍边战士的英雄事迹，感受他们为维护祖国主权和领土完整作出的光荣牺牲，加强学生爱国主义信念。

最后，明确"损害社会公共利益"的构成要件。英雄烈士所代表的民

课件内容展示

族共同记忆、民族精神乃至社会正义核心价值观，是公共利益不可或缺的一部分。侮辱、诽谤或者以其他方式侵害英雄烈士名誉的，会损害社会公共利益。

第二，向学生展示实践中发生的侵害英雄烈士名誉、荣誉的典型案例。以仇子明（网名：蜡笔小球）侵害英雄烈士名誉、荣誉案为例，展现其作案过程，以及被公安机关依法刑事拘留的经过。让学生感受到行为的社会危害性，深刻明白他们的行为损害英雄形象、伤害民族情感、毒害爱国之心，情理法皆不容，其必将受到应有的惩罚。

第三，进行课程总结，升华主题。今年是建党一百周年，中国正处于世界百年未有之大变局。鼓励每一位学生，作为中华民族的一分子，必须要清醒地认识到我们所处的时代背景和我们所肩负的时代责任。让学生在强化爱国心的基础上，敢于积极同侵害英雄烈士名誉、荣誉的犯罪行为作斗争，增强社会主义建设者的使命感，激发实现中华民族伟大复兴中国梦的强大精神力量。

侵害英雄烈士名誉、荣誉罪

- 2、典型案例：仇子明（网名：蜡笔小球）侵害英雄烈士名誉、荣誉案
  - 损害英雄形象、伤害民族情感、毒害爱国之心，情理法皆不容，其必将受到应有的惩罚。

侵害英雄烈士名誉、荣誉罪

- 3、总结
  - 今年是建党一百周年，中国正处于世界百年未有之大变局。
  - 要积极同侵害英雄烈士名誉、荣誉的犯罪行为作斗争。
  - 要实现中华民族伟大复兴中国梦。

课件内容展示

法律方法课程思政探索思政教育新模式

刘振宇[①]

内容摘要

以中国真实案例和中国法官的真实事例为讲授主要内容，以优秀校友作为榜样，引导学生切实感受法律方法在中国的理论与实践。

关键词：法律方法；邹碧华；要件审判九步法

为深入贯彻落实习近平总书记在全国高校思想政治工作会议上的重要讲话精神，我积极向具有丰富教学经验的"老"教师请教，和作为授课对象的"萌新"学子沟通，探索将作为实践技能拓展课的"法律方法"课程教学与课程思政有机融合的有效路径，旨在提高学生法律实践能力的同时，培养学生的人文素养，提升其思想境界、精神情操和文化素质。

鉴于世界范围内，德国相关课程的开设较为成熟，因此，作为面向本科生和硕士研究生的基础能力教学，国内此课程讲授的基本框架，多少受到德国著名法学家卡尔·拉伦茨《法学方法论》一书的影响。同时，个人考虑到教学框架的匹配度，还借鉴了德国学者托马斯·默勒斯《法律研习的方法》和罗兰德·史梅尔《如何解答法律题》中的部分内容。

---

① 作者简介：刘振宇，上海师范大学哲学与法政学院副教授，研究方向为法理学、权利理论、法会治理。

书影展示

一如马克思主义理论中国化指引着中国特色社会主义建设的进程，来自德国的法律方法理论也只有经过中国化，才能够更为有效地帮助中国法治后备人才的成长。马克思主义理论中国化的伟大经验是将马克思主义基本原理和中国实践相结合，法律方法理论中国化同样是将法律方法的基本框架和中国司法实践相结合。这里的中国司法实践，不单单是案例。案例，只是一个例子。中国的例子和德国的例子，仅从案例出发，其区别在于前者的大前提是中国的法律规范而后者的大前提是德国的。如此结合，实际上不过是重温了学生应该在各个部门法课程中应当有所掌握的中国法律规范。当然，这种重温，是重要的。但，却并非真正意义上的"中国化"，而更多的是"德国法律方法理论在中国"。于是，我将目光投向了中国的司法实践，不是直接用德国的法律方法讲述中国的故事，而是在讲授中国的司法实践故事中，揭示中国的优秀法官、检察官、律师是如何运用法律方法解决法律纠纷的，加深学生对法治中国建设真实情况的了解，强化中国优秀法治人才对学生的榜样力量。这些真真正正的中国法治故事，才是他们未来所要去继承的、要去发展的、要去为之奋斗终生的。

课程思政教学案例展示之一为"法律方法"的"法律论证"主题的部分教学内容，教学对象为法律硕士（非法学）一年级（2020级）学生。

一、思政育人与教学设计

"法律论证",是在多种法律推理均符合形式逻辑的情况下,如何从中寻求最优解的过程。在某种意义上,法律论证可以和实质推理画等号。而这一工作,也是法官的常规工作:毕竟,有必要默认庭辩双方的主张均符合形式逻辑。

此时,结合典范案例,增加"人"的故事,"潜移默化"地将课程思政内容融入教学之中。通过讲述优秀中国法官的个人事例,引导学生学习优秀中国法官的选择是如何做出的,培养青年学子的爱国情怀,对中国司法制度的自信,加强对社会主义核心价值观的体认程度。

二、思政育人的课中融入

典型人物代表:邹碧华。

原上海市高级人民法院副院长,2014年因病逝世。被誉为"庭前独角兽""法治'燃灯者'"。2017年,由最高人民法院影视中心、上海电影(集团)公司联合出品的同名电影《邹碧华》上映。2018年12月18日,党中央、国务院授予邹碧华同志改革先锋称号,颁授改革先锋奖章;同日,入选中央政法委长安剑"改革开放40周年政法系统新闻影响力人物"。

他曾写过一篇著名的文章《法官应当如何对待律师》,在律师界广为传颂;出版的《要件审判九步法》一书,被赵旭东教授断言"可被视为对法官裁判方法进行研究的第三种进路——实证的方法",是由中国的优秀法官写给中国法治后备人才的必备读物。进而,顺理成章地将学生们带入到中国特色社会主义法律方法理论"要件审判九步法"的学习之中。这一方法,和德国的鉴定式案例分析异曲同工之妙,但更加契合中国法治实践一线法官的思维。

典型人物代表:李非易。

现为上海市第二中级人民法院审判员，商事庭商事速裁团队负责人。作为二中院最年轻入额法官，多起审理案件入选中国审判案例要览、最高人民法院公报、上海法院精品案例。

如果说，邹碧华法官作为典范距离学生有些过于遥远，那么，李非易法官，作为上海师范大学法学专业培养的校友，则更加具有亲和力。他在审理案件的时候，如何展现杰出的法律论证技巧，着实令人期待。

课堂上，围绕邹碧华法官的"要件审判九步法"，分析李非易法官的精品案例。引导学生将更加关注中国的司法实践，鼓励学生举一反三，进行类案的交流和思考。

同时，播放电影《邹碧华》的视频片段，增强学生的"沉浸感"。

课后强化

为巩固学生对"要件审判九步法"的理解，我布置了课后作文，让学生利用该方法，分析一个热点事件：深圳遗赠保姆无效案。

课程总结

通过本课学习，不仅锻炼学生的法律论证能力，同时使学生对中国司法中的真实实践情况有了更加深入的了解，意识到中国的优秀法治人才在法治中国建设的过程中，践行着自己守护正义的誓言；使学生真切地感受到中国司法实践中孕育的法律方法是解决中国法律纠纷的不二法门，促进对中国法治建设的理论自信、制度自信和文化自信。

民法课程中课程思政元素的融入

——民事权利制度在我们国家发展中的演变

环建芬[①]

内容摘要

随着我国《民法典》的颁布，民事法律在我国经济、社会各方面的作用日益显示，民事权利是其中一项主要内容。在民法课程中将我国民事权利制度的历史进行梳理、分析，可以让学生对我国民事权利制度有一定认识，从而增强他们对民事权利与实现人民美好生活向往之间联系的进一步认识。

关键词：民事权利历史；民事权利制度认识；人民美好生活

为深入贯彻落实习近平总书记在全国高校思想政治工作会议上的重要讲话精神，法律系积极开展教学研讨，探索将法律课程教学与课程思政有机融合的有效路径。

本文所介绍的课程思政元素的探寻是通过民法中的"民事权利"内容在我国民事立法中的发展过程的梳理，帮助学生理解党的十九届五中全会提出的"不断实现人民对美好生活的向往"这一精神，认识实现人民对美好生活的向往

---

① 作者简介：环建芬，上海师范大学哲学与法政学院副教授，法学博士。研究方向为民商法。

不仅反映在纸面上，重要的是可以通过具体立法内容的制定而实现。本课程教学旨在提高学生法律专业能力的同时，培养学生关注国家政治、经济文化的发展，理解立法与社会发展的密切关系，将党中央文件中提出的相关要求与具体立法内容紧密结合；同时，帮助学生认识到"人民对美好生活的向往"是推动国家进步和发展的根本动力。

"民事权利"单元所属课程的名称为"民法学"，教学对象是2020级法律硕士（非法学）1、2班两个教学班；另一个班的课程名称为"民法专题"，教学对象是2020级民商法硕士教学班。两门课程的授课教师均为环建芬老师。

一、思政育人与教学设计

结合"民法学"和"民法专题"中"民事权利"单元的授课，"潜移默化"地融入课程思政内容进行教学。学生通过了解我国民事权利的发展制度，培养学生关注立法中的民事权利的发展与国家的发展中实现人民对美好生活的向往两者之契合，引导学生对我国民法文化的自信和对国家进步的信心。

本单元课程设计为以下几个阶段：教师设计问题——将问题布置给学生作为回家作业准备——学生分组交流——教师分别对每组发言点评和最后总结点评。教师设计的问题共四个：一是，新中国成立以来，我国民事权利制度有哪些变化？变化的原因是什么？二是，与《民法通则》相比，《民法典》中民事权利部分有哪些变化？变化的原因是什么？三是，《民法典》中民事权利部分有哪些中国特色？四是，《民法典》中新增了哪些具体民事权利？四个问题，四个板块。这四个版块既梳理了新中国成立以来，我国民事权利制度的整个发展变化；又结合了当下《民法典》部分民事权利内容的特点和亮点。教师通过四个问题的设计告诉学生，民事权利制度的变化，在一定程度上，既是新中国经济发展史，也是人民主体地位的发展史，更是从党和国家层面努力维护人民根本利益、促进人民幸福、不断实现人民对美好生活向往的发展史。

二、思政育人的教学融入

（一）引入党的十九大五中全会审议的报告进行讲解

"民事权利"单元的课程教学，课堂安排两次，第一次是授课教师引入党的十九大五中全会审议的报告内容进行讲解，第二次是学生课堂交流加教师点评。另外，课后布置两次作业，一次准备课堂交流，一次写读书笔记。

教师授课主要通过党的十九大五中全会的报告引出主题。教师授课中强调，"人民对美好生活的向往就是我们的奋斗目标。"党的十九届五中全会审议通过的《中共中央关于制定国民经济和社会发展第十四个五年规划和二〇三五年远景目标的建议》提出，"十四五"时期经济社会发展必须遵循坚持以人民为中心的原则，坚持人民主体地位，坚持共同富裕方向，始终做到发展为了人民、发展依靠人民、发展成果由人民共享，维护人民根本利益，激发全体人民积极性、主动性、创造性，促进社会公平，增进民生福祉，不断实现人民对美好生活的向往。而人民对美好生活的向往其中重要的一个方面便是对自己利益的实现、权利的实现。民法为权利法，是民事主体权利的体现。民事权利体现的内容多或少、充分还是不充分，都会直接影响民事主体利益的实现程度。民法对个人的文化意义主要体现为培育现代公民，助推其实现美好生活，它蕴含的文化观念之一是权利文化，即民法赋予了自然人丰富的权利类型，包括人身权和财产权，涵盖生存权和发展权，契合作为"权利法"的品格。

（二）布置讨论问题让学生分成四个小组课后准备，并提供相应参考文献

三个研究生教学班，用同样的方式，布置同样的问题。另外，每个教学班都是根据四个问题分成四个小组进行课后准备，每个小组成员分工完成查阅文献、撰写发言稿、制作PPT、课堂发言工作等，做到人人参与、个个投入。参考文献包括两部分：一是党的十九届五中全会报告等相关党的文件；二是之前《民

法通则》《民法总则》以及本次《民法典》立法的草案说明、相关内容的论文等。

（三）课堂交流

课堂交流分成四个板块，每个班都有四个小组分别交流，本文将三个教学班学生的交流进行概括介绍。

在"新中国成立以来，我国民事权利制度有哪些变化"版块部分，学生们将民事权利制度分为建国初期的民事权利、社会主义改造时期的民事权利、社会主义建设时期的民事权利、改革开放时期的民事权利、十一届三中全会后的民事权利、《民法通则》时期的民事权利以及进入《民法典》时代的民事权利，通过上述对各个阶段民事权利内容的梳理，展现了国家发展对民事权利制度的影响。即国家进步了，民事权利制度就会向前推进；反之，民事权利制度就会停滞不前，人民的幸福指数就会下降，人民的利益就难以得到充分保障。

在"与《民法通则》相比，《民法典》中民事权利部分有哪些变化"版块部分，学生们通过对《民法通则》和《民法典》中"民事权利"部分的梳理，分

课堂教学展示

"形式上的变化及原因""内容上的变化及原因"两个部分进行介绍。通过介绍，学生们看到民事权利立法经历了从财产到人身转变为从人身到财产的变化，民事立法对人权、民事主体的人格权等的保护力度不断加大，反映了我们国家对人民根本利益的不断重视。

在"《民法典》中民事权利部分有哪些中国特色"版块部分，学生们指出，我国《民法典》以更加完备的民事权利保护体系传承了鲜明的中国特色，即坚持适应中国特色社会主义发展要求、符合我国国情和实际的原则。《民法典》第1条规定民法典立法目的，首先就是为了保护民事主体的合法权益；第3条规定"民事主体的人身权利、财产权利以及其他合法权益受法律保护，任何组织或者个人不得侵犯"。《民法典》第一编总则中的第五章专章对民事权利作出规定，全面系统地揭示了民事权利的整体面貌，从保障民事权利的要点出发，对民事权利取得和消灭的基本根据、权利行使的基本要求都作出明确清晰的规定，强调财产权平等保护、民事权利不得滥用等，宣示了《民法典》对民事权利保护的特别重视，这对于在全社会培养和塑造重视权利保护的理念具有重要意义。

课堂教学展示

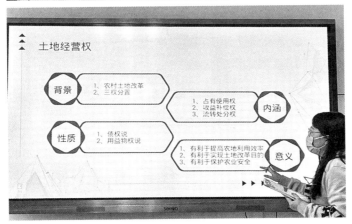

课堂教学展示

在"《民法典》中新增了哪些具体民事权利"版块部分，学生们主要梳理了人格权编的新增具体民事权利，物权编的居住权、房屋租赁人的优先承租权、土地经营权，婚姻家庭编的家事代理权、无效或可撤销婚姻中无过错方的损害赔偿请求权等。这些内容既包括财产方面的权利，也包括人身方面的权利，对于完善民事权利内容、充分保障人民的人身利益和财产利益具有重要作用。

课后强化

为巩固学生对民事权利与实现人民对美好生活向往的两者之间内容契合的认识、进一步理解新中国成立以来民事权利制度的发展，增加对国家制度的自信，教师布置了课后作业，让学生阅读相关文献然后写读书笔记——民事权利制度的发展与实现人民美好生活的向往。

课后总结

课堂讨论后，授课教师进行了总结，即民法的核心就是保护人民群众的人身权利和财产权利，民法的所有规定都是围绕着保障民事权利展开的。2020年5月28日颁布的我国《民法典》在对民事权利采用列举的方式，对物权、合同、人格权、婚姻家庭、继承五编并列列举，以完整保护民事主体各项权利；将侵权责任编置于最后，作为权利受到侵害时的救济手段。《民法典》承载着人民对美好生活向往的愿望，把权利平等、人身自由、人格尊严、英烈保护、环境正义等价值理念外化为法律的规范，体现了明确的价值导向。《民法典》的内容坚持符合国情和实际，充分体现了中国的历史传统、文化脉络、社会转型发展的阶段性等现实状况。

通过本单元的教学，学生对民事权利与实现人民美好生活向往之间的联系有了更加深入的了解，也进一步培养了学生学会将某一立法问题与国家的发展紧密结合，学会从顶层设计的角度去理解立法的目的、宗旨，由此增强了学生对我们目前国家制度的自信、对国家未来发展的信心。

法律系党史学习案例

"比较法学"第六讲:"一国两制"与香港特区法律制度

吴　玄[①]

内容摘要

　　"一国两制"与香港特区法律制度是我国法治制度中的重要组成部分。通过相关内容学习,有助于提高学生专业水平,培养爱国意识,树立正确的人生观、价值观。

　　关键词:香港基本法;一国两制;法律体系

　　为深入贯彻落实习近平总书记在全国高校思想政治工作会议上的重要讲话精神,法政学院积极开展教学研讨,探索将"比较法学"课程与课程思政有机融合的路径,旨在提高学生专业水平的同时,树立正确的人生观与价值观。

　　"党史学习"教学案例展示之一为《比较法学》第六讲法系融合的部分教学内容,教学对象为本科三年级(2018级)学生,授课老师为吴玄。

一、思政育人与教学设计

　　结合教学大纲内容,"潜移默化"地融入课程思政内容。以"香港国家安全

[①] 作者简介:吴玄,上海师范大学法政学院副研究员。研究方向为宪法行政法、网络法、比较法。

立法"等时政事件为切入点，引导学生正确认识"一国两制"的伟大创举，增强对中国特色社会主义道路自信、理论自信、制度自信和文化自信。

《比较法学》第六讲主要内容包括法系概念、特点以及世界主要法系发展历程介绍。香港因为历史原因，保留了英美法系的形式。同时，回归之后的特别行政区法律制度的设置上也吸收了大陆法系的特点。因此，香港不仅是学习和研究两大法系交汇的绝佳实例，也是认识和理解"一国两制"实践的最优选择。教师针对法学本科生的特点，在教学中加入了香港地区法律发展史、"一国两制"在香港基本法中的体现、香港国家安全立法情况介绍等课程思政点。

二、思政育人的课中融入

（1）教师介绍："一国两制"的提出，在香港基本法中的体现，回归以来香港特区法律制度发展的特点。引导学生开展自主学习，就相关问题进行研究分析，制作PPT分组展示，最终形成研究报告。

（2）学生展示＋课堂讨论：按照小组划分，依据教师提供的主题，对以下五个问题进行介绍：香港回归前的法律发展史；香港基本法中的香港政治制度；对基本法解释权的不同理解，两大法系思维方式的碰撞；香港国家安全立法；香港特区执政长官的选举制度改革。教师进行点评，引导学生正确认识，"一国两制"是社会主义中国的伟大创举，是解决历史遗留的港澳问题的最佳方案，也是港澳回归后保持长期繁荣稳定的最佳制度。

（3）辅助教学：选取香港回归以来的相关司法案例进行介绍。引导学生思考，具备两大法系特征的香港，如何实现法律制度的融合，如何在实践中进一步完善"一国两制"的制度设计。

比较法学党史专题
"一国两制"的伟大实践

吴玄

上海师范大学 · 奉贤

"全面准确、坚定不移贯彻'一国两制'、'港人治港'、'澳人治澳'、高度自治的方针,坚持依法治港治澳,维护宪法和基本法确定的特别行政区宪制秩序。坚持和完善'一国两制'制度体系,落实中央全面管治权,落实'爱国者治港'、'爱国者治澳'原则,落实特别行政区维护国家安全的法律制度和执行机制。坚持中央全面管治权和保障特别行政区高度自治权相统一,坚持行政主导,支持行政长官和特别行政区政府依法施政,提升全面治理能力和管治水平,完善特别行政区司法制度和法律体系,保持香港、澳门资本主义制度和生活方式长期不变,促进香港、澳门长期繁荣稳定。"

——二十大报告

"港人治港有个界线和标准,就是必须由以爱国者为主体的港人来治理香港。未来香港特区政府的主要成分是爱国者,当然也要容纳别的人,还可以聘请外国人当顾问。什么叫爱国者?爱国者的标准是,尊重自己的民族,诚心诚意拥护祖国恢复行使对香港的主权,不损害香港的繁荣和稳定。"

——邓小平文选第三卷

课件内容展示

课后总结

　　以上为"比较法学"课程中相关教学设计与"思政理念与元素"的嵌入结构介绍。通过本课程的学习，学生对"一国两制"和香港基本法的来龙去脉有了更加深入的了解，进一步培养了本国法律制度自信。"一国两制"下的香港法律是我国法律制度的重要组成部分，也是学习了解不同法律体系如何共存的绝佳教学资源。通过学习和比较，学生能够运用比较法的方法对世界上诸多法律制度加以研究，并树立正确的涉外法治理念。

立法法课程思政不断探索新路径

张　晗[①]

内容摘要

立法法课程思政教学案例展示之一为《立法法》第六章"立法体制"中的部分教学内容，本次课堂教学结合立法体制具体内容的讲解，逐步将课程思政内容恰当融入各个知识点。分为教学设计、教学目的、思政元素体现、教学成效四个部分。

关键词：立法体制；国家治理体系和治理能力；高质量立法

为深入贯彻落实教育部《高等学校课程思政建设指导纲要》，做到把思想政治教育贯穿法律人才培养体系，提升法律课程思政建设，在传道授业解惑中帮助学生塑造正确的世界观、人生观和价值观，上海师范大学法政学院不断探索课程思政与法律各科教学融为一体的新路径，在《立法法》这门课程的教学中也不例外。

立法法是法学系列课程中一门重要的分支学科。该门课程所选用的教材是中国人民大学出版社出版的"新编21世纪法学系列教材"《立法学》(第四版)。课程学习目标是让学生完整知晓我国立法法发展，全面掌握立法学基本原理与制度，学会运用立法学理论知识分析我国立法实践中出现的新情况、新问题。

① 作者简介：张晗，上海师范大学哲学与法政学院教师。研究方向为宪法、立法法。

书影展示

在每一章节专业知识的授课过程中，尽力做到与思政元素紧密结合，在教学设计环节时做到凸显思政教学元素与法律专业知识教学并重，相融相契，相辅相成，以达到课程思政的教学目的。尽可能开阔学生视野，激发学生们对祖国、对家乡的热爱与长情，对我国立法制度安排如何体现中国特色社会主义内涵进行深度理解，加强学生们对自我文化的认同感与自豪感。

课程思政教学案例展示之一为《立法学》第六章"立法体制"中的部分教学内容。教学对象为本科三年级（2018级）学生，授课教师为张晗老师。

一、课程思政教学设计

本次课堂教学主要结合教材第六章"立法体制"具体内容的讲解，将相关的课程思政内容恰当融入各个知识点。

首先，在讲到立法体制概述时，引导学生认识到立法体制问题是一国国家制度的重要组成部分。只有安排处理得当，立法体制才会极大促进我国社会主义法制的完整与统一，一整套正确完备的社会主义法律体系才能得以建构起来。只有中国特色社会主义法律体系牢固确立起来后，才能推动我国国家治理体系和治理能力现代化。

对于国家治理体系和治理能力现代化的提出这一问题，向学生阐述清楚其发展脉络。2013年底，党的十八届三中全会首次提出"国家治理"的概念。2019年10月28日至31日，党的十九届四中全会审议通过了《中共中央关于坚持和完善中国特色社会主义制度、推进国家治理体系和治理能力现代化若干重大问题的决定》。明确指出，国家治理体系是在党领导下管理国家的制度体系，包括经济、政治、文化、社会、生态文明和党的建设等各领域的体制机制、法律法规安排，是一整套紧密相连、相互协调的国家制度。其中一个重要的体现就是拥有一套完整的中国特色社会主义法律体系。国家治理能力是我们运用国家制度和体制机制管理经济社会事务的能力。国家治理能力现代化就是把中国特色社会主义各方面的制度优势转化为治理国家的效能。其中一个重要的体现就是改革不适应实践发展要求的体制机制、法律法规，又不断构建新的体制机制、法律法规，使各方面制度更加科学、更加完善，实现国家社会各项事务治理制度化、规范化与程序化。

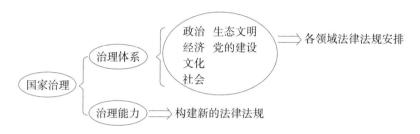

国家治理体系与治理能力具体内容

其次，在讲到立法体制具体内容时，引导学生清晰认识到我国实行的是统一而又分层次的立法体制。所谓统一，即强调中央立法的权威性与必要性，这是由我国单一制国家结构形式决定的。中央与地方只有授权与被授权的关系，没有地方分权一说。所有的地方立法权都须遵循在中央的统一领导下，充分发挥地方的主动性、积极性的原则。立法权限的划分与配置都是建立在一个完整统一国家的前提之下。只有统一的国家才能保证人民安居乐业，才能维护中华民族内在凝聚力，使中华民族屹立于世界民族之林，常兴不衰。这里还可以举例阐述，以培养学生的爱国意识，激发学生的爱国情怀，鼓励学生为了国家整体利益拼搏奋斗。

最后，结合2015年新《立法法》中一个重要的修改部分，即赋予所有设区的市在三类事项，即城乡建设与管理、环境保护、历史文化保护等方面的地方立法权，引导学生认识到地方立法权的必要性，增强学生们热爱家乡，学业有成后积极参与家乡建设的热情，使家国情怀这一种中华优秀传统文化在每一个学生心中得到不断滋养与浸润。

二、课程思政教学目的

（1）在掌握我国立法体制相关知识点的同时，提高学生们的爱国意识和爱国热情，让学生们真正知晓国家为什么要在党的领导下由中央层面上来进行统一治理，其背后的基础性原理都有哪些。

（2）在阐述我国统一而又分层次的立法体制的具体内容时，培养学生们的家国情怀，使学生明晰在我国大一统的国家背景下，为什么在遵循中央统一领导的前提下，还需要加强地方立法（治理）的主动性与积极性问题。

（3）让学生们深刻了解到立法体制是一种重要的国家制度。我们讨论立法体制内部不同立法权限的配置与安排时，其最终目的只有一个，即以高质量立法推动社会经济高速发展，满足全国各地人民群众对美好生活的期待与需要。

三、课程思政元素体现

（一）国家治理体系和治理能力现代化需要一套完善的立法体制作为前提

"坚持在法治轨道上推进国家治理体系和治理能力现代化"是习近平法治思想的重要组成部分。法治是国家治理体系和治理能力的重要依托。习近平总书记指出，"我们要建设的中国特色社会主义法治体系，本质上是中国特色社会主义制度的法律表现形式。"中国特色社会主义法治体系是国家治理体系的骨干工程，法治体系建设对于提升国家治理体系和治理能力现代化水平具有重要促进作用。

立法体制作为国家制度的重要组成部分，科学合理的立法体制对于维护我国法制的统一，正确处理国家权力机关和其他机关之间的关系、中央和地方之间的关系，维护法律体系内部的协调，具有重要的意义。如果说"依法治国，建设社会主义法治国家"的基础条件之一，是要有正确完备的法律体系的话，那么，形成正确完备的法律体系的前提条件之一，就是要有一个科学合理的立法体制。

我国《宪法》规定，全国人民代表大会和全国人民代表大会常务委员会行使国家立法权。党的十八届四中全会提出，要健全有立法权的人大主导立法工作的体制机制。因此，中国立法体制实行中央统一领导，强调国家立法权属于中央并在整个立法体制中处于领导地位。国家立法权只能由最高国家权力机关及其常设机关行使，行政法规和地方性法规要以宪法和法律为依据，不得与之相抵触。

（二）祖国各地山川景观、城市人文地貌不一，每一片土地都值得人们以不同的方式去热爱

城市治理问题需要因地制宜，运用不同方法与手段，以达到有效治理、精细化治理之目的。因此有必要赋予各地设区的市以地方立法权，这是不断完善国家治理体系，不断深化与加强国家治理能力的一个重要步骤。在省级地方拥有立法权后，对设区的市一级地方进一步放权，体现了党中央和国家满满的自信心，这既是对地方的信任，对各地因地制宜提高自己本地区治理水平的鼓励，也是对国家自身治理能力的肯定。

作为国家法律体系的重要组成部分，地方立法不仅是国家治理体系和治理能力现代化的制度依托和重要路径，也为国家法律制度体系提供必要支撑和试验探索。提高地方立法积极性，释放地方活力，在城乡建设与管理、环境保护、历史文化保护等三个方面赋予设区的市地方立法权，让设区的市在这三类事项上可以根据本地区实际情况，充分发挥地方的自主治理权，进一步提升人民生活幸福指数。

（三）以高质量地方立法引领推动本地高质量发展，满足各地人民群众对美好生活的需要

习近平总书记指出："为了不断满足人民群众对美好生活的需要，我们就要不断制定新的阶段性目标，一步一个脚印沿着正确的道路往前走。"我国脱贫攻坚战取得了全面胜利后，人们对美好生活的向往更加强烈，对于生态环境、居

住条件、就业、教育、社保、医疗、养老等各方面的期盼更加迫切。各地经济发展程度不一，人文历史传统、环境地貌等方面都存在差异性。地方有立法权后可以更加有效、有针对性地规划本地的治理模式，提供本地的治理手段，从而更优质地为人民服务，满足各地人民群众对美好生活的期盼与需要。

举例说明。比如水资源的保护对于江苏省而言就是一个极其重要的问题。江苏省域内江河湖海均有流经，河湖众多、水网密布，水域面积广泛。加强生态环境领域尤其是水资源保护的地方立法是江苏省的一项重要任务。

2019年6月3日至6日，全国人大常委会委员长栗战书率领全国人大常委会执法检查组在江苏检查水污染防治法实施情况。栗战书委员长还要求地方各级人大及其常委会发挥立法、监督等职能作用，为打好碧水保卫战作出贡献。他强调，要深入学习贯彻习近平新时代中国特色社会主义思想，践行习近平生态文明思想，充分发挥法律的规范、引领及保障作用，依法治理水污染保护水环境，满足人民群众对天更蓝、山更绿、水更清、环境更优美的期盼。

2020年11月27日，江苏省十三届人大常委会第十九次会议通过了《江苏省水污染防治条例》，自2021年5月1日起施行。《条例》从水生态环境保护规划、水污染防治监督管理、水污染防治措施及水生态环境修复、饮用水水源与地下水保护、区域水污染防治协作、水环境风险监测预警与水污染事故应急处置等方面作了具体规定。党和国家通过出台一系列水污染治理举措，规范水污染防治，优化水资源质量，努力为人民创造碧水蓝天下更美好、更幸福的生活。

四、课程思政成效

（1）在立法体制知识点的讲解中，将个人对自己家园以及民族和文化的归属感融入进去，培养学生的爱国主义精神，升华学生的高尚情操，让学生深刻理解我国一元两级多层次立法体制的形成由来。

（2）课堂讨论。通过PPT向学生展示一些案例思考题，比如先介绍上述《江苏省水污染防治条例》的出台过程，然后让学生以此为背景进行延伸讨论，进而探讨地方立法是如何惠及当地人民生活、地方立法如何促进当地百姓幸福指数等扩展性问题。讲到自己的家乡特色，学生们热烈讨论，谈到家乡的天更蓝了，水更绿了，环境更加美好了，毕业后要回到自己的家乡，积极投身于家乡建设中去。

（3）课后作业。为巩固对立法体制知识点的理解，老师布置了两道论述题作为课后作业。学生们认真完成了作业，对于我国现行立法体制作出系统梳理，把立法基本原理和立法制度的学习融入对我国立法实践的研究与认识之中，通过历史与现在的比较分析，加深了对于国家立法权的理解，树立了正确的国家观。

我国实行统一而又分层次的立法体制。中央统一领导、多级并存、地方适当分权。《立法法》也从法理上明确了"下位法不得与上位法相抵触"的原则。详细论述如下：

（1）**中央统一领导**：根据宪法规定，全国人大是最高国家权力机关，全国人大及其常务委员会行使国家立法权。我国是单一制国家，立法权集中于中央。

（2）**多级并存**：全国人大及其常委会制定宪法、法律；国务院制定行政法规；地方权力机关制定地方性法规；国务院各部委制定部门规章等。

（3）**地方适当分权**：省、自治区、直辖市的人大及其常委会，设区的市、自治州的人大及其常委会，以及其他民族自治地方的人大，享有立法权。虽然上述主体享有立法权，地方立法通常而言是对中央立法的补充。而且全国人大常委会有权撤销同宪法、法律相抵触的行政法规或地方性法规。

站在当今立法法颁布后的视角看，集中统一、中央与地方适当分权、各机关相互分工协作，则促进新时代我国法治国家的全面建成。

第一，我国是单一制国家，不允许地方拥有"自己的宪法"。立法权一集中于中央，明确各法律的效力等级，确保上位法的优先地位，让我国在推进法治国家的进程中，具备了"统一引领导向"（最高国家权力机关），进而确保国家各项工作在统一领导的前提下顺利进行。

第二，我国虽然强调集中统一，但各个地区也可以发挥地方主动性，行使部分立法权。中国幅员辽阔，人口众多，需要兼顾各地区具体情况。地方立法权的确认让部分"广而大"的法律法规做到"精而细"，顺应地方发展，同时照顾人民群众具体需要，体现了我国法律"民本"、"民主"的特点，有利于团结各地区、各民族力量投入社会主义建设。

学生课后作业展示

中共党史专业硕士课程融入课程思政元素教学案例

——以党史教育如何开展专题为例

贺朝霞[①]

内容摘要

　　本文选取了依托红色场院开展党史教育专题，从总体设计、教学设计、课程内容、教学方法、课后强化等方面对如何开展课程思政进行了探讨。

　　关键词：课程思政；教学案例

　　为深入贯彻落实习近平总书记在全国高校思想政治工作会议上的重要讲话精神，献礼中国共产党百年华诞，上海师范大学哲学与法政学院中共党史硕士点积极开展课程思政教学研讨，对于中共党史专业而言，既需要参照思政课程来建设，同时作为一门专业课，也希望探索将专业教学与课程思政有机融合的有效路径，旨在提高学生学术研究能力的同时，培养学生的人文素养，提升其思想境界、精神情操和文化素质，同时对学生未来从事思想政治教育专业相关工作，提供一些参考借鉴。

---

① 作者简介：贺朝霞，上海师范大学哲学与法政学院党委书记。研究方向为中共党史。

一、思政育人与课程的总体设计

在中共党史专业设有党史专题研究、党建专题研究等课程模块，在教学过程中，通过挖掘不同模块的课程思政元素，硕士点教师们积极拓宽了教学思路，开展了一系列教学活动设计、教学内容交流、教学效果评价和思考。教学形式有前沿理论讲授、师生调查研究、主题实践、项目设计研讨等，主题涵盖党史党建前沿理论、高校企业机关农村等类型党建工作的实务案例、地方党史党建的实证研究等，教学设计注重理论研究与案例教学相结合，培育学生具备从事思想政治教育的业务能力，同时增强主流价值观的情感体验，体现课程的思政育人价值。

课程思政教学案例展示之一为《如何开展党史教育》中的部分教学内容——依托红色场馆开展党史教育的实证研究，教学对象为硕士二年级学生。

二、思政育人与教学设计

结合专题设计，以实证研究为主，依托上海一大、二大会址纪念馆和四大纪念馆等红色教育资源，"潜移默化"地融入课程思政内容进行教学。引导学生通过理论研究，形成关于上海与早期中国共产党的历史方面比较系统的认识，对上海地方党史能够加深认识。同时通过实地调研，以问卷调查、访谈、现场观摩等方式，对上海红色资源进行分类研究，同时辅以对传播学、统计学等领域相关方法的借鉴。在理论研究和实地调研的过程中，学生参观红色场馆，体验红色文化，同时以一个参观者和研究者的身份，思考红色场馆如何开展党史教育，在此过程中，学生可以增加情感体验，拓宽学科研究的范围，从传播学、统计学等多个学科寻找一些研究方面和研究视角，加强对马克思主义中国化的理论认同，对中国共产党早期历史的情感认同，从而进一步认识到中国共产党为什么能、马克思主义为什么行、中国特色社会主义为什么好。

三、思政育人的课中融入

（1）各个红色场馆开展党史教育的特色做法。如专题史的深度研究，包括一大代表的研究、第一个党章的研究、党早期纪律检查等工作的研究等。如将一大、二大、四大纪念馆等与周边的环境结合构建红色文化圈的研究。通过专题史，不仅可以了解中国共产党的历史，也可以看到改革开放以来的变迁，中国在中国共产党领导下发生的巨大变化等。这些需要事先设计场馆参观等实践内容，深入场馆先做了解。这些内容用直观的形式，激发了学生的学习兴趣，增加了专业知识的内涵，同时也实现了知识教育和思想教育同向同行。

（2）课堂讨论：谈情感体验，如对早期马克思主义者对马克思主义理论的执着钻研、早期共产党人的理想信仰等的感受。谈优化场馆设计的建议，如对红色场馆的布展、布局，整体联动开展党史教育的意见和建议等。引导学生将理论研究与实证研究相结合，理论联系实际，学以致用，提出针对性的解决方案。

（3）辅助教学：选取介绍传播学、统计学的相关方法和一些相关理论，和研究生一起借鉴研讨，通过多学科融合，拓宽党史学习教育研究的思路。

四、思政育人的课后强化

为巩固学生的学习，同学组成课题小组，对照上海红色场馆地图，根据重大事件、重要任务、重要会议的思路，辅以红色线路的联动，分类确定一个或几个红色场馆，开展实证研究，形成利用红色场馆开展党史教育的实证调研报告，有的作为课程作业、学位论文，做进一步的提升。

五、课程总结

通过本专题的学习，学生对中国共产党早期历史、上海地方党史可以有更全面深入的了解，对上海红色场馆开展党史教育的经验也有了进一步的总结，同时参观者和研究者的双重视角，也更容易让学生形成思想政治教育过程的理性认识和实践路径。上海红色场馆既是开展思想政治教育的场所，同时也提供了思想政治教育的案例资源，对学生的实习实践非常重要，通过这个专题的学习，不少学生明确了日后从事思想政治教育和党务工作者的职业发展方向，也提升了自我的理论素养和情感认同水平。

国际关系概论课程思政教育教学改革建设课程总结报告

朱新光[①]

内容摘要

　　以国际关系理论为指导，探讨了国际关系理论的完成，强化为思政的教育，加强对国际社会的全面认知。

　　关键词：国际关系；教学改革；课程建设

　　作为上海师范大学首批课程思政教育教学改革建设的课程，国际关系概论课程经过近一年的建设，取得显著成效。无论是在课堂教学的目标定位、教学观点上，还是在贯彻党的十八大、十九大精神进课堂以及自身特色上，本课程都有显著提升。同时，经过不断的探索与改革，我们进一步完善教学理念、改良教学内容、创新教学方法，大幅度提高学生运用国际关系理论认识问题、分析问题、解决问题的能力，完全达到课程思政教改的要求。

　　首先，在课堂教学的目标定位上，通过课程学习，使学生对国际关系理论的形成与发展有一全面、系统和客观的了解，对国际关系的基本理论知识有一整体性的认知，从理论上加深对国际社会内在运行规律的逻辑把握。同时，通

① 作者简介：朱新光，上海师范大学哲学与法政学院教授，博士生导师。研究方向为国际关系问题研究。

过课程学习，让学生学会用国际关系的基本理论知识分析国际社会的诸多现象，理性看待国家间博弈的内在逻辑，正确审视国际关系的演变规律和发展趋势。总之，通过课程学习，不仅能让学生熟悉和掌握国际关系的基本理论知识，提高学生对现实国际社会的分析和理解能力，而且还能让学生从思想上正确认识中国在国际社会的地位和作用，树立马克思主义的世界观和大国观，提升中国崛起的自信心，增强中国道路的理论自信和制度自信，把学生培养成为一个对国家和社会有用之才。

其次，在课堂教学知识体系上，本课程运用马克思主义的立场观点方法，结合当代国际关系理论的发展规律，讲授国际关系的基本理论和相关概念等知识，了解国际关系理论流派的形成和发展，掌握均势论、霸权论、相互依赖论、一体化论、系统论、依附论、软实力论等国际关系基本理论的概念、功能、特点、运行规律等，了解国际关系行为体的定义、类型、特点和形式，了解国际准则的内涵、原则和作用，懂得国际政治舞台上各种力量博弈的过程等。

第三，在正确理解和贯彻党的十八大和十九大精神进课堂上，形成具有鲜明时代特质的价值观和方法论。具体为：

一是通过对国际关系演变的四个阶段——威斯特伐利亚体系、维也纳体系、凡—华体系、雅尔塔体系等的讲授，结合宣讲十九大报告中的中国外交相关论述，让学生正确理解国际关系演变的基本规律，正确认识和平与发展的时代主题。

二是通过对国际关系理论——均势理论（概念、特点、作用、方法）的讲授，剖析该理论的内在逻辑与现实意义，结合当前国际环境，让学生从理论上加深对世界多极化的客观理解。

三是通过对国际关系理论——霸权理论（吉尔平的霸权稳定论的观点）的讲授，结合当前国际形势，分析美国单极世界的危害性，深化学生对中国坚定奉行独立自主的和平外交政策，维护国际公平正义，反对干涉别国内政，反对以强凌弱等主张的认知。

四是通过对国际关系理论——一体化理论（概念、类型、作用）的讲授，结合当前中国外交的新变化，让学生对中国周边外交的新理念有一全新理解。

五是通过对国际关系理论——依附理论（背景、概念、类型、主要观点等）的讲授，让学生更好理解中国特色社会主义道路的正确选择的世界意义。

六是通过组织学生课堂讨论中国和平崛起的议题，加深对"中国梦"的自信的认识。

第四，在本课程建设上，形成自身特色。表现为：

一是课程教学的师资强大、团队作战。本课程现有任课教师团队成员6人：朱新光教授、赵银亮教授、何奇松教授、姜立文副教授、韩雪晴讲师、李辛讲师。他们教学经验丰富，科研能力强，已共同承担本课程教学讲授多年，学生评教优良。

二是课程教学的知识体系完整。本课程通过对课程大纲的修订，使得其理论知识更加科学，主要包括：国际关系的演变规律、主要理论体系及其发展变化、主要理论观点、国际关系的基本概念、功能属性等。

三是课程教学的手段新颖。本课程教学主要采用理论知识讲授和案例分析相结合的教学方法，采用PPT和视频短片（10分钟）相结合的手段，以鲜活、清晰、生动的多媒体资料，激发学生对国际问题的关注热情，解决教学中的抽象难点，提高了课堂授课效果。在教学过程中，通过提问与学生课堂互动，来增进学生对理论知识的理解。

四是课程教学的方式多样。本课程在教学过程中，为进一步提升学生参与互动的积极性，任课教师认真组织课堂教学，合理取舍、设置教学内容，会结合不同章节的知识点，通过场景模拟，组织学生围绕相关议题，开展课堂辩论，点评和评出优胜者，使启发、互动贯穿于整个授课过程，提高课堂讨论的实际效果；用读书会的形式，阅读经典文献，撰写读书笔记；观看视频，写出评估报告等；利用现代数字化和网络互动平台，开设课程网站，引导学生自行阅读文献、收集材料、观察社会、组织讨论，将课堂内的学习延伸到课堂外，拓展互动空间和时间。

五是尝试选课制和轮流授课制。为调动每一个教师教学的积极性、进一步提升教学水平，尝试采用选课制和轮流授课制，最大限度地发挥每个教师的专长，最大限度地激发学生的学习热情。

六是发挥教研相长作用教学和科研具有相互促进的功能。失去科研支撑的教学难免会沦落为知识的简单堆砌，不利于培养学生的创新能力。本课程建立国际关系教研交流平台，定期举行教研学术讨论，形成团队合作、积极向上的工作氛围和工作机制；发挥本课程师资团队在国际关系基础理论、案例研究等方面的学术专长，促进教学水平和教学质量的提高；认真积累教研成果，鼓励发表教学研究论文，及时将教研成果发送教学互动网络。

七是课程教学的考核形式灵活。本课程的期末考查要求学生围绕所学理论知识，结合当前国内外局势变化，撰写一篇4 000字以上的与讲授内容相关的课程论文，论文应主题鲜明，观点正确，突出中国的崛起对世界的意义，中国和谐世界话语的内在机理，中国与世界的良性互动等，其成绩占学期总评成绩的50%，期中读书报告的成绩占学期总评成绩的30%，平时作业占学期总评成绩的20%。

八是课程教学的课程资源充沛。本课程资源有书籍100多种、经典文章200余篇、相关网站链接50多个、相关视频影像资料100多部等，完全满足教学需要。

附件：

《国际关系概论》课程教学大纲

一、教师或教学团队信息

教师姓名	职　称	办公室	电　话	电子信箱
朱某光	教授	文科实验楼603		
赵某亮	教授	文科实验楼611		
韩某晴	讲师	文科实验楼710		

二、课程基本信息

课程名称：国际关系概论

课程名称：international relation

课程类别：通识选修课

课程性质*：学术知识性

培养的核心能力和素养：批判性思维能力，解决问题能力

课程代码：002031109071

周学时：2　　　　总学时：32　　学分：2

先修课程：当代世界政治与经济

授课对象：全校大文科类

三、课程简介

本课程主要讲授国际关系的基本理论和相关概念等知识，了解国际关系理论流派的形成和发展，掌握均势论、霸权论、相互依赖论、一体化论、系统论、依附论、软实力论等国际关系基本理论的概念、功能、特点、运行规律等，了解国际关系行为体的定义、类型、特点和形式，了解国际准则的内涵、原则和作用，懂得国际政治舞台上各种力量博弈的过程等。

四、课程目标

通过该课程学习，要使学生对国际关系理论的形成与发展有一全面、系统和客观的了解，对国际关系的基本理论知识有一整体性的认知，从理论上加深对国际社会内在运行规律的逻辑把握。同时，通过课程学习，让学生学会用国际关系的基本理论知识分析国际社会的诸多现象，理性看待国家间博弈的内在逻辑，正确审视国际关系的演变规律和发展趋势。

五、教学内容与进度安排

第一章　国际关系的演化（2课时）

主要探讨国际关系演变的四个阶段：威斯特伐利亚体系、维也纳体系、凡-华体系、雅尔塔体系

第二章　国际关系理论流派之一（2课时）

主要探讨国际关系理论流派中的理想主义流派和现实主义流派的形成与发展

第三章　国际关系理论流派之二（2课时）

主要探讨国际关系理论流派中的新现实主义流派和新自由主义流派的形成与发展

第四章　国际关系理论之一：均势论（2课时）

主要探讨国际关系理论中的均势理论（概念、特点、作用、方法）

第五章　国际关系理论之二：霸权论（2课时）

主要探讨国际关系理论中的霸权理论（莫德尔斯基的世界政治长周论的观点）

第六章　国际关系理论之二：霸权论（2课时）

主要探讨国际关系理论中的霸权理论（吉尔平的霸权稳定论的观点）

第七章　国际关系理论之二：霸权论（2课时）

主要探讨国际关系理论中的霸权论（基欧汉的霸权后合作论和霸权后的世界秩序论的主要观点）

第八章　国际关系理论之三：一体化理论（2课时）

主要探讨国际关系理论中的一体化理论（概念、类型、作用）

第九章　国际关系理论之四：相互依赖理论（2课时）

主要探讨国际关系理论中的相互依赖理论（源起、概念、功能、作用）

第十章　国际关系理论之五：系统论（2课时）

主要探讨国际关系理论中的系统论（概念、类型、运行机制）

第十一章　国际关系理论之六：依附理论（2课时）

主要探讨国际关系理论中的依附理论（背景、概念、类型、主要观点等）

第十二章　国际关系理论之七：前沿理论（2课时）

主要探讨国际关系理论中的前沿理论（软实力论、建构主义论的主要观点）

第十三章　国际关系行为体（2课时）

主要探讨国际关系理论中的国际关系行为体的概念、特点、功能、类型

第十四章　国际准则的基本原则（2课时）

主要探讨国际关系理论中的国际准则的基本原则的概念、功能、类型

六、修读要求

修读本课程的学生在课前、课后应根据教学大纲的安排，有针对性地阅读

有关国际关系的教材（如倪世雄的《当代西方国际关系理论》等）和相关著作（如保罗的《大国的兴衰》、基辛格的《大外交》、吉尔平的《世界政治中的战争与变革》等），结合实际进行深入思考，按时完成课后作业，并在期中交出一篇约3 000字的读书报告。

七、学习评价方案

本课程的期末考查要求学生围绕所学理论知识，结合当前国内外局势变化，撰写一篇4 000字以上的与讲授内容相关的课程论文，论文应主题鲜明，观点正确，突出中国的崛起对世界的意义，中国和谐世界话语的内在机理，中国与世界的良性互动等，其成绩占学期总评成绩的50%，期中读书报告的成绩占学期总评成绩的30%，平时作业占学期总评成绩的20%。

八、课程资源

1.《当代西方国际关系理论》，倪世雄，复旦大学出版社，2001年。

2.《国际关系理论与现实》，朱新光，江苏人民出版社，2002年。

3.《国际关系史》，方连庆，北京大学出版社，2006年。

4.《近代国际关系史纲》，杨闯，中国人民大学出版社，1998年。

5.《战后国际关系史》，方连庆，北京大学出版社，1999年。

6.《战后国际关系》，顾关福，时事出版社，1998年。

7.《大国的兴衰》，保罗，国际文化出版公司，2006年。

8.《大外交》，基辛格，海南出版社，1998年。

9.《世界政治中的战争与变革》，吉尔平，北京大学出版社，2005年。

10.《霸权之后》，基欧汉，上海人民出版社，2001年。

11.《权力与相互依赖》，约瑟夫奈，上海人民出版社，2003年。

12.《美国时代的终结》，库普乾，上海人民出版社，2004年。

课后总结

通过课程学习，不仅能让学生熟悉和掌握国际关系的基本理论知识，提高学生对现实国际社会的分析和理解能力，而且还能让学生从思想上正确认识中国在国际社会的地位和作用，树立马克思主义的世界观和大国观，提升中国崛起的自信心，增强中国道路的理论自信和制度自信，把学生培养成为一个对国家和社会有用的人。

"职业生涯管理"课程思政教学模式探讨

张伟强[①]

内容摘要

本文着重探讨与研究了"职业生涯管理"课程思政的教学模式以及教学方法创新等，以期在课程思政的理论研究与实践应用方面有所突破。

关键词：课程思政；职业生涯规划；教学模式

一、课程思政与教育本质逻辑

教育的本质逻辑告诉我们，无论是小学教育、中学教育还是大学教育（高等教育），最根本的教育目的主要在于以下两个方面：

（1）致力于培养学生具有健全的人格、健康的心智、相应的责任感以及公民道德的社会人，让他们遵循社会基本规范，并且有意愿承担起应有的责任、职责。

（2）致力于培养学生具备基本或高超的工作技能、工作能力以及良好的工作态度，让他们能够承担起某一特定工作岗位/职位的职责、任务，从而获得相

[①] 作者简介：张伟强，上海师范大学哲学与法政学院副教授。研究方向为人力资源管理、职业生涯管理、人才管理。

应的社会认可、团队归属感以及薪酬福利待遇。

从专业角度来说，任何学生毕业之后，都将进入劳动力市场/人才市场，然后通过各种筛选或竞争方式，进入某一特定的雇主单位从事某一特定的岗位/职位，即从事一份"职业"。日本劳工问题专家保谷六郎认为：职业是有劳动能力的人为了生活需要而发挥个人能力，向社会做贡献的连续活动。美国社会学家塞尔兹提出：职业是一个人为了不断取得个人收入而从事的具有市场价值的特殊活动，这种活动决定着从业者的地位。

因此，《职业生涯管理》课程思政，致力于通过课程知识传授与技能/能力学习的互动、交流、演练等，在培养学生的健全人格、健康心智、基本责任感以及帮助学生掌握基本的或高超的工作技能、工作能力并且养成良好的工作态度等方面，可以发挥出重要的引导作用，这也是《职业生涯管理》课程思政的切入点与重要意义所在。

二、课程核心模块课程思政教育价值点提炼

模块一：以员工职业发展提升企业竞争优势。课程思政的教育价值点在于站在改革开放与社会经济发展的角度，激发学生的专业使命感与工作责任感，并且从企业经营竞争与可持续发展的角度，通过实施员工职业发展强化企业竞争优势，通过满足员工关键需求而实现企业获利，包括促进员工的组织化（社会化）与职业化，有效吸引、激励与保留核心/关键员工，促进员工成长与能力提升等等。

模块二：职业生涯规划发展的阶段及任务。课程思政的教育价值点在于激发学生的社会责任感、家庭责任感，并养成正确、合理的职业价值观，进而把握社会经济发展大势与实际的人才需求，把热忱服务于社会经济发展与实现个人职业梦想乃至人生梦想有机融合起来。

该模块课程内容会重点涉及以下几方面：（1）职业的三个核心要素，即不断取得个人收入（满足生活/生存需要）、具有市场价值的特殊活动（劳动即承

担责任、付出努力，并具有不同的市场价值/价格）、决定着从业者的社会地位；（2）职业生涯，指一个人终生经历的所有职位的整体历程（舒伯，Donald E. Super），职业生涯是个体的行为经历，职业生涯是一个发展的、动态的概念；（3）职业生涯的发展阶段特别是"探索阶段"（15—24岁），引导学生们逐步对自身的职业兴趣、能力以及对职业的社会价值、就业机会等进行考虑，并开始进入劳动力市场或开始从事某种具体的职业。

关于职业价值观，期望通过讲解，引导学生们树立正确、合理的职业价值观，尽早放弃那些既想"工资高、福利好"，又想"工作稳定有保障、工作不太紧张、外部压力少"的冲突性念想，更好地引导学生们积极奋斗，把握社会需要与社会价值贡献，通过辛勤劳动、踏实努力，实现职业目标。

模块三：全面认识组织内的员工。课程思政的教育价值点在于激发学生全面、客观地认识自我，并积极认识他人，从而致力于培养自身健全的人格、健康的心智、科学又务实的心态，并设定制定切实可行的"SMART"职业目标。

该模块内容会基于"选对池塘钓大鱼"，特别强调"人-岗（职位）匹配"原则，引导学生从智商（IQ）、个性特征、职业兴趣、职业能力、职业价值观等五个关键要素，并通过采用一系列科学的评估方法全面并深刻认识自我，其中最为重要的评估方法包括卡特尔16 PF、大五人格测评、MBTI测试、霍兰德职业兴趣测评、职业能力评估、管理能力评估、职业锚测评等等，并且教会学生学会评估员工与岗位的"匹配度"。

模块四：组织视角的员工职业生涯规划与发展实施。课程思政的教育价值点在于激发学生们的专业使命感与工作责任感，并且培养与提升自身在相关领域的实际工作技能。

该模块主要内容包括：（1）企业内员工职业发展的三种基本模式，即水平型、垂直型、向内型。其中"水平型"，是指员工沿着职能维度横向移动，是能力与技能的成长，即员工在组织内部不同职能的部门间进行岗位轮换（轮岗）及培训，在同一级别的不同职位上水平移动，从而接触企业的方方面面，为长期发展打下基础。而"垂直型",是指沿着等级维度垂直移动,沿阶梯向上,即平时说的提升或晋升,指从下一层级职位提升或晋升到上一层级职位,它要求员工达到目标职位所需的条件(岗位任职资格),如能力与其他素质等。(2)员工职业发展的通道与阶梯设计,员工职业发展的角色与职责分工。(3)组织(人力资源部门)的主要职责,包括:① 制定相关的制度与流程(含表格、工具选用等);② 设计并构建员工职业发展的通道与阶梯;③ 建立企业的职位体系,并设定"岗位胜任资格标准";④ 安排并组织实施直线经理与员工的相关培训;⑤ 主导、推进、督促相关实施,并日渐加以完善。(4)直线上级主管/经理的角色与职责:教练、评估者、职业顾问、推荐人等。(5)企业内员工职业生涯规划与发展的实施方式等。

	课程核心模块	课程思政教育价值点
模块一	以员工职业发展提升企业竞争优势	激发专业使命感,激发工作责任感。
模块二	职业生涯规划发展的阶段及任务	激发社会责任感,激发家庭责任感; 树立正确、合理的职业价值观; 把服务于社会经济发展与实现个人职业梦想有机融合起来。
模块三	全面认识组织内的员工	激发学生全面/客观地认识自我; 积极认识他人(健康的心智); 培养健全的人格、健康的心智、科学又务实的心态; 制定切实可行的"SMART"职业目标。
模块四	组织视角的员工职业生涯规划与发展实施	激发专业使命感,激发工作责任感; 培养与提升相关领域的实际工作技能。

三、课程思政中教学方法的多样化创新组合

《职业生涯管理》是一门兼具理论性、实践性、应用性的课程,因此笔者建议需要在课程思政实践中积极进行教学方法的创新探索。

就广义范畴的知识体系而言,我们可以将知识分成"知晓型知识"与"行

动型知识"两大类。前者"知晓型知识"是指通过学习，学习者从"不知晓"到"知晓"即可，比如某一化学知识、生物知识、法律知识、金融知识等，学习者"知晓"以后行为就会受到影响或改变。而后者"行动型知识"则除了要求学习者从"不知晓"到"知晓"之外，更重要的是切实的行为化、实践化，才会体现出应有的价值或达到真正的实效，比如价值观、文明习惯、关键技能、管理能力或领导能力等，即所谓的"应知"之外，还必须"应会"，否则学习者的行为不会受到真正的积极影响，学习者的行为也很难实现向上的改进或真正的积极改变，即难以取得真正的实效。《职业生涯管理》课程兼具理论性、实践性、应用性，因此在《职业生涯管理》课程思政教学实施过程中，除必需和常规的"理论知识讲授"方法之外，特别需要广泛采用实践性的教学方法。

所谓实践性教学，就是注重实践、实例，注重实际操作与演练，一方面将学科理论问题或原理情景化、生活化、社会化、案例化，另一方面指导学生亲自动手实践、演练、体验。实践性教学既是巩固理论知识和加深对理论深刻认识的有效途径，更是学习"行动型知识"并掌握各种关键技能的最有效方式。具体可以进行如下的探讨与探索：

（1）积极采用与职业生涯管理、劳动力/人才市场、工作态度、工作责任感、职业发展与职业成功等密切相关的实践性知识与实例，即使在"课程讲授法"实施中也是如此，以大大增强学生学习过程中的具象感、真实感、体验感。

（2）广泛采用行动化、操作化的实践性教学，如个体（或团队）自主调研法、职业考察法、心理测验法、典型案例分析法（含职场标杆人物访谈、个人典型经验分享等）、小组讨论（与分享）法、个体（或团队）实践演练法与体验法等等。多种实践性教学方法的组合、灵活应用，方能达到"应知"并"应会"的学习效果。

（3）采用"模范人物标杆案例分析法"。即甄选出中国社会经济发展过程中涌现出的大量模范人物、典型事例、英雄故事等，向学生讲解与分享他们的职业选择原则、正确的人生观与世界观、合理的职业价值观、积极奋斗向上的成就动机、职业或创业成功故事及成功逻辑等等，引导学生们通过真实鲜活的标杆性人物或经典案例，全面、积极地构建自身科学的人生观、价值观、世界观等，并将自身的职业规划或职业发展愿望、梦想，落实于真实、具体的职业岗位上，强调扎实努力、踏踏实实、岗位成才，进而展现出自身对于国家、对于社会、对于雇主、对于团队、对于家庭等应有的高度的责任感。

笔者在教学实践中积极进行了教学方法的探索和创新，以积极、有效地实施教学互动并真正提升课程的实际成效。其中，贯穿始终并灵活组合应用的教学方法主要包括如下几种：

教 学 方 法	教 学 方 法
1　课程讲授法	4　模范人物标杆案例分析法
2　团队学习讨论与分享	5　自主分析与匹配度自评
3　实践演练法（如心理测验）	6　视频分析与讲解法

比如，通过"团队学习讨论与分享"，学生们专门讨论了"上级管理者喜爱的员工特质"，通过参与式的全面讨论，学生们更加全面理解并深刻体会到了进入职场后应该具备的职业化素养与技能，包括：（一）"工作行为"方面的积极、踏实、高效率、公私分明、遵守公司规章制度、形象气质佳、有团队精神、大方得体、吃苦耐劳、责任心强、耐心、认真踏实、热爱加班（真心接受）、敢于担当等等；（二）"工作心态"方面的自信、乐观、适应能力强、健康、能承受压力、乐于奉献、冷静沉着、热爱生活、诚实、有上进心、情商高、积极发挥主观能动性、机智灵活等等；（三）"工作能力"方面的创新能力、团队合作能力、执行能力、分析判断能力、沟通表达能力、计划协调能力等等。

"管理基础实验"课程思政教学设计实践探索

李旭旦[①]

内容摘要

课程思政在高校"立德树人"目标实现的过程中起着积极作用，有效将课程思政融入教学课程中有利于促进学生的认知与实践的有效结合。本文基于《管理基础实验》课程进行了课程思政融合的教学设计，在内容和形式上进行了探索，以促进课程思政教学实践的效果。

关键词：课程思政；教学设计；管理实验

《管理基础实验》是一门人力资源管理专业学生的实验实践类课程，是在《管理学》《创业管理》和《计算机应用基础》等前导课程基础上开展的基于团队协作的项目式学习课程，以一系列基于创业过程中的任务为载体，促进学生将所学的管理理论知识和技术与实践结合，使学生从被动的接受者转变成自我学习者、合作者和研究者，使学生成为学习的主角，实现的理论知识的实践运用、反思和内化。

---

① 作者简介：李旭旦，上海师范大学哲学与法政学院人力资源管理系讲师。研究方向为人力资源管理、人力招聘与测评等。

一、课程思政对课程教学的作用

课程思政体现了教育和学习过程的思想价值引领、人文素养提升和家国情怀的养成，本质上有利于促进实验课程中的学习目标理解、学习动机促动和学习态度养成的育人功能的实现。通过课程思政内涵指导和应用于《管理基础实验》课程的开展，对于发挥德育育人、实践育人的有机融合起到了积极的作用。

二、课程思政的教学内容设计

（一）课程内容与课程思政的融合设计

《管理基础实验》课程在课程实验项目的目标引导中融入管理思维，在现代管理学内容的基础上，充分结合中华五千年文明积淀的丰富的管理思想和管理智慧，引导学生从优秀的哲学与管理思想中更深入地理解现代管理，实践现代管理。法家的集大成者韩非子云"君无术则蔽于上，臣无法则乱于下"，"抱法处势则治，背法去势则乱"，明辨了国家管理中势、法、术的关系；老子《道德经》中所述的"道、法、术"，分别对应的是终极真理、规则、技术，是对自然（人类包括在其中）总结出的一套由上至下的可被归纳、可用来指导世间万物的思想。课程实验任务的引导中，教师结合全球抗击新冠疫情的实践，引导学生分析我国和西方国家的对比，理解不同的价值观、管理体制机制等视角下的不同管理实践结果，促进学生理解和践行知行合一的理念，提升学生对党的执政理念的认同感、对民族伟大复兴的自豪感和对中国传统管理文化的自信心，促进学生参与项目式学习课程的主动性和积极性。

课程实验任务当中，结合将"道、法、术"的分析框架运用于管理实践的学习中，将传统经典的管理思想和智慧与课程实践内容进行融合，指导课程的知识转播和实践提升，部分内容见下表。

表：部分管理智慧与课程内容融合

点	定 义	管 理 智 慧	课 程 内 容
道	价值观、理念、使命、初心 以人民的生命为本 道之以德，齐之以礼，有耻且格 修身、齐家、治国、平天下	人类命运共同体	企业文化、价值观、远景使命
法	战略、方向、目标、规则	不忘初心，砥砺前行 水能载舟，亦能覆舟	企业战略、管理制度、客户导向
术	战术、技术、方法、路径	预则立，不预则废 知人者智，自知者明 防患于未然、亡羊补牢	组织、计划、领导、控制，决策

（二）课程实践与课程思政的融合设计

《管理基础实验》课程的实践包括了前后有关联的五个实验，以大学生创业为载体，由团队组建、公司环境布局、产品调研与产品营销设、项目竞标等实验环节所组成。课程实践中引入创业政策和方式的了解，个人自我职业倾向的分析、团队中的自我领导和团队领导的实践，实验成果完成的管理过程实践，并通过成果分享和成果复盘等环节提升学生的管理意识、管理思维和管理技术能力。一是通过设计引入一些中西方管理中的不同方式，理解东方管理中的特点和优势，理解人性化管理的方法，促进对中国传统管理智慧的认知与文化自信，比较西方管理方法中的中国文化因素，探求中国式管理实践。二是通过创业过程中的任务完成过程，了解相关行业研究的方法，了解工作任务完成中的角色，促进学生的自我认知和职业了解，帮助学生理解未来职业与国家发展、民族复兴的关系，在国际形势日趋复杂的今天，在科学技术高速发展的时代，引入华为等相关高科技行业发展的情况，引导学生树立科学的就业观和成才观，用长远的决策眼光开展自我的职业生涯规划，探索职业成长路径。三是充分利用线上技术进行实验课程的过程管理，提升学生数字化意识和能力，利用钉钉、微信等办公自动化系统、实时沟通平台等，促进教学和实践指导的跨时空开展，使学生体验到数字化对于管理带来的高效便捷，在此基础上引导学生探讨疫情期间的从在线学习、居家生活到重返校园等一系列的变化，探究我国近年来在信息技术发展、移动互联、电子商务和数字化转型方面对学生学习生活带来的全新体验，以及对企业管理、抗击疫情等方面带来的价值，对比西方国家的管理机制与现状，从原来的模仿者甚至"山寨者"，变成了引领者、被模仿者，促进学生真正认识到我们国家的巨大变化和快速发展，真正感受到在中国梦引领下的道路自信、理论自信、制度自信和文化自信，实现政治认同。通过一系列在实践中的课程思政的融入，进一步促进学生更好地理解管理实践中的管理思想、管理方法等相关内容，更有效地开展实践和提升修养。

三、课程实施的相关思考

（一）教师引导与学生自学相结合

实验课程与一般的理论课程不同，教师的讲解引导时间有限，重点在于学生的自主探索与实践，教师更多是作为引导者和催化者角色。因此课程思政的融入需要教师更有效的设计，一方面选择精准的思政教育内容以精炼的方式在引导中呈现，激发共鸣；另一方面设计好学生个人作业环节，布置相应的研究学习内容，促进学生主动结合和运用相关课程思政的内容指导个人管理和团队实践。

（二）线下课堂和线上平台相结合

教师在实验课程过程中充分利用线下课堂的引导平台充分的互动，通过启发式提问，引导学生挖掘自己学习过的相关内容和生活中体验过的场景，激发学生的参与热情和学习动力，并从主角色身份去加深对课程思政内容的理解、认同乃至思维和行为的内化。线上平台以一些电影、视频、文章和书籍推荐等形式拓展与课程内容指导性的资源学习，并通过个人实验报告等形式促进学生反思和提升。

《管理基础实验》作为一门实验课程，承担培养大学生综合素养提升、专业能力提高和政治与职业素养养成的责任，课程思政为传统的实践课程注入了智慧和载体，对于学生培养目标的实现提供了更全面的养分，跳出了单纯知识技能的范畴，进一步保障了立德树人的人才培养目标的实现。

"绩效管理"课程思政建设探索

刘晓春[①]

内容摘要

本文结合授课的实践经验,在回顾国家改革开放发展历程的基础上,探讨在大学生授课中如何导入思政内容。主要从授课内容中思政教育的融入、优秀本土企业引入课堂、学生实地进行企业调研以及教师的专业分析等几方面引导学生认识改革开放的成就、学习中国特色管理思想。

关键词:绩效管理;课程思政;中国特色

工商管理类学科源于西方的管理学研究,在近些年的教学中,无论是教材还是课堂案例很多来自国外,因此,让学生产生"国外的管理就是先进,国外的企业就是优秀"的错误理念。然而,改革开放四十多年来,国内的企业在管理上有了长足的进步和发展,也造就了我国一些优秀企业进入世界五百强的行列。作为管理类学科的授课老师,不仅要带领学生学习经典的管理理论,还要用发展的眼光看问题,看到中国企业的成功,引导学生学习和探究中国特色管理。

---

① 作者简介:刘晓春,上海师范大学哲学与法政学院教师。研究方向为企业人力资源管理、职业生涯管理、大学生就业等。

思政的课堂融入是从课堂上、课后作业，以及后期的课堂总结几个环节展开的。

第一，在课堂的授课中，结合课堂内容，融入思政教育。首先，在管理类的授课中，案例是不可缺少的授课部分。在案例选择中，通过教师的深度探索和研究，选择本土优秀企业为对象，对这些企业的管理思想和管理方法进行深入的研究，把这些案例带到课堂上，既能与时俱进地丰富教学案例，又能挖掘中国特色管理思想和管理实践，如华为、腾讯等优秀案例。尤其是通过探究这些企业发展的时代大背景，引导同学感受国家的发展成果。同时在课堂讨论中，引导学生以自己的体会和视角分析本土优秀企业在管理中的特点和创新之处。

第二，将优秀的本土企业引入课堂，让学生和企业近距离的接触。如本门课程邀请了来自中国商用飞机的管理人员到课堂进行讲座。来自企业的客座老师不仅分享了企业的管理实践，还通过讲解商飞的发展历程告诉同学们祖国的伟大和强大，引导同学们建立家国情怀。除了安排讲座，在今后有条件的情况下，可以安排企业参观，更近距离地了解企业的运营和管理情况，增强学生对知识运用于实践的真实感受，以及对我国企业现代化建设的深刻理解。

第三，通过调研作业，让学生感受企业的管理实践和发展。随着课程的进行，基于所学的理论知识，布置同学各自选择一家企业进行绩效管理现状调研，形成调研报告。通过同学们自己的调研，不仅能将课堂上所学的理论运用于实践问题分析，还能感受到现实中各类型组织和企业基于改革开放的发展和进步。

第四，通过教师的专业分析，展示我国企业普遍性的进步。选择有代表性的调研报告在课堂上分享，同时通过调研的汇总分析，了解当下组织绩效管理的普遍的水平、方法、问题、创新等。引导同学们从历史沿革的角度看待我国企业管理水平的提升。从众多的案例中，了解我国企业独到的管理思想，增强学生对国家的自豪感和对中国文化的自信心。

随着我国改革的深入，很多本土企业在管理上已经有很大的飞跃，而现有教材在内容方面还不能做到及时更新。有很多本土的优秀管理思想、管理方法、管理实践在现有的教材乃至资源网络中难以挖掘。通过课堂思政的推进，让学生结合实际，学习经典管理理论的同时，对中国的管理科学方法和思维的创新有更多的思考。以此引导，可以增强学生的爱国情怀，在未来的就业中能更好地投身于祖国的建设中去。

科学透镜下的"天机"泄露

——《管理技能开发》课程中"创造性问题解决"思政教学案例

肖　薇[①]

内容摘要

在"大众创业""万众创新"的社会浪潮下，高校和高校教育是我国科技创新的重要载体。本案例介绍《管理技能开发》课程中创造性"问题解决"思政教学，主要指出该课程模块的授课取向是跨学科、跨领域的，注重中西方文化的差异，该课程将创造性作为一种技能训练和培养。

关键词：创造性；管理技能；科学；双创

习近平总书记指出，要从党和国家事业发展全局的高度，坚守为党育人、为国育才，把立德树人融入思政道德教育、文化知识教育、社会实践教育等多个环节。教育兴则国家兴，教育强则国家强。高校是人才培养的重要阵地。高等教育是一个国家发展水平和发展潜力的重要标志。

2014年9月夏季达沃斯论坛上李克强总理提出，要在960万平方公里土地上掀起"大众创业""草根创业"的新浪潮，形成"万众创新""人人创新"的新

① 作者简介：肖薇，上海师范大学哲学与法政学院副教授。研究方向为创业创新与人才成长。本项目由国家社科青年项目（2018CGL005）资助。

势态。对大众创业、万众创新来说，"专业人士"也不是天生的，而是在市场历练中培养成长的。"双创"可以促使众人的奇思妙想变为现实，涌现出更多各方面的"专业人士"，让人力资源转化为人力资本，更好地发挥我国人力资源雄厚的优势。另外，采取包括"双创"在内的各种方式，允许和鼓励全社会勇于创造，大力解放和发展生产力，有助于社会最终实现共同富裕。

高校是科技创新体系的重要组成部分，高校科研人员是我国科技创新的重要队伍，习近平总书记十分重视高校科技创新、"双创"教育和"双创"人才培养工作。2018年5月2日在北京大学考察时指出："努力在关键共性技术、前沿引领技术、现代工程技术、颠覆性技术创新上取得更大突破，抢占科技创新制高点。"2019年1月17日在天津南开大学考察时鼓励大家"要加快一流大学和一流学科建设，加强基础研究，力争在原始创新和自主创新上出更多成果，勇攀世界科技高峰"。2020年9月22日主持召开教育文化卫生体育领域专家代表座谈会时指出："高校要勇挑重担，释放高校基础研究、科技创新潜力，聚焦国家战略需要，瞄准关键核心技术，特别是'卡脖子'问题，加快技术攻关。"

《管理技能开发》课程是面向人力资源管理专业二年级本科生开设的必修课程，我们希望在课程授课过程中，也能够响应国家创业创新发展的需要，培养学生科学创新意识，尤其是创造性解决问题的能力。这对我们本科生各方面其实是提出了很高的要求，需要将管理学、心理学、社会学及相关科学领域的一系列广泛研究进行总结与整合。对于教师授课而言，如何浅显易懂地介绍最新的关于创造性的科学研究，并将这些研究发现通过行动学习的方式迁移成为自身创造性发现、解决问题的使用技能是本门课程最大的挑战。

首先，该课程模块的授课取向是跨学科、跨领域的。

近40年来，心理学家、人类学家和社会学家对创造性越来越关注；现在，我们对创造性的了解胜于历史上的任何时期。《管理技能开发》课程不仅关注诸如绘画和写作等艺术领域，也关注科学、舞台表演、商业创新和日常生活中的创造性。

除了考察有关创造性的心理学研究，该课程还吸收了人类学家对非西方文化中的创造性所开展的研究，社会学家对创造性活动的情景、环境和网络所开展的研究，以及认知神经科学家对脑的研究。《管理技能开发》课程内容超越了个体研究，关注创造性的社会文化背景，包括协作在创造过程中的作用。

其次，我们的课程模块注重中西方文化背景的差异，并对中国情境下的创造性问题给予特别关注。

首先回顾了西方学术界在1950年所经历的重大转折，即心理学家开始摆脱先前精神分析、行为主义和高智商论的影响，将创造性的科学研究提上议事日程，其标志是时任美国心理学会主席的吉尔福特所做的富有远见卓识的演讲。然后，将重点放在四大问题上，即个人意义上的创造性、团队意义上创造性、领域意义上的创造性、日常生活中的创造性。

我国古代没有"创造性"这个词，比较贴近的术语是"天机"。它们最初都带有神秘的意味，令人寻绎不尽。尽管如此，如今人们已经将它们置于科学的透镜之下，不仅逐渐揭开其面纱，而且试图找出提高自身创造性的途径。本课程提供了我们自己无须实验室便能尝试的方案。当然，天机毕竟是天机，即使是由专业的科学家在精密设备支持之下做研究，仍然存在许多未解之谜。我想我们的课程需要做到的是既博采众长又留有余地，让学生通过思索进行再创造。

再次，本课程将创造性作为一种技能进行训练和培养。

不仅如此，课程中我们还将告诉学生：创造性不只是一种人格特征，而且是一种可以程序化的过程，甚至可以由计算机加以模拟，并从生物学和认知神经科学的角度加以考察；创造性也不只是一种学术范畴，而是富有社会价值的重要议题，存在于各种团体、组织之中，占有文化地位与历史地位。如果想当艺术家，不论美术、文学、音乐或戏剧哪方面的艺术家，都必须关注领域化的创造性；即使不想当艺术家，生活中处处有发挥创造性的机遇，从科学中可以获得提高创造性的方法。

创造性是一种无法用单一学科解释的问题，它贯穿于认知、人格、社会、文化等领域。创造性研究的三个时期（三波浪潮）分别是：人格研究取向、认知心理研究取向、社会文化研究取向。个体主义对创造性的定义：创造性是一种见之于世界的新颖的心理组合。社会文化对创造性的定义：创造性是一种产品生存，该产品被某一知识渊博的社会团体判定为新颖的，同时也是适当的、有用的、或有价值的。

创造性成就需要发散思维、聚合思维、批判性评价以及其他能力复杂的结合，并且具有创造性的人擅长在创造过程中在不同观点间进行来回的切换。门槛理论研究表明，要想在成年时期功名显赫，120的智商分数是必要的，但比这个智商水平高不会增加成功的可能性（当智商在120分以下时，智商和创造性存在相关（使用发散性思维测得），但当智商高于120分时，他们就没有相关了）。

1. 创造性信念

我们需要重新审视和思考以下10种有关创造性的信念：

（1）创造性的本质是瞬间的顿悟；

（2）创造性的想法是从无意识中神秘出现的；

（3）创造性更可能产生于你拒绝惯性时；

（4）相比专家门外汉更可能做出创造性的贡献；

（5）独自一人时更有创造性；

（6）创造性的想法超前于时代；

（7）创造性是一种人格特质；

（8）创造性以右脑为基础；

（9）创造性和精神病是有联系的；

（10）创造性是一种由疗效的、肯定生命的活动。

2. 创造性人格

（1）科学界中头胎和独生子女的比例较高；

（2）有三分之一到二分之一的杰出人物在21岁前失去父母之一；

（3）第一、第二代移民以及犹太人的身份与创造性存在高相关性；

（4）社会戏剧性假装游戏（模拟真实场景扮演角色）与认知能力和发散思维得分之间存在强相关，童年进行过世界游戏（创建自己想象的真实世界）的人中超常创造者的比例较高；

（5）平均来说，存在创造性和职业的高峰期的证据，这个高峰期在40岁左右（通过发散性思维测试）；

（6）内在动机增强创造性，一般情况下，外在奖励或评价会减少创造性，但对集体的奖励不会减少创造性预期；

（7）富有创造性的人不会表现出任何神经症的症状。

3. 创造性过程

创造性过程的8个阶段：发现问题、获得知识、收集信息、酝酿、产生想法、组合想法、选择最优想法、外化想法。

阶段1：发现问题

创造性活动只是一类特殊的问题解决获得，问题因初始状态与目标状态之间的不符而存在，而问题的解决没有现存的解决方法。

把较多时间用来架构问题、发现真实世界中的问题、利用可行的策略和可行方法的限制条件来构架定义不良问题的人，在创造性任务中有好的表现。

阶段2：获得知识

在一个人首次作出重大创造性贡献之前，大约需要在领域内进行10年（一万小时）的学习。创造性是教育水平的倒U形函数，在某一特定水平（本科到研究生）之后，更多的正规教育就会开始阻碍创造性。

阶段3：收集信息

行走与睡眠并没有显著的差别，在两种状态下，大脑都在活跃地建构我们的精神世界。我们知觉的20%来于外界，而其余80%由思维来填充。对信息收集进行组织时更有创造性。通过创新性的分类或集合，审视不寻常的信息。

阶段4：酝酿

无法控制的无意识过程，创造性研究者称为酝酿。具有创造性的人在事业网络中可处理多项任务。他们同时进行一个以上项目，进行一个，酝酿一批，无意识思维可以"平行"的酝酿多个项目。

双加工理论：一个是自动的、内隐的，另一个是控制加工，特点是主体意识和注意焦点。意识系统的容量加工有限且有序，无意识加工系统的容量大得多且是平行的。

阶段5：产生想法

解决顿悟问题有用的三种认知能力：发散思维、聚合思维和打破框架。

虽然创造性的一些形式是已有元素的连接，但最为重要的创造性则涉及一种概念空间的转换。顿悟时刻是可以依据之前和已有的知识来进行解释的，因此汲取更丰富的专业技能和知识，会产生更多、更好的顿悟准备，而不会妨碍顿悟的产生。

阶段6：组合想法

所谓组合，是把现实中分立的因素有机地加以排列和组合，以形成一种新事物或产生一种新结果。作为一种技法，组合在创造性思维中起着十分重要的作用。爱因斯坦认为，"组合作用似乎是创造性思维的本质特征"。日本创造学家高桥浩指出："创造的原理，最终是信息的截断和再组合。把集中起来的信息分散开，以新的观点再将其组合起来，就会产生新的事物或方法。"

美国穷画家海曼变成百万富翁、美国《读者文摘》、我国历史上著名的"田忌赛马"都是运用组合方法的比较典型的例子，类似这样的例子在现实生活中比比皆是。比如，带帽子的羽绒滑雪衫，就是帽子和衣服的组合；被称为"傻瓜"的照相机，则由闪光灯加上电眼调节器，再加上照相机而组成；收音机加上录音机，便成了收录两用机，几种金属组合在一起便变成性能不稳的合金，把不同学科组合起来便形成交叉学科（如物理化学、技术美学、科学哲学等）；把几种思想观点有机组合往往产生一种新的思想和学说；我国目前进行的经济体制改革，也无非是对原有资金、技术、设备和人力的重新组合。

阶段7：选择最优想法

创造力备受关注，很多研究致力于将创造性想法的产量最大化。不过，更为重要的是将创造性高的想法有效地从众多想法中选择出来并进行实践。虽然创造性想法选择与创造性想法产生、想法评价紧密相关，但是，目前创造性想法选择的研究远远少于前两者的研究。文化会影响创造性想法的产生和识别，但是目前尚缺乏文化对创造性想法选择的研究。

阶段 8：外化想法

一个提升创造性的实用的建议是：把你的想法写在纸上、画布上、大脑里。如果你把你的想法或产品外化出来，具体化，你就可以自由地进入下一个想法。事实上，创造性的产出是创造性成就的最佳预测因素之一。对于所有一击命中的灵感奇迹而言，背后不为人知的是创作者花费的大量的时间和精力来尝试。毕加索一生创作了 1 万到 5 万件作品，海明威也许以简洁著称，但他为《永别了，武器》写了 47 个不同的结尾——想出足够多的主意，最好的一个就会出现。换句话说，创造力是一个缓慢的、不断尝试的过程。

跨文化管理课程思政的探索

李成彦①

内容摘要

　　在《跨文化管理》课堂上，坚持立德树人，把育人贯穿于教学过程始终。通过"紧扣现实生活实际，体会我国文化的优势、探析文化差异理论，提炼文化对我国发展的影响、小组合作学习、鼓励学生自己思考，培养学生对我国优秀文化的认知"三个途径体现课程思政。

　　关键词：课程思政；立德树人；文化优势

　　习近平总书记指出，高校立身之本在于立德树人。要坚持把立德树人作为中心环节，把思想政治工作贯穿教育教学全过程，实现全程育人、全方位育人，努力开创我国高等教育事业发展新局面。

　　在教学过程中立德树人，在教授知识的同时培养学生正确的价值观、人生观，即把传授知识和思想政治工作相结合是每一个教师的职责。每一门课都应根据课程的特点探索课程思政的路径。

　　《跨文化管理》这门课主要目标在于通过了解文化差异，有针对性地实行差异化管理，从而提升管理的有效性。在这门课的教学中，本人主要探索了以下几种课程思政的路径。

---

①　作者简介：李成彦，上海师范大学哲学与法政学院教授。研究方向为侧行为与人力资源管理。

首先，紧扣现实生活实际，体会我国文化的优势。这门课开篇的内容首先讲授的是管理与文化的关系，其中一个重要的内容是文化的分类，即文化包含表层的物质文化、中层的制度文化及深层的精神文化。在PPT呈现这些内容之后，结合现实生活实际讲授我国博大精深的物质文化及集中力量办大事的制度文化。尤其是结合2020年全球新冠疫情暴发后，我国各级政府的应对策略，让学生深刻地认识到我国制度文化的优势，在大灾大难面前优先考虑广大人民群众利益的无私情怀。

其次，探析文化差异理论，提炼文化对我国发展的影响。跨文化管理最重要的教学内容是霍夫斯塔德文化差异理论。在教学中，由教师详细讲授这个理论，然后让学生对照这个理论比较我国文化与主要国家和地区，如美国、俄罗斯、日本、英国、德国、法国、南欧、北欧及拉美地区文化的差异，由此认识到我国文化的特点及优势。比如，针对霍夫斯塔德文化差异理论的"个人主义-集体主义维度"，让学生认识到我国的集体主义文化中，"一方有难、八方支援"的价值对于我们成功应对疫情的价值优势。再比如，我国文化强的"不确定性规避"，对创新不利，是以后我们要逐渐改变的方面，但是这种文化也有好的方面，即我们会重视风险、不会蛮干，同时勤奋工作，这对我国经济的快速发展都起到了很好的作用。

最后，小组合作学习，鼓励学生自己思考，培养学生对我国优秀文化的认知。在教学形式上，我们采用小组合作的形式，即在开学第一次课上，由6—8人组成一个课程学习小组，每个小组关注一个国家的文化，并对这个国家的文化与我国文化进行比较。在一个学期的学习中，每个小组针对不同的主题，面向全班同学报告两次，主要围绕该国的文化与我国文化差异展开。在这个过程中，小组同学认真查找资料，进行分析、讨论，形成自己的观点，因而对我国文化的优缺点有非常深刻的认识，了解怎样发挥我国文化的优势，同时去其糟粕，使文化为经济发展服务。通过一个学期的学习，同学们基本上形成了一个共识：作为一个中国人，很自豪。

"应用文写作"的课程思政教学探索

张燕娣①

内容摘要

《应用文写作》是一门在各大高校中广泛开设的综合性、实践性很强的课程。将课程思政理念与《应用文写作》教学有机融合，能使学生在学习提升应用写作技能的同时，形成正确的价值观、人生观，提升其思想境界和多项沟通能力。本文主要从教学内容、教学形成和教学手段三方面探讨了将课程思政理念与元素有效融入《应用文写作》教学中的内在逻辑与具体实施方法。

关键词：应用文写作；课程思政；教学

习近平总书记在2016年12月的全国高校思想政治工作会议上指出："要坚持把立德树人作为中心环节，把思想政治工作贯穿教育教学全过程，实现全程育人、全方位育人。"②当今社会，应用写作能力已成为职场的一项重要的通用能力，是一个人综合素质和能力的具体体现。《应用文写作》已成为各类高校广泛开设的一门具有很强的综合性与实践性的课程。通过深入挖掘、精心设计，将

---

① 作者简介：张燕娣，上海师范大学哲学与法政学院副教授。研究方向为人力资源管理，语言应用。
② 习近平在全国高校思想政治工作会议上强调：把思想政治工作贯穿教育教学全过程，开创我国高等教育事业发展新局面，《人民日报》，2016年12月9日，第1版。

《应用文写作》教学与课程思政理念有机融合，将在提高学生应用写作能力的同时，帮助学生形成正确的价值观、人生观，进一步提升其思想境界，并使其在逻辑思维、信息素养、综合分析、团队合作及人际沟通等通用能力方面得到有效提高。

一、与时俱进，精选案例，内容上体现思政内涵

党和国家的各项方针政策、典型经验和先进事迹，往往都是以应用文中的公文为载体进行发布和传播的，以便民众知晓和执行。和其他的宣传教育类文章相比，应用文宣传教育的功能更加直接、更加权威，其内容本身就是思政教育的最好素材。

案例教学是《应用文写作》教学中的常用方法。公文写作是《应用文写作》中的教学重点，观点正确、写作规范、内涵丰富、时效性强的公文例文能及时向学生传递正确的价值观、深刻的思想内涵、积极向上的态度和优秀的传统文化精神。文以载道，伦理道德、理想信念、社会主义核心价值观等内容都是通过应用文来表达体现的，教学中通过对这些文种的展示与分析点评，不仅能让学生了解掌握各文种的结构、写作要求与写作方法，更能让学生在课程的学习过程中了解世情、国情、社情、民情，树立正确的人生观、价值观，提升思想觉悟与水平。如《第十三届全国人民代表大会第四次会议关于政府工作报告的决议》、习主席《共同构建人与自然生命共同体——在"领导人气候峰会"上的讲话》《中央宣传部　教育部关于印发〈新时代学校思想政治理论课改革创新实施方案〉的通知》等都是当下极具时效性的优秀例文。

二、双向主体，交互学习，形式上融入思政元素

大学阶段的教学不仅要关注专业知识的传授，同时要强化、注重培养学生的使命与担当，因此，教学活动中应加强对学生主动参与意识和参与能力的培

养。只有具备了主动参与的意识和能力，才能让学生在知担当的基础上，能担当、主动担当。在课堂教学中，如果完全由教师主导，则不易激发学生的学习自主性，导致学生缺乏学习兴趣；完全由学生主导，则无法保证教学的重点与效果。因此，在《应用文写作》的教学中，既不能完全以教师为主进行传统模式的课堂教学，也不能仅以学生为主体全面实施"翻转课堂"，而应是双向主体，即学生和教师都处于主体地位，进行交互学习。这种双向主体的交互式学习既体现在课程内容的安排上，也体现在教学方式与手段的设计上。

在内容设计上，对基础理论模块的学习是基本内容，通用写作模块中党政机关公文的写作为重要文种，均须纳入教学范围，这些内容的选择体现了任课教师在课程教学中的主导作用。而通用写作模块中除党政机关公文以外的其他文种以及专业写作模块的内容则主要由学生根据其专业特性以及自身的应用需要和兴趣来进行选择，从而体现了内容设计上的双向主体特点。以上海师范大学2019级人力资源管理专业的学生为例，其对各类应用文种的学习意愿与兴趣见图1。

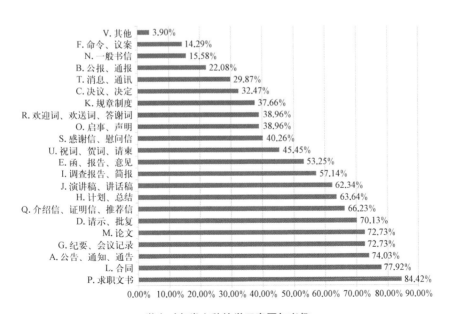

学生对各类文种的学习意愿与兴趣

根据学生对各类文种的学习意愿与兴趣，可以确定可选文种的教学范围，也可以据此安排必学文种教学的详略程度，做到个性与共性相结合。这样既可以保证核心内容的学习，又能兼顾学生的学习意愿与兴趣，从而让学生愿意学、有兴趣学，以达到提升教学效果的目的。

在教学方式上，对重要行文规则及文种的教学采用由教师为主导的方式。而参与分享式教学由学生决定自学与分享的方式，再根据学生的分享内容有针对性地加以点评，充分体现了学生的主体角色地位。

三、情景模拟，项目实践，教学手段上挖掘课程思政精髓

应用文写作是一门操作性很强的课程，需要学生多写多练，学做结合，才能真正掌握写作技能。但在校大学生由于缺乏工作经验，在写作训练中即使给定写作背景与写作材料，也难免缺乏角色意识，写作的内容与语气很难贴合实际，这样的应用写作训练犹如隔靴搔痒。因此，在《应用文写作》教学中，需结合相应的文种写作知识设计一系列符合学生角色的思想政治教育元素与写作训练深度融合的实训任务，让学生在逼真的情境中融入角色，在潜移默化中接受引导，感受正能量，追求真善美，同时提升学习兴趣与写作水平，在"润物细无声"的沉浸式状态中达到思政教育的教学效果。

如设计一次寝室文化评比活动，围绕该活动，寝室成员需开会讨论制定寝室公约，然后进行比赛活动安排，设置评比规则，发布通知，进行活动总结等，在这一活动任务的开展实施过程中，将进行公约、会议记录、纪要、计划、通知、总结等文种的学习与撰写，同时也是对学生的组织协调、团队协作、沟通交流、综合分析等能力的培养与训练。良好的寝室文化蕴含着大量的思政教育信息，有助于寝室成员行为规范的形成，提升自我管理能力，对寝室成员的价值取向、人格塑造有积极正向的影响作用，具有明显的育人功能。这种活动式情景模拟教学不仅解决了传统应用写作教学过于枯燥、缺乏人文性和角色感不强的问题，而且有利于培养学生规则意识、集体文化意识和社会主义核心价值观。

基于PBL项目制教学的"城市社会学"课堂案例

邢海燕①

内容摘要

本案例采用PBL项目制教学的方法，在《城市社会学》的课堂教学中，注重培养学生的综合能力，让学生从实践的经验观察出发，结合理论的学习，关注并反思现实中的城市发展及问题。

关键词：城市社会学；项目制学习；实践教学

一、课程简介

《城市社会学》是社会学领域中关于城市研究的专门学科。该课程的目的在于使学生系统地掌握城市社会学的基本概念和理论，运用社会学的研究视角和方法，了解城市发展变迁的规律及影响因素，重点掌握城市空间、城市亚文化、城市变迁、城市问题及城镇化与全球化的相关理论及实践案例。本课程引入国际先进的教学理念与教学体系，采用全英文的阅读材料和全英文的授课模式，

① 作者简介：邢海燕，上海师范大学社会学系教授，博士生导师。研究方向为城市社会学、城市移民。本文为上海师范大学文科创新团队项目《城市社会学》（310-AC7031-21-004119）的阶段性成果。

综合培养同学们在专业领域的英文听说读写能力。同时，通过掌握城市社会学研究的最新成果，能够运用相关理论去分析中国社会变迁过程中的实际问题。

二、教学目标

- 在教材、授课、讨论及考核等教学环节全部采用英文进行，培养学生的外文文献阅读及思考能力。
- 课程进行过程性评价，改变原有的满堂灌的教学方式，要求学生积极参与课堂讨论与分享，完成课堂上的小组项目分享，培养学生的英文学术演讲能力。
- 引进实践教学的理念，注重对学生综合能力的培养，运用PBL（Project Based Learning）项目制教学法，培养学生的科研能力，带领学生积极参与社会实践，调研自己的家乡，分享自己家乡的发展与变迁史，在实践中助力学生成长。
- 培养学生英文文献检索的能力和英文写作能力，培养学生的批判式思维，使学生能够理论结合实践，理性反思中国与世界其他国家发展道路的异同。培养学生的国家认同意识和"四个自信"。

三、课程的课程思政教学要点及培养目标

本课程通过阅读相关材料，要求学生关注自己的家乡，以自己家乡的发展与变迁为个案，参与课堂分享，并通过课堂讨论等模式，重点关注全球城市化的进程与城市文明的变迁。同学们在做课堂分享的时候，需要关注的问题有：城市化是一种什么样的过程？如何理解一个城市？城市有性格吗？什么是城市的文化和灵魂？什么因素会影响一个城市的发展？如何实现在互联网背景下的城市治理？城市全球化给你生活的城市带来了什么影响？中国特色的城市发展有什么特点？有哪些成功的经验？与此同时，还要求同学们对国内外关于"城

市更新/改造""老建筑活化""城市公共空间"的前沿性、引领性案例进行探查，挖掘具有指导参考价值的优秀案例。通过上述手段，不但让学生在学习的过程中与已有的城市社会学理论进行对话，与此同时，也通过自身的经验和实践，关注新中国的城市发展及变迁，能够理性思考，从而培养他们的文化认同与文化自信。

四、课程思政元素在课堂上的实施及其特点亮点

• 课前准备：

（1）要求学生做好课前阅读和准备，理解城市和乡村的区别，掌握基本的学术概念，了解我国城镇化的进程及特点。

（2）要求学生查阅各类文献资料，并准备课堂分享内容。每一个同学选一个城市个案研究，尤其是要关注自己家乡的百年变迁史，以及在城镇化过程发生的文化变迁与故事。同时，要求同学们讲述自己和城市之间的故事，给自己的家乡画像，用数据、史料及影像资料等手段来展示家乡面貌的变迁，同时关注城市发展中的现存问题及解决方案。

• 课堂展示及讨论：

每节课开始，先有两名同学做课堂分享，用英文讲述跟自己家乡有关的城市故事。然后由主讲教师讲授城市社会学的相关理论及分析视角，然后再以这两个同学的个案为基础，进行讨论和分析。在课堂分享后，同学们用英文讨论不同城市间的案例，关注不同城市的发展路径，并在此基础上总结经验，发现问题。比如比较南京、上海和北京这三个城市的变迁有哪些异同、不同的城市有着怎么样的城市性格、为什么上海被称为魔都、如何理解互联网及共享经济（滴滴快车，外卖等）在城市中的发展等等。

同学们在课后纷纷表示，原来自己对家乡并没有太多了解，通过课程内容的要求去做研究，才发现自己的家乡有着这么深厚的文化积淀，还有众多历史遗迹和文化遗产值得分享，觉得非常的骄傲和自豪。而作为听众的同学也纷纷

表示大开眼界，通过来自本土同学的分享，他们发现祖国是如此地大物博，文化是如此多元，有那么多精彩的遗产值得去保护。通过这种分享和讨论活动，进一步培养了他们对家乡和祖国的热爱之情，以及对家乡本土文化上的认同感和自豪感。

● 课外实践：

通过实践的个案，要求同学们学会与理论之间的对话与反思。要求同学们在阅读相关城市社会学理论基础上，在课后去观察他所生活的社区，看看哪些东西体现出了全球化的影响，并在此基础上，关注城市问题的理论探索和实践应用。比如通过阅读齐美尔的《大城市人的精神生活》，来反思现当代城市中的亚文化的兴起，通过对现实社区的参与观察与调研，反思现当代大城市的社会治理问题。尤其是在互联网背景和全球化的时代，强调如何关注城市的发展与变迁，关注城市中的弱势群体，解决城市问题等议题，培养了同学们强烈的社会责任感和义务感。

"行政管理学"课程案例的思政元素融入

胡于凝　石蔚宇①

内容摘要

《行政管理学》课程的主要研究主体是政府及其职能部门，课程内容带有一定的政治属性，课程知识也具有明显的价值倾向，本文在《行政管理学》课程内容基础上探寻思政元素的课程融入。以"三星堆遗址考古工作"为例，本文尝试将理论与实践结合，集中展现政府的决策魅力以及科学决策助力传统文化保护的积极作用，加深学生对中国传统文化自信的认知和理解。

关键词：课程思政；思政元素；课程融入；文化自信

一、课程案例中的思政元素融入何以重要

培养怎样的人才、谁来培养人才、怎样培养人才……这些问题是我国高等教育的应然之问。对此，习近平总书记为我们指明的前行的方向："要用好课堂教学这个主渠道，思想政治理论课要坚持在改进中加强……其他各门课都要守好一段渠，种好责任田，使各类课程与思想政治理论课同向同行，形成协同

---

① 作者简介：胡于凝，上海师范大学哲学与法政学院（劳动与社会保障系）讲师，研究方向为公共治理。石蔚宇，上海师范大学哲学与法政学院（劳动与社会保障系）本科生。

效应。"换言之，思想政治教育与专业课程教育并非相互隔绝，而应携手同行。《行政管理学》本科课程为此进行大量思考和探索，作出了一系列教学调整和课程设计。旨在通过专业知识的学习，引导学生将所学知识内化为德性与素养，以润物无声地方式培养学生正确的思想价值观念，提升学生的精神素质与道德情操。

《行政管理学》课程是一门面向公共管理专业学生开设，研究主体为政府及其职能部门的课程。其研究主体本身即带有一定的政治色彩，课程知识也具有明显的价值倾向，在此基础上进行挖掘拓展能够很好地将思政元素融入课堂。教材内容全面深入，兼顾历史与现状，且强调实践特色。因此在课堂中加入学生案例展示环节。通过学生的案例分析将理论与实践结合，引导学生关注社会热点和政治新闻，以实际问题引领学生深度思考。辅之以教师的点评和建议，在提出、分析和解决问题的过程中帮助学生更好地理解理论知识，坚定政治立场。以课堂案例展示之一的"三星堆遗址考古工作"为例，该案例集中展现了政府的决策魅力。科学决策助力传统文化保护的过程最终让学生加深了文化自信。

二、课程案例中的思政元素融入何以可能

2021年3月我国三星堆遗址的考古工作有了重大突破，多项文物的发现极大丰富了古蜀文明。借此新闻热点，案例回顾了三星堆遗址自偶然问世到有了重大发现的几十年间的断断续续的考古工作。通过图片展示、今昔对比生动地展现了我国考古技术方面的发展与突破，由此引出20世纪八九十年代三星堆考古工作的长期停滞是由于技术不成熟和文物保护的双重因素。也使学生认识到三星堆考古工作的重启是经过深思熟虑的科学决策，背后蕴藏了我国政府及有关部门在文化传承与保护方面的良苦用心。该案例将行政管理与文化自信紧密联系起来，加上国际视野引入、教师点评等环节，非常适合进行课程思政教学。

（一）结合课程案例的国情教育

一方面，国情介绍之文物保护制度。"三星堆遗址考古工作"的案例介绍了我国三星堆遗址的发掘历程，通过探究20世纪八九十年代三星堆考古暂停的原因引出了我国改革开放后在文物保护方面的四句方针，即"保护为主、抢救第一、合理利用、加强管理"。配上不同时期考古工作的图片，生动展示了政府有关部门对于文物保护的初心与践行。此外，对于承担文化职能的国家文物局做了详细介绍，考古工作流程图清晰展现了国家文物局在作出每一项考古工作启动决策背后的深思熟虑，复杂的审批工作只为更好地保护文物、最大限度地挖掘文物的价值。通过这些基本情况介绍，让学生对于政府的文化职能与文物保护相关流程更加熟悉。

另一方面，国情介绍之国内外对比。信息化时代的全球一体化对于传统的国家、民族等概念提出挑战。风云变化的国际格局会对大学生的思想观念产生冲击，课程思政也需要引导学生正确认识国际社会。案例中提及四川省文旅局等单位启动古蜀文明申遗工作，紧接着引入申遗方面的热点问题。提及了近些年韩国申遗成功的多项遗产与中国传统文化中的部分内容接近从而引发民间争议的事情。展示了中国目前在申遗工作中取得的重大成就，帮助学生正确认识和看待我国政府在文化工作中的努力和进展。引导学生形成对我国政府的正确认知，破除网络谣言。

（二）结合课程案例的价值引导

一方面，价值引导之政府信任。案例紧紧围绕三星堆遗址的工作进程展开，从科学决策、基础方针、成果展示等多个方面集中展示出我国政府在文化保护中的行政魅力。呼吁学生不要盲目听信网络上一些认为"政府在文化保护方面不得力"的消极言论。联系到两会前夕众多网民网络参政，对传统文化保护进行提案。从而增强学生的政治参与的兴趣，提升学生对政府权威的维护与信任。

111

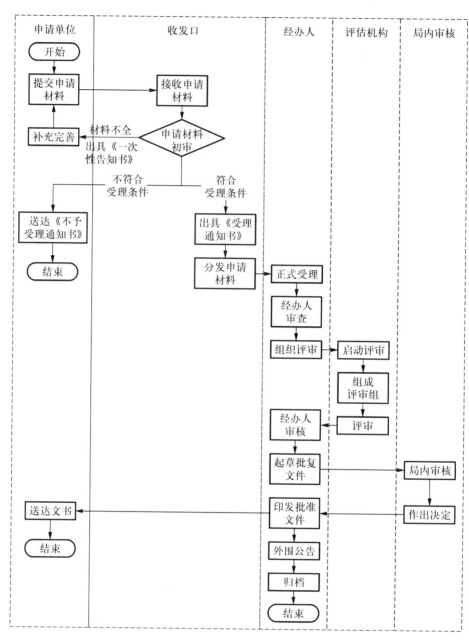

考古申请审批流程图

另一方面，价值引导之文化自信。玉石、象牙、黄金面具、青铜神树，一张张精美的图品仿佛带领学生重新回到了几千年前的蜀国境内。这些有温度的文物令蚕丛鱼凫的神话逐渐转变为鲜活的历史，为三星堆文明添上了浓墨重彩的一笔。三星堆遗址与金沙遗址共同构成的古蜀文明则是不同于中原文明却又与中原文明有着千丝万缕关系的古文明，是中华民族根基之一。它的存在进一步证实了中华文明的多元一体。青铜与丝绸的双料文明由外来的青铜人与本地蚕桑人共同打造，如同一颗绚烂的流星划入了中华文明自远古以来兼容并包的怀抱。对于三星堆文明的学习与了解能够让学生深刻感受到中华文化的深厚根基和优秀底蕴。博大精深的文明增强了我们的软实力、积淀着中华民族最深沉的精神追求，更是文化自信之底气所在。考古工作如今能够得到多种科技的支持，获得群众的正确认识，得到所有国民的持续关注，得益于我国不断提升的科技实力和人民对于传统文化保护的持续重视。三星堆考古将实验室搬到考古现场，实现考古出土文物与文物保护无缝对接。案例中展示了二十年前与今天的两张考古现场照片，最为直观生动地体现出如今考古挖掘中的技术进步。跨学科多领域的团队协作与管理，配合高科技设备，这是当下我国在文物保护与文化传承中的底气与自信。三星堆的案例在课堂中获得了学生的热烈反响和强烈共鸣，于无声处让文化自信的种子在学生们心中更加牢固。人们已经知晓，文明的根脉对民族的未来意味着什么。随着物质生产不断丰腴以及文明程度不断提升，追求文化品质以及先进文化制度是必然选择。一个矢志复兴的民族，必然要将文化自信的信念根植于下一代的心中，引导他们关注内心、关注精神，实现文化自信、制度自信，实现文化强国复兴之路。

三、课程案例中的思政元素融入何以巩固

热点案例的探讨，能够培养学生独立思考和运用专业知识解决实际问题的能力，帮助学生形成对于国内外时政热点新闻更高的敏锐度。国际政治格局风起云涌的当下，树立本民族文化自信和增强文化软实力是非常重要的。文物保

护和考古工作是政府行政的具体内容之一，也是政府文化职能的显著体现。在具体案例中体会政府科学决策的魅力，了解政府部门在文化传承与保护方面的初心与实践，见识传统文化与文物的绚丽多彩，加强学生就对公共行政管理的信任。同时，对源远流长的古代文明有更加清晰的认识，对中华文化产生更加强烈的自信，为此后的人生中坚持文化自信奠定坚实的基础。

概括而言，《行政管理学》课程案例是开展课程思政教育的重要环节。通过课程案例，将理论与实践相结合的同时，挖掘思政元素，并最终汇聚到立德树人的时代课题之中，巩固思政元素的融入效果。

"医疗保险理论与实践"课程中的思政思想设计

吴君槐①

内容摘要

　　医疗保险是现代社会保障居民健康的制度安排，医疗保险基金的筹集和给付是医疗保险制度运行中的基础环节。中国医疗保险制度短短二十多年间，就基本实现了医保全覆盖。政府财政对医保基金的投入逐年增长，彰显中国共产党以人民为中心的执政理念和社会主义制度集中力量办大事的优势。新冠疫情发生以来，中国政府以巨大的勇气和智慧遏制了疫情的蔓延，取得了疫情防控的决定性胜利。医疗保险基金在疫情防控中发挥了重要的作用。本课程通过对医疗保险资金筹集和支付政策的讲授和国际比较、实例和数据展示，让学生感受到中国共产党的伟大和中国特色社会主义制度的优越性，让学生增强了四个自信，增强了爱国情怀。

　　关键词：医疗保险基金；筹集；给付；思政思想

---

①　作者简介：吴君槐，上海师范大学哲学与法政学院副教授。研究方向为养老保险与医疗保险，长期照护。

一、社会医疗保险基金的筹集原则

基金筹集是医疗保险制度运行的基础条件和重要环节。医疗保险资金的充裕度决定着医疗保险的待遇水平。社会医疗保险基金的筹集采用现收现付制，需要遵循"以支定收，略有积余"的原则；在支出时，应该遵循"以收定支"的原则，最终实现短期或长期的财务平衡。[①]

二、社会医疗保险基金的筹集渠道

社会医疗保险基金的筹集渠道来源于以下几方面：1.国家财政补贴；2.用人单位出资；3.个人出资；4.利息收入；5.调剂收入；6.滞纳金；7.社会无偿捐赠。在2000年，与OECD国家相比，我国的筹资水平和筹资能力非常有

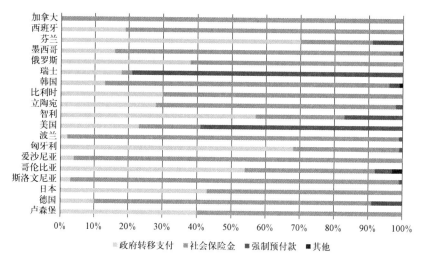

2017年前后强制性医疗保险的资金来源（数据来源：OECD网站和出版物。）

---

① 周绿林，李绍华：《医疗保险学》，科学出版社，2017年。

限。因为筹资能力有限，我国医疗保险的公平性曾广受质疑。世卫组织（WHO）2000年评估称，中国卫生医疗的公平性在191个国家和地区中，位列188位，倒数第4；总体绩效评估，中国仅列144位。[①]

但中国是一个集中力量办大事的国家。在这之后，中国医疗保险制度多管齐下，进行制度探索。随后我国新型农村合作医疗制度就在三年内实现了全民医保，被《柳叶刀》杂志称之为世界奇迹。与2017年的OECD部分国家相比（见图1），我国城镇职工基本医疗保险资金来源大多来源于政府、个人和单位缴费。单位缴费占据了大部分份额。但我国政府在新型农村医保的财政投入是其他国家难以达到的。中国农村医保采用的是"三三制"筹资原则，即个人出1/3，地方政府出1/3，中央政府出1/3。由此可见，在新型农村医疗保险筹资中政府承担的比例高达66.67%，远超大多数国家。几乎与芬兰、匈牙利齐平。这对于一个发展中国家来说，是非常不容易的。但也要引导学生去思考这一筹资模式给政府带来的压力，理解税收征管的必要性，寻求更好的更稳定的筹资来源。

三、社会医疗保险基金的构成

社会医疗保险基金的筹集和给付必须保持一个动态的平衡。社会医疗保险基金的构成取决于用途：支付当前的偿付、支付运营管理费用、用于将来的应急等[②]。

1. 个人医疗账户基金：职工工资总额的2%、用人单位缴纳的工资总额的6%中的30%，共计工资总额的3.8%。用于参保人员门诊就诊、购药及住院个人承担等费用。也有部分省市在长期改革省去这一部分。

2. 社会统筹基金：由医保机构统一支付用于参保人大病、特病费用支付。

3. 储备金：用于突发性传染病、流行病等超常风险支出。

---

① 中国医疗公平性倒数第4 政策失误导致看病贵，http://finance.sina.com.cn/xiaofei/puguangtai/20051214/12032197892.shtml.

② "社会医疗保险基金的构成"内容摘自于：卢祖洵：《社会医疗保险学》，人民卫生出版社，2003年，第108—110页。

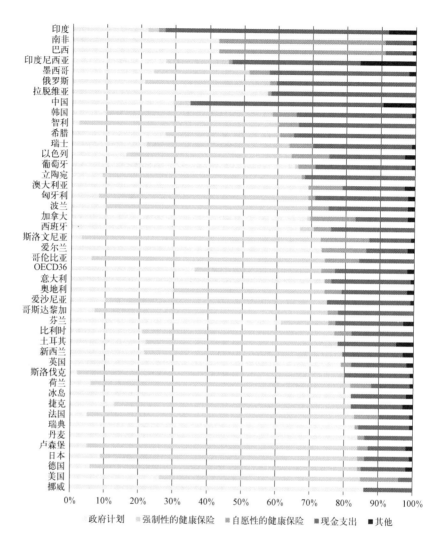

2017年前后按筹资类型划分的医疗保健支出（数据来源：OECD网。）

4. 预防保健费：用于疫苗、体检、防疫等费用支出。

5. 管理费：用于社会医疗保险事业正常运转的必要费用。

管理费的确定一般按总保险费的5% ~ 8%进行估算。国外医疗保险管理费率较高。美国的管理费率达到总费率的25%左右[1]。目前国内各级社会医疗保险

---

① 周绿林，李绍华：《医疗保险学》，科学出版社，2017年，第96页。

经办机构的业务费用按规定均由同级财政支出，在保险费的测算中不考虑计提管理费。《关于建立新型农村合作医疗制度的意见》（国办发〔2003〕3号）中明确提出：新型农村合作医疗制度经办机构的人员费用、工作经费列入同级财政预算，不从合作医疗基金中提取。换句话来说，我国的管理费是由财政补贴的。这也是中国的医疗保险支出不同于其他国家的地方。

除此之外，我们对医保的额外人力成本投入几乎是忽略不计的。因为中国人是一个有着大爱的民族，在大灾面前的表现一贯地团结，医保的投入有被低估的成分。

四、疫情凸显我国医疗保障的制度优势

疫情对医保基金的消耗是恐怖的，也是难以计算的。应对疫情有效，即是在节约医保基金和财政资金，促进经济的发展。应对疫情无效，则会引发连锁效应，给国家带来难以预估的损失。新冠疫情面前，我们无论是实际GDP增长，还是失业率都处于一个良好的控制状态。以2013—2019年实际GDP的增长为例，全球平均GDP的增长率为3.3%，我国高达6.8%。

OECD国家，除非另有说明

	平均 2013—2019	2019	2020	2021	2022	2020 Q4	2021 Q4	2022 Q4
	百分数							
实际GDP增长[1]								
全球[2]	3.3	2.7	−4.2	4.2	3.7	−3.0	3.8	3.8
G20[2]	3.5	2.9	−3.8	4.7	3.7	−2.3	3.6	3.9
OECD[2]	2.2	1.6	−5.5	3.3	3.2	−5.1	3.7	2.9
美国	2.5	2.2	−3.7	3.2	3.5	−3.2	3.4	2.9
欧元区	1.8	1.3	−7.5	3.6	3.3	−7.3	4.7	2.9
日本	0.9	0.7	−5.3	2.3	1.5	−3.2	2.0	1.5
非OECD[2]	4.3	3.6	−3.0	5.1	4.2	−1.2	3.8	4.5
中国	6.8	6.1	1.8	8.0	4.9	5.4	4.1	5.4

续 表

	平均 2013—2019	2019	2020	2021	2022	2020 Q4	2021 Q4	2022 Q4
印度[3]	6.8	4.2	−9.9	7.9	4.8			
巴西	−0.5	1.1	−6.0	2.6	2.2			
失业率[4]	6.5	5.4	7.2	7.4	6.9	7.2	7.3	6.6
通货膨胀[1,5]	1.7	1.9	1.5	1.4	1.6	1.2	1.5	1.7
财政收支平衡[6]	−3.2	−3.0	−11.5	−8.4	−5.7			
全球实际贸易增长[1]	3.3	1.0	−10.3	3.9	4.4	−9.9	5.1	4.1

1. 发生变化的百分比；最后三列显示了一年前的改变。
2. 移动名义GDP权重，使用购买力平价。
3. 财政年度。
4. 占劳动力的百分比。
5. 私人消费平减指数。
6. 占GDP的百分比。
（来源：OECD Economic Outlook 108 database，https://doi.org/10.1787/888934216867.）

医疗保险费用的筹集和支出最终的目的是为了保障人民的生命健康，是保证人们能够看得起病，看得好病。在抗击新冠的这场战疫中，中国的医保制度向世界交出了一份令人瞩目的答卷。中国医保制度和其他制度交织在一起，增强了我们的制度自信。这归功于强有力的领导、充足的医疗人力资源和物质资源的保障、群防群治、隔离兜底等一系列措施。这些做法创造了令世界惊叹的中国速度和有效的防疫效果。

（一）坚持把人民生命安全和身体健康放在第一位

回望这场惊心动魄的抗疫大战，果断关闭离汉离鄂通道，实施史无前例的严格管控，无疑是危急关头最重要的决策。作出这一决策，需要巨大的政治勇气，需要果敢的历史担当。以习近平同志为核心的党中央果断作出这一决策，以非常之举应对非常之事。正是在党中央的坚强领导下，全国迅速形成统一指挥、全面部署、立体防控的战略布局，有效遏制了疫情大面积蔓延，有力改变了病毒传播的危险进程，最大限度保护了人民生命安全和身体健康。[1]

（二）富有人情味的医保制度

1. 医保制度从"两个确保"到患者"零缴费"，减轻了人们的就医负担，保证新冠患者不因费用影响救治。

新冠疫情期间，国家医保局表示，针对此次疫情特点，决定对确诊为新型冠状病毒感染肺炎等患者采取特殊报销政策。一是将国家卫生健康委《新型冠状病毒感染的肺炎诊疗方案》覆盖的药品和医疗服务项目，全部临时纳入医保基金支付范围。二是保证及时支付患者费用，特别是发挥医疗救助资金的兜底保障作用，打消患者就医顾虑。对异地就医患者先救治后结算，报销不再执行异地转外就医支付比例调减规定，减少患者流动带来的传染风险。三是对集中收治的医院，医保部门将预付资金，减轻医院垫付压力，患者医疗费用不再纳入医院总额预算控制指标。武汉原来的政策是凡是确诊的病人，除医保报销外，医疗费全由政府兜底；现在为打好"防疫战"，规定凡是在各发热门诊留观的病人，门诊费也均由政府买单。这样，无论是门诊还是住院，基本上实现了患者零缴费。[2]截至2020年5月31日，全国确诊住院患者结算人数5.8万次，总医疗费用13.5亿元，确诊患者人均医疗费用2.3万元。其中，重症患者人均医疗费用超过15万元，一些危重患者治疗费用几十万元甚至上百万元，全部都由国家承担。中国制度的优势在于其真正体现出了人民至上，生命至上。从出生30个小时的婴儿到108岁的老人，不遗漏每一个感染者，不放弃每一位病患。

2. 医保支付"六个及时"，降低新冠患者的流动外部效应。

各地都在为患者不流动做努力，又确保区域经济正常进行。如江西省针对医保支付等环节，要求务必及时将国家卫生健康委《新型冠状病毒感染的肺炎诊疗方案》覆盖的药品和医疗服务项目，全部临时纳入医保基金支付范围；及

---

[1] 房宁："抗疫斗争彰显中国制度优势"，《人民日报》，2020年9月17日。
[2] 叶龙杰："医保部门'两个确保'应对疫情"，健康报网，2020年01月23日。

时支付费用，特别是要发挥医疗救助资金的兜底保障作用，打消患者就医顾虑；及时调整异地就医患者转外就医支付比例政策，采取先救治后结算，报销不再执行异地转外就医支付比例调减规定，减少患者流动带来的传染风险；及时对集中收治的医院预付资金，减轻医院垫付压力，患者医疗费用不再纳入医院总额预算控制指标；及时为患者提供优质高效的医保经办服务，做到马上办、简化办、特事特办；及时主动加强与卫生健康等联防联控部门的信息沟通，形成密切协作的防控合力。①

3. 对社保缴费采用了"减、免、缓"的政策，医保在自身开支不断增大的背景下，寻求降费，真的是难能可贵。

对中小微企业免征企业基本养老保险、失业保险、工伤保险三项社会保险单位缴费的政策，延长执行到2020年12月底；减半征收大型企业等其他参保单位（不包括机关事业单位）三项社会保险单位缴费的政策，延长执行到2020年6月底。

上海职工医保单位缴费率统一下调0.5%，这有助于企业快速恢复实力。根据《关于延长本市阶段性减免企业社会保险费政策实施期限等问题的通知》（沪人社规〔2020〕14号）、《关于2020年阶段性降低本市职工基本医疗保险缴费率的通知》（沪医保待〔2020〕11号）等相关文件规定，本市基本养老保险、失业保险、工伤保险及医疗保险（含生育保险），阶段性减免征收、费率降低、延缓缴纳和延期办理的相关政策将执行到2020年12月底。

在医疗保险费用开支不断加大的背景下，做出少收费、不收费也是一个艰难的抉择，但中国医保制度做到了。

（三）令世界惊叹的中国速度

1. 大规模医疗人力资源调配迅速到位。1月23日至4月8日武汉封城期间，全国共调集346支国家医疗队、4.26万名医疗人员、900多名公共卫生人员驰援

---

① 徐杰编辑："江西省医保局'两个确保''六个及时'迅速开展疫情应对和救治保障工作"，江西新闻网，2020年1月22日。

湖北。19个省份以对口支援、以省包市方式，支援湖北省除武汉市以外16个地市；人民解放军派出的4 000多名医务人员支援湖北，承担火神山医院等三家医疗机构的医疗救治任务，空军出动的运输机在全国紧急运送医疗物资、紧急调配全自动测温仪、负压救护车、呼吸机、心电监护仪等支援湖北省和武汉市[①]，极大缓解了疫情重灾区医疗资源严重不足的压力。这是最美丽的逆行者，视疫情为命令，召之即来，来之能战，战之能胜。

2. 隔离点的迅速供给。4万名建设者昼夜奋战，仅用10多天时间先后建成火神山医院和雷神山医院，大规模改建16座方舱医院，迅速开辟600多个集中隔离点。每天增加3 000张床位，一个月内建设完成相当于60家三级医院的病床数，一次又一次刷新中国速度。

隔离点照片

---

① 根据青年网、新华网、人民网、搜狐网各大新闻的报道，整理成具体数据。http://www.xinhuanet.com/politics/2020-09/17/c_1126503619.htm；https://www.sohu.com/a/417832978_120057164；https://baijiahao.baidu.com/s?id=1658205045441206797&wfr=spider&for=pc，https://www.sohu.com/a/400288389_120702 等。

3. 新冠疫苗的快速研发，国内免费提供疫苗接种。预防是最有效的控制医疗费用的手段。疫苗则是防御特定疾病的手段。要降低医疗保险开支，防止传染性疾病的扩散，疫苗是有效的防疫手段。截至 2020 年 9 月 8 日，全球共有 9 款疫苗进入了三期临床试验阶段，其中有 4 款来自中国[①]。分别由军事科学院军事医学研究院陈薇院士团队与康希诺生物合作、科兴生物、国药集团中国生物武汉生物制品研究所、中国生物北京生物制品研究所 4 家机构研制。目前已有 3 亿多人群免费接种疫苗，无一例明显不良反应，无一人感染。

4. 志愿服务与网格化治理。除了医护人员，各行各业都坚守自己的岗位，尽自己所能地为疫情控制奉献力量。从蔬菜蛋奶供应，到阻断病毒传播链。从筑牢口岸检疫防线，到织牢社区防控网……从随申码绿色出行，到行程码报备，管理越来越精准，每一步都在为保证人们的正常生产生活、严格抗疫做努力。

众志成城，齐心抗疫，不惜以牺牲生命为代价。这些付出都是无法用金钱来计算价值的。

（五）课程小结

本课程在上课之初侧重于医疗保险筹资和构成基本概念的理解，在理解中，自然地加入国际比较的环节不突兀。同时让学生明白医疗保险制度是一个复杂的制度，它涉及人员之广，冲突之多，需要我们用综合性的思维去解决问题。我们还是发展中国家，财力有限。但我们在新农合的创建过程中再次创造了世界奇迹，仅仅三年就实现了医保全民覆盖。在抗疫面前，我们也向世界交了一份满意的答卷。这些实例有助于培养学生的爱国情怀，让他们在面对逆境的时候，不放弃，不退缩。也在一定程度上，激发了学生创新思维、敏锐观察、综合运用多方面知识解决实际问题的能力。

[①] 海外疫情反扑，疫苗概念再成最大热门！ https://new.qq.com/omn/20200923/20200923A09PWI00.html

大学通识课"中华之礼"课程思政，探索中国优秀传统文化"育人"新模式

——张自慧党员工作室课程思政实践总结

今年是中国共产党建党100周年，如何贯彻中共中央办公厅、国务院办公厅印发了《关于实施中华优秀传统文化传承发展工程的意见》（2017年），如何将中国优秀传统文化融入大学课堂和其他类型的课堂中以培养社会主义的"四有"新人，是每位大学教师义不容辞的使命和担当。《中华之礼》作为大学通识课程，在课堂教学中对上述问题进行了探索和落实。

一、《中华之礼》思政课程建设的背景

文化是民族的血脉，是人民的精神家园。在5 000多年文明发展中孕育的中华优秀传统文化，积淀着中华民族最深沉的精神追求，代表着中华民族独特的精神标识，是中华民族生生不息、发展壮大的丰厚滋养，是中国特色社会主义植根的文化沃土，是当代中国发展的突出优势，对延续和发展中华文明、促进人类文明进步，发挥着重要作用。中华文化独一无二的理念、智慧、气度、神韵，增添了中国人民和中华民族内心深处的自信和自豪。中国共产党在领导人民进行革命、建设、改革伟大实践中，自觉肩负起传承发展中华优秀传统文化的历史责任，是中华优秀传统文化的忠实继承者、弘扬者和建设者。党的十八

125

大以来，在以习近平同志为核心的党中央领导下，各级党委和政府更加自觉、更加主动推动中华优秀传统文化的传承与发展，开展了一系列富有创新、富有成效的工作，有力增强了中华优秀传统文化的凝聚力、影响力、创造力。

中国是礼仪之邦，中华民族是一个重视礼仪道德教化和人文化成天下的民族，礼义、礼教是中华文明的核心内容与重要标志。儒家文化是中国传统文化的主体，而礼文化则是儒家文化的内核。从一定意义上说，中国古代文化就是"礼"的文化，中国古代政治就是"礼"的政治，中国古代历史就是"礼"的历史。礼文化不仅是儒家文化的内核，而且是中国传统文化的重要组成部分。但由于种种复杂的历史原因，中国传统文化断裂、礼乐教化消解，礼仪教育缺失，这一切最终导致中国社会道德失范的加剧和国人文明礼仪素养的下降。长期以来，"不学礼，无以立"的古训被遗忘殆尽，许多青年学生不知道如何拥有自尊、如何礼敬他人、如何做人处世，因此，面向全校本科生开设《中华之礼》通识选修课以提升大学生的文化素养和礼仪教养，已成当务之急，具有重要意义。

二、《中华之礼》课程建设的历史与基础

课程负责人张自慧教授主讲的《中华之礼》课程在2013、2014、2015连续三年作为高校通识课开设（2016年被确定为学校的优秀示范课程）。2017年该课程作为上海师范大学校级通识课重点建设项目，获批10 000元的建设经费资助。2017—2018年第二学期年有四十多位学生选修《中华之礼》，理论与实践高度融合的课程内容深受学生欢迎，取得了良好的教学效果（详见学生教评）。2018年该课程获批了上海师范大学的课程思政教育教学改革专项建设项目，并获得20 000元的建设经费资助。经过上述两轮的课程建设，教学内容不断充实和完善，课程网站和资料库日益丰富，课程建设水平得到了有效的提升。2021年初该课程又申报了上海师范大学的一流课程建设项目，2021年4月该课程经学校评审被推荐申报上海市一流课程建设项目。

课程负责人张自慧教授是中国古代礼文化研究的学者，其博士论文题目

为"古代礼文化及其人文精神研究"。博士毕业后，长期从事中国传统文化特别是儒家礼文化与伦理学方面的研究，近年来主持完成多项与礼文化有关的科研项目：国家社科基金一般项目"古代礼文化的'致和之道'及其当代价值研究"（07BSZ034）、国家社科基金一般项目"先秦元典中的中华民族文化基因研究"（15BZS034）、教育部人文社科基金一般项目"三俗文化冲击下的道德失范和文化救赎"（12YJA710096）、上海市哲社规划课题一般项目"先秦元典中的中华民族精神基因研究"（2014BKS003）、上海市教育科研项目"礼文化视域下大学生礼仪素养教育与社会适应能力培养研究"（B12055）、上海学校德育实践课题"古代礼文化的德育价值研究"（2012-B-003）等课题，出版相关专著两部：《礼文化与致和之道》《礼文化的价值与反思》；在全国中文核心期刊上发表与礼文化相关的学术论文60余篇，为《中华之礼》通识教育课程的开设奠定了坚实的理论基础。同时，课程负责人还具有丰富的教学实践经验，其不仅有着近30年的大学课堂教学经验，而且富有社会教育及讲座经验。其作为上海东方讲坛讲师，为上海市民、社会组织、中小学教师和高校大学生作过多场礼文化方面的学术讲座，如"孔子之礼与成人之道""品味中华之礼，倡扬君子之道""礼仪与做人""礼仪素养与大学生形象""不矜细行，终累大德""明德守礼与修齐治平""漫谈君子之道""漫谈如何读经典""儒家礼文化与社会主义核心价值观""教师的礼仪素养与人格魅力"等，积累了充裕的礼仪教学与实践经验。

三、《中华之礼》课程思政育人模式——"理论与实践融渗、点对点辐射的体验式教学模式"

在《中华之礼》课的教学过程中，该课程教学团队的老师们通过挖掘课程中不同单元的思政元素，结合大学生学习生活中的现实问题，特别是其所面临的世界观、人生观、价值观方面的困惑，以"点对点"辐射的方式，设计了"礼文化育人"的课程思政方案，即"理论与实践融渗、点对点辐射的体验式教学模式"。

（一）"理论与实践融渗的体验式教学"课程内容设计

本课程内容分为礼学理论和礼仪实践两大板块。礼学理论部分主要讲授礼之起源、礼之本质、礼之功能、礼之教化作用、礼文化的精华与糟粕等；礼仪实践部分将结合当代大学生的实际，从"不学礼，无以立"切入，主要讲授礼仪与做人、礼仪与君子、礼仪与修身、礼仪与齐家、礼仪与治国、礼仪与平天下等；同时，在课堂实践中以礼仪准则引领和指导学生，通过理论学习与课堂演练相结合的方式，从举止行为、仪表仪态和语言谈吐三个方面强化礼仪规范，以提升其礼仪素养和交际能力，塑造大学生的良好形象。

理论教学的设计理念："中华之礼"历史悠久，礼学内容卷帙浩繁，如何从中凝炼和萃取出具有时代价值和意义、能够培养大学生文化自觉和文化自信的礼文化精华，是本课程理论教学的重点和难点。我们以礼乐文明的特质——礼的本质——礼的功能——礼乐教化与社会和谐——礼仪与君子——礼仪与成人等为主线展开教学内容的安排，力争突出重点、化解难点。

实践教学的设计理念：突出教学的情景性、互动性和有效性。对人际交往实践中所面临的各种情景进行分析，以"毋不敬"（《礼记·曲礼上》）和"克己复礼为仁"（《论语·颜渊》）为指导思想，引导学生将"中华之礼"的思想精华运用到礼仪实践之中；通过课堂教学环节中的礼仪示范、交际礼仪小品和课外礼仪实践，有效提升大学生的礼仪素养和交际能力，塑造良好的大学生形象。

课程思政的贯彻与落实。儒家哲学是人生哲学，也是伦理学，因此，中华之礼中蕴含着丰富的道德教育资源，对大学生的成人与成才关系十分密切。基于此，本课程从教学内容设计上致力于全方位贯彻课程思政理念，无论是理论教学板块还是实践教学板块，都牢记"立德树人"的宗旨，注重以德育人的目标定位与课程使命。从多年的教学实践看，该课程大大地提升了大学生的人文素养和道德素质；有效地加深了学生对中国传统文化、特别是对儒家礼文化的理解和认知，增强了文化自觉和文化自信；同时，大学生的交际能力和社会适应能力也得到了良好的培养，圆满地实现了预期的教学目标。

（二）"点对点"辐射的体验式教学模式

教学大纲中的课程思政辐射点				
教学周次	教学大纲	思政点映射	授课形式	课外学习要求
1	"礼"与礼乐文明	通过对五千年中华礼乐文明发展史的梳理，让学生理解礼乐文明的内涵，感受礼乐文明的魅力，以培养内心强烈的爱国热情和文化自豪感，真正建立起中华民族的文化自信。	讲授与互动	研读彭林的《中华传统礼仪读本》
2	礼之起源：火种与成型	追溯中华礼乐文明的源头，探索礼的起源，提升学生的人文素养；通过讲授对中国礼文化做出巨大贡献的重要人物：周公、孔子等，在学生心目中树立成功做人的楷模形象。	讲授与互动	课外观看电影《孔子》
3	礼的本质：义、理、敬、信	通过礼的本质——义、理、敬、信的讲授，让学生树立起正确的世界观、人生观和价值观，学会理性处理问题、尊敬他人和诚实守信，把"立德树人"的教育目标落实在教学中。	讲授与讨论	研读《论语·颜渊》《礼记·中庸》
4	礼乐教化与社会和谐	礼乐教化是中国古代独具特色的教育模式，其核心是伦理道德教育，典型例子是孔子所进行的"六艺"（礼乐射御书数）教育，旨在通过个人道德和礼仪素养的提升来实现社会的有序和谐。这些内容有助于学生认识道德教育的重要性，促使其生发出提升自身道德素质的内动力。	讲授与研讨	准备课堂研讨题目：礼乐教化在今天的意义
5	礼与修身	在中国古代，礼是人们修身的重要手段，孔子说"不学礼，无以立"，"克己复礼为仁"，《大学》提出了明明德、亲民、止于至善的"三纲领"和格物、致知、诚意、正心、修身、齐家、治国、平天下的"八条目"，这些内容有助于学生提升礼仪素养和道德情操。	讲授与研讨	研读《礼记·曲礼上》《礼记·大学》
6	礼与齐家	齐家是古代儒家倡导的人生目标之一，其核心是要求一个人在家庭尊重父母长辈，恪守孝悌。这些内容有助于培养学生尊老敬长的良好品行，这是学会做人的重要内容。	讲授与研讨	研读《孝经》，给父母发一条感恩短信。

	教学大纲中的课程思政辐射点			
教学周次	教学大纲	思政点映射	授课形式	课外学习要求
7	礼文化的精华与糟粕	礼文化作为中国传统文化的主要内容，是儒家思想的核心，在几千年的发展过程中，既蕴含着精华，也沉淀出一些糟粕，通过这些内容的学习，可以培养和提升学生的辩证思维和批判性思维能力，对其弘扬传统文化、确立正确的价值观提供参照的坐标。	讲授与讨论	思考题：如何看待礼文化中的精华与糟粕?
8	礼仪与做人	学会做人就是学会以礼敬人、以礼相交。本节将教会学生如何把礼仪运用到人际交往之中，通过遵循人际交往的基本原则——尊重理解、诚实守信、平等互利宽容体谅、适度得体，把以礼敬人、以礼相交落在行动中。	讲授与实践	课外经典阅读小组交流会
9	礼仪与君子	君子是孔子倡导的人格理想，他对君子的界定是："质胜文则野，文胜质则史；文质彬彬，然后君子。"而文质彬彬是通过对礼仪的遵循实现的。本节内容不仅让学生了解君子，而且要让学生学做君子。	讲授与互动	阅读《论语·雍也》《易传》之"大象辞"
10	礼仪与"修齐治平"	"修齐治平"是儒家一直向往和追求的人生目标，践履礼仪是实现这一目标的途径，即"自天子以至于庶人，皆以修身为本"。本节内容有助于学生树立远大的理想和目标，在正确的人生观、价值观引领下成人成才。	讲授与实践	阅读儒家经典《大学》和《孟子·告子下》
11	礼仪与个人形象塑造：举止行为非小事	举止行为是一个人外在形象的主要内容，通过礼仪来规范和约束大学生的举手投足，使其举止得体、行为合宜，从而做到自尊尊人。	讲授与示范	课外礼仪实践
12	礼仪与个人形象塑造：仪表仪态皆修养	仪表仪态包括一个人的服饰仪表和面部表情等，通过礼仪的规范，可以让学生"变化气质，涵养德性"，逐步成为有礼仪素养和道德修养之人。	讲授与示范	课外礼仪实践
13	礼仪与个人形象塑造：语言谈吐乃素质	语言谈吐既属于外在形象，也反映一个人的内在涵养，良好的谈吐离不开礼仪的约束和规范，如各种礼貌用语的使用。	讲授与示范	课外礼仪实践

教学大纲中的课程思政辐射点				
教学周次	教学大纲	思政点映射	授课形式	课外学习要求
14	礼仪与人际沟通	良好的礼仪素养是人际沟通的基础和桥梁，提高大学生的礼仪水平有助于提升其人际沟通和交流的能力，这是其身心健康的重要保障。	讲授与互动、示范	
15	礼仪与人生幸福	康德的"德福一致"思想告诉我们，一个有道德修养和礼仪素养的人，才能拥有幸福的人生。这是因为礼仪和道德可以化解人生的各种矛盾和冲突，为人们建立安身立命的精神家园。本节课将引领学生通过礼仪素养的提升来追求和实现人生的幸福。	讲授与讨论	思考题：什么是幸福？下节课讨论
16	课堂演讲：	每位同学围绕《中华之礼》理论与实践两个板块的教学内容，以"我心中的中华礼乐文明"或"如何做一个彬彬有礼的君子"为题，做一次课堂演讲；同时注意展示自己演讲时的礼仪风度和良好形象。	学生全员参与活动并互评	演讲成绩作为平时成绩的一部分

四、《中华之礼》课程思政育人案例

教学案例展示一：在第二讲"礼之起源：火种与成型"的讲授中，组织学生观看电影《孔子》《周公》片段，追溯中华礼乐文明的源头，探索礼的起源，提升学生的人文素养；通过讲授对中国礼文化做出巨大贡献的重要人物：周公、孔子等，在学生心目中树立成功做人的楷模形象。

教学案例展示二：师生互致礼仪，开展"体验式"教学，实现理论与实践的有机结合。课程负责人及课程团队成员在课堂上严格要求自己仪态端庄，气质优雅，成为学生的"礼仪表率"；每节课开始时教师都要求学生起立向教师鞠躬问好，同时，教师向学生回礼问好，这种规范的礼仪行为，既是《中华之礼》课程教学中礼仪教育的需要，也是上师大学生作为未来的教师必备的职业素养和习惯养成。

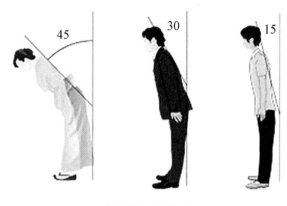

表达尊重的鞠躬礼

　　教学案例展示三：传统礼仪精华凝练与大学生日常礼仪课内演练、课外实践的结合。在"中华之礼"历史脉络梳理和理论讲授的同时，教师还在课堂的实践板块教学中，对大学生进行日常交际礼仪培训，以塑造学生的良好形象和典雅气质。这种学以致用、知行合一的教学模式，既是"体验式"道德教育的尝试，也是对大学生人生观、世界观、价值观的有效引领，其宗旨是将该课程建设成为课程思政的典范课程。

　　教学案例展示四：围绕《中华之礼》课程理论与实践两个板块的教学内容，以"我心中的中华礼乐文明"或"如何做一个彬彬有礼的君子"为题，每位同学自选题目做一次课堂演讲，要求学生注意展示自己演讲时的礼仪风度和良好形象。

　　教学案例展示五：将课程思政延展到中学课堂。课程负责人张自慧教授作为上海社联组织的"思想照亮未来"活动的专家，到上海市"中国哲学""新中初中""罗阳哲学"开展"孔子之礼与成人之道"的讲座，宣传和弘扬中华之礼。上述活动被《解放日报》"思想者"栏目和"上观"融媒体报道，产生了良好的社会影响。

　　教学案例展示六：将《中华之礼》课程思政延展到研究生的讨论课中，通过理论上的深度研讨，提升学生对中华礼乐文明特质的认识，提高其礼仪素养，助力其成人成才。

活动展示

五、《中华之礼》课程思政教学总结

《中华之礼》课程以教育部"新文科"理念和"全人教育"思想为引领，将传播和弘扬中国优秀传统文化、揭示中华礼乐文明的特质的使命与大学生成人成才的价值引领相融合，实现课程专业教学与课程育人的统一，力争发挥好课堂教学主阵地、主渠道、主战场作用。具体教学目标和效果体现如下：

（一）《中华之礼》通识教育课程旨在提升大学生的文化自信和礼仪道德素质

提升"文化自信"："五经"是中华民族的文化元典，也是中华文明的根柢和文化基因的渊薮。孔子正是在"删诗书，订礼乐，赞周易，作春秋"的基础创立了儒家礼文化的基本思想，他称自己"述而不作，信而好古"，从某种意义上说，没有"五经"就没有儒家的理论体系。按照"六经皆礼"之说（其中"乐"佚失，视为"五经"），"五经"的内容都是儒家礼文化的重要内容，它们会以不同的方式渗透于本课程之中。因此，本课程通过对五千年中华礼乐文明发展史的梳理，引领学生全面而系统对中国文化进行溯源，理解礼乐文明的内涵，感受礼乐文明的魅力，以培养其内心强烈的爱国热情和文化自豪感，建立起对中国文化的坚定自信；同时，通过讲授对中国礼文化做出巨大贡献的重要人物：周公、孔子、孟子、荀子等，在学生心目中树立起古代优秀知识分子"以天下为己任"的楷模形象，使其成为大学生仰慕的人格典范，以引领大学生的人格塑造。

提高礼仪素养：礼乐教化是中国古代独具特色的教育模式，其核心是伦理道德教育，典型例子是孔子所进行的"六艺"（礼乐射御书数）教育。其旨在通过个人道德和礼仪素养的提升来实现社会的有序和谐。这些内容有助于学生认识道德教育的重要性，促使其生发出提升自身道德素质的内动力。在中国古代，礼是人们修身的重要手段，孔子说"不学礼，无以立"，"克己复礼为仁"；《大学》提出了明明德、亲民、止于至善的"三纲领"和格物、致知、诚意、正心、修身、齐家、治国、平天下的"八条目"，这些内容皆有助于提升学生礼仪素养和道德情操。本课程通过礼的本质——义、理、敬、信的讲授，让学生树立起正确的世界观、人生观和价值观，学会理性处理问题、尊敬他人和诚实守信，把"立德树人"的教育目标落实在教学中。

（二）《中华之礼》通识教育课程旨在助推"卓越教师和一流专业人才"教育目标的实现，为社会培养更多优秀人才

两千多年前，孔子就曾告诫其弟子"不学礼，无以立"，"兴于诗，立于礼，成于乐"，可见，学礼、知礼、行礼是成人成才成君子的主要路径。我校是师范型综合大学，学校的人才培养目标是"卓越教师和一流专业人才"，为了让学生将来成为"学高为师，德高为范"的"经师"和"人师"，成为具有人文素养的"一流的专业人才"，其人文素质、礼仪素养和道德修养都应较其他类型高校的

学生有更高的要求。《中华之礼》课程将承续中国礼文化的教化功能，将中国传统礼仪与大学生的生活实际相结合，引领和指导学生从举止行为、仪表仪态和语言谈吐等方面践履基本礼仪规范，提升礼仪素养和人际沟通能力，塑造良好的个人形象，力争使更多的学生成为具有历史责任感和使命感、人文情怀和君子风度、文质彬彬且气质典雅的君子。

2

讲坛的思考：思政的学术理性

"中国梦"的哲学意蕴

蔡志栋①

内容摘要

　　中国共产党十八届三中全会明确提出"实现中华民族伟大复兴的中国梦"。因此，从哲学的高度对梦做出解读成为贯彻全会精神的重要步骤。从哲学的层面看，"中国梦"的实现，是建筑在中国人对外在世界的改变之上的，同时，中国人也在改变外在世界的过程中改变自身。因此，改变也就是实践是第一个重要的范畴。通过感性实践，世界和人都从本然的状态转变为应然的状态。这个转变的过程就是"中国梦"的实现的过程。为了实现这个转变，需要两方面的辅助：一方面，正确的认识世界和认识自己，这是认识论、方法论的辅助；另一方面，需要政治哲学的辅助。文章通过对中国自由主义思潮、文化保守主义思潮以及中国化马克思主义思潮的对比研究，对"中国梦"的实践、认识论、方法论、政治哲学、理想人格等环节做出论述，以期阐明它的哲学意蕴，并力图在更高的层面上为"我们现时代需要意志什么样的哲学"的问题做出畅想。

　　关键词：中国梦；实践；认识论；政治哲学

---

①　作者简介：蔡志栋，上海师范大学哲学系副教授。研究方向为中国近现代哲学史。本文系教育部人文社会科学研究一般项目"实践智慧视野下的冯契哲学研究"（批准号：19YJA720001）、国家社科基金重大攻关项目"当代中国哲学史（1949—2009）"（批准号：11&ZD085）的阶段性成果。

一、引　子

中国共产党十八届三中全会明确提出了建设"中国梦"。"面对新形势新任务，全面建成小康社会，进而建成富强民主文明和谐的社会主义现代化国家、实现中华民族伟大复兴的中国梦。"那么，何谓中国梦？如何实现中国梦？对于这些问题的回答离不开广大中国人民勇敢的探索、实践以及对实践经验的及时总结。从哲学的层面看，中国梦的实现，是建筑在中国人对外在世界的改变之上的，同时，中国人也在改变外在世界的过程中改变自身。因此，改变也就是实践是第一个重要的范畴。通过感性实践，而不是抽象的幻想，世界和人都从本然的状态转变为应然的状态。这个转变的过程就是"中国梦"的实现的过程。为了实现这个转变，需要两方面的辅助：一方面，正确的认识世界和认识自己，这是认识论、方法论的辅助；另一方面，需要政治哲学的辅助，即，需要良好的政治哲学来鼓舞人心、释放动力。由此，我们需要讨论实践、认识论与方法论、政治哲学、世界和人等多重论题。它们构成了实现"中国梦"的内在环节。

二、梦：理想与现实的统一

在对"中国梦"的阐释中，首先遇到的一个问题是，什么是梦？从理论的层面看，"中国梦"作为理想，来自对中国的现实以及中国人的盼望的正确认识和提炼，最终通过中国人的努力又化为现实。"中国梦"是现实与理想的统一。

这当中需要澄清三个问题：

第一，"中国梦"所指涉的梦绝非不切实际的幻想。生活经验告诉我们，每一个人都会做梦。虽然有所谓的"日有所思夜有所梦"的说法，在这个意义上，任何梦都是有一定的现实基础的，然而，很多梦本质上是幻想，是对现实刺激的歪曲。这点只要结合生活常识，都能理解。

第二，"中国梦"之梦又是对现实的正确反映和一定程度的超越。指出"中国梦"不是幻想并不意味着肯定它只有现实的维度。如果只看到这一点，那就会失去对未来的憧憬，失去对不合理的现实的改变向往。

第三，"中国梦"是现实与理想的统一。中国人民通过亲身实践，正确认识了自身的需求以及外在世界的特征，在此基础之上，将合目的性与和合规律性统一起来，经过艰苦的实践，将这种统一在更高的层面上化为现实。"中国梦"由此而得以实现。由于这种梦是对人与世界两种现实的正确认识，所以其实现的可能性更高，而不会流于不切实际的幻想。

从历史的层面看，中国现代面临的一个核心问题是"中国向何处去？"[1]这个问题既是对国家命运的追问，又包含着对中国人自身的形象、内在素质的探索。换而言之，它指向着世界和人的应然状态。事实上，从戊戌变法时期中国步入现代化建设的探索阶段后，先进的中国人对此提出了不同的答案，一定程度上都可以看作是"中国梦"在近现代史上的不同表现形态。举其大者，计有康梁的"大同梦"与"新民梦"、孙中山的"三民主义"梦、自由主义者的"好政府主义"梦、文化保守主义（现代新儒家为代表）的"新乡村建设"梦，等等。历史表明，这些梦虽然有其不可否认的价值，在今日依然值得我们不断地进行回顾和反思，甚至从中汲取经验和教训，但总体上它们都归于失败。唯有中国共产党人主导的新民主主义革命的道路和社会主义建设之梦得以成功，并在不断的展开之中。习近平总书记提出的"中国梦"是对中国近现代史上诸多梦想的批判和反思，同时又是对中国化马克思主义，尤其是中国共产党人的追求的继承和发展，并反映了一百多年来中国人民在现代化建设过程中所领悟到愿望，指示着实践的方向。

---

[1]　冯契：《中国近代哲学的革命进程》，上海人民出版社，1989年，序言，第3页。冯契认为这个问题是中国近代的时代中心问题，我却以为，广义的看，这是中国现代化的核心问题，具有一般性。

三、实践:"中国梦"的实现根据

"中国梦"的实现是建筑在实干苦干的基础之上的。对中国近现代思想史的考察表明,自由主义思潮、文化保守主义思潮都没有充分认识到感性实践、劳动的重要意义,满足于将之理解为抽象的思辨,甚至对劳动持否定的态度。

在自由主义代表胡适那里,虽然他指出"实在"(世界)如同最老实的小姑娘,想怎么打扮就怎么打扮,[①]似乎将人的主体性高扬到了无以复加的地步,但是,他所说的似乎具有实践意味的"打扮"更多的是主观性的对世界的改变,具有极强的主观唯心主义的特征。我们也不能否认从严复开始,中国的自由主义是以实证主义作为基本的本体论根据。但是,实证主义会将实在现象化、感觉化,最终将实践沦为感觉的一闪念。[②]

在以现代新儒家为代表的文化保守主义那里,实践的地位也岌岌可危。熊十力-牟宗三一脉虽然也是高扬主体能动性,但这是以将世界主观化为代价的,从根本上消除了实践的感性色彩。"新理学"的代表人物冯友兰以及"新心学"的代表人物贺麟所说的实践主要是道德实践。他们当然也认识到了中国的现代处境对于道德建设的新要求,但就其对实践的理解而言,基本上没有超越传统儒家。新中国成立前的贺麟甚至在《当代中国哲学》中认为蒋介石的"力行哲学"代表了中国现代哲学的高峰。[③]如果暂时撇开意识形态上的争论,从实践观的角度看,"力行哲学"的"行"继承的是陆王心学的实践观,本质上还是道德实践,而非广义的感性实践。

以上述实践观为基础的中国梦往往会流于幻想,或者只是对修身的某种刻画:由于忽略了更广大的外在世界的存在,这种刻画甚至比起传统的论述来还要倒退。在《大学》里,原始儒家至少还是承认修身和格物致知、正心诚意、

---

① 胡适:《实验主义》,《胡适全集》(第一卷),安徽教育出版社,2003年,第298页。

② 这点结合下面所说的自由主义、实证主义的认识论可以更加明白。

③ 参贺麟:《当代中国哲学》,胜利出版社,1945年。

齐家治国平天下具有复杂的互动关系，①因此在广义上也绝非单纯的道德实践，而是与面向家国天下这些范围更大的实践联系在一起的。

与之形成鲜明对比的是，马克思主义从其诞生之初，就提出了"问题在于改变世界"②的命题，对感性实践高度重视。在中国的土地上，从毛泽东的《实践论》到邓小平的"实践是检验真理的唯一标准"，直至当下对于奋斗创造幸福的论述，都充分肯定实践的核心地位。

更加重要的是，中国化的马克思主义揭示了感性实践、劳动具有内在关系性，即，它使得主体在改变世界的过程中改变自己，③毛泽东、艾思奇、张岱年等人都对此加以强调。毛泽东指出，人们在实践的过程中，既"改造客观世界，也改造自己的主观世界——改造自己的认识能力，改造主观世界同客观世界的关系"。④艾思奇也说："辩证唯物论的'有对象性的活动'则在于改变周围，同时改变自己的本性。"⑤提出"解析的唯物论"的张岱年在其名作《天人五论》里也说："人类生存于广大自然之中，而能认识自然，不惟能认识自然，而且能知当然之准则，能依当然之准则改变自然，并改变自己之生活以达到人生之理想境界。"⑥这是"中国梦"实现的根据。

实践的这个特征又是和"中国梦"的现实性和理想性的统一相一致。由于"中国梦"是理想和现实的统一，因此它不是单纯的主观的改变。如果只是主观的改变，那就很容易沦为"阿Q精神"，其实质是通过改变自我来形成改变世界的假象，实际上世界仍然强硬，自我一再被歪曲。通过实践，一方面，人们正确的认识这个世界和自我，形成理想；另一方面，又将理想真正的化为现实；不仅如此，而且由于实践的内在关系性，"中国梦"中所包含的中国人的理想人格的培养问题也获得解决：那就是不必离开这个世界来抽象的、虚幻的勾画理

① 蔡志栋：《"圣人"的退场——先秦诸子与中国现代自由人格论》，上海三联书店，2016年，第98页。
② 《关于费尔巴哈的提纲》，《马克思恩格斯文集》（第一卷），人民出版社，2009年，第502页。
③ 参冯契：《人的自由和真善美》，华东师范大学出版社，1996年，第195、198页。
④ 《实践论》，《毛泽东选集》（第一卷），人民出版社，1991年，第296页。
⑤ 艾思奇：《从新哲学所见的人生观》，《艾思奇全书》（第一卷），人民出版社，2006年，第233页。
⑥ 张岱年：《天人五论》，《张岱年全集》（第三卷），河北人民出版社，1996年，第216页。

想的中国人的形态；理想的中国人就产生于中国人自身对世界的改变的过程中。

四、正确的认识与方法："中国梦"的实现保障之一

"中国梦"的实现保障之一是正确的认识当今世界、现实中国以及自己，在此基础之上，正确的认识转化为正确的方法，指导"中国梦"的实现。在这个问题上，马克思主义哲学家冯契先生说得极为清楚。他指出，所谓方法就是以得自现实之道还治现实之身，而"当我们即以客观规律之道，还治客观现实之身的时候，唯物辩证法就成了最一般的方法论"。[1]

事实上，对于认识论和方法论，自由主义思潮和文化保守主义思潮都有所认识和论述。但是，他们都没有找到正确的实现"中国梦"的方法。自由主义思潮主张实证的科学方法论。严复展现了中国实证主义认识论和方法论的开端。他提出了"意验相符"的认识论，又提出了包括"察验-归纳-演绎-印证"等在内的方法论环节。其后的自由主义代表人物胡适坚持实用主义为主的真理观和实在论，又提出了"拿证据来""历史的态度""科学的实验室方法"的方法论，并且继承杜威的方法论，提出了"五步法"。他们的问题在于，在认识论上，他们的实证主义立场先是将实在现象化、最终感觉化了。[2]缺乏实在作为基础的梦只能沦为精致的阿Q之梦。在方法论上，他们始终难以阐明真理如何可能的问题。

这些特征在其后的自由主义的知识论阐释者金岳霖[3]那里表现得更加明显。他一直面临着如何看待实在的问题。他写作了《知识论》和《道论》，两者之间

---

① 冯契：《逻辑思维的辩证法》，华东师范大学出版社，1996年，第407页。另参蔡志栋：《现代和谐的哲学基础》，载《中国的使命》，上海人民出版社，2007年。

② 参杨国荣：《从严复到金岳霖》，高等教育出版社，1996年，第10页。

③ 为什么把金岳霖称作自由主义的知识论阐释者？这个问题需要单独的论述，简而言之，新中国成立前的金岳霖本质上是一个自由主义知识分子，他的博士论文研究的是 T. H. Green 的政治哲学。其后他的重点在于论述知识论（以及本体论、形而上学），但在广义上可以看作是为自由主义奠定知识论的基础。

存在着严重的分裂，^①这些分裂可以看作是自由主义知识论本身的限度。而且，金岳霖自己也承认，他始终没有解决一个问题：归纳何以可能？新中国成立后的金岳霖发生了思想的转折。如何看待这个转折？我们认为，这是金岳霖先生看到了实证主义知识论和方法论不足之后做出的自觉转向，而不是迫于外在压力而作的违心选择。但是，金岳霖自身没有在理论上将这种转向阐释出来。其弟子冯契，是一位马克思主义哲学家。他从马克思主义的立场出发，继承并超越了其师金岳霖。在认识论上，他成功地解决了归纳法的可能性问题和有效性问题。^②在方法论上，他提出了"化理论为方法"的观点，成功地衔接了知识论和方法论。我们认为，从金岳霖到冯契的思想转折具有深刻的思想史意义，它表明马克思主义如何在认识论上和方法论上超过了自由主义的哲学基础实证主义。

与实证主义相对，文化保守主义较多的主张内省的认识方法。梁漱溟将直觉提高到了无以复加的地位，无论是感觉还是理智，都附有直觉的成分；即便是其晚年，依旧认为理性就是直觉。熊十力、贺麟都将十分重视直觉。贺麟甚至将直觉做出了细致的区分。牟宗三提出"直觉之即创生之"。^③此时，直觉不仅仅是认识的能力、方法论的环节，而且，它具有了存在论的意味：它像上帝一样具有了创造世界的能力。但是，这种抬高的同时恰恰又是其地位受到威胁的开始。被直觉创造出来的世界、实在也就成了主观唯心主义的产物。这样的直觉与其说地位高尚，不如说在消弭世界的实在性的同时也将自己唯心化了。这就表明，直觉不能成为本体，而且，在认识能力和方法论环节中，它不能单独发挥作用。实证主义忽视直觉是一个严重的错误，但文化保守主义高扬直觉则是另一个错误，同样不能解决获得有效的真理为成功改变世界提供辅助的问题。

---

① 丁祯彦：《在几个问题上冯契对金岳霖的引申和发挥》，《华东师范大学学报（哲学社会科学版）》，1995年第6期。
② 当然对于他的解决方法，人们可以进行讨论。
③ 牟宗三：《智的直觉与中国哲学》，中国社会科学出版社，2008年，第30页。

20世纪末21世纪初，不仅有所谓1998年自由主义"浮出水面"①的说法，而且也有2004年是文化保守主义年的提法。②但从知识论和方法论的角度看，两种思潮恰恰失语了。他们满足于对政治哲学的新设计，对文化图景的新勾画。退而言之，他们在这两个方面也没有提供超越了其前辈的思想。中国并无一本"中国自由主义认识论"或者"文化保守主义认识论"方面的著述。这即意味着，他们所设想的"中国梦"的实现是缺乏认识论、方法论辅助的。

与之形成鲜明对比的是，中国化的马克思主义找到了辩证法这个正确的认识论和方法论指导，指导了中国新民主主义革命的成功，指导了社会主义建设的稳步推进，也将指导"中国梦"的实现。

关于辩证法，争论也很多。从思想史的角度看，其长处是立足于唯物主义，对实证主义和文化保守主义的认识论和方法论做出了综合提高、扬弃发展。它把直觉看作是立足于实践的直觉，而不是神秘的力量；它把实证主义的内在环节看作是相互联系的，从而避免了其抽象性。并且始终以实践作为评判真理的标准。毛泽东思想、邓小平理论、"三个代表"重要思想、科学发展观、党的群众路线教育实践活动，都是辩证法这个马克思主义认识论、方法论的提出者和深入阐述者。中国新民主主义革命之梦在它的指导之下获得了成功，中国社会主义建设之梦也将在其指导之下得以实现。

五、正确的政治哲学："中国梦"的实现保障之二

"中国梦"的实现保障之二是正确的政治哲学的辅助。

在此，首先要解决的一个重要问题是，政治哲学为什么对于"中国梦"的实现很重要？因为合理的政治哲学构成了"中国梦"的内涵之一，同时，这也是认识论、方法论辅助的逻辑结论。正如毛泽东所说，马克思主义认识论的实

---

① 朱学勤：《1998：自由主义的言说》，载《南方周末》，1998年12月25日。
② 张世保编：《大陆新儒学评论》，线装书局，2007年，第343页。

质就是"从群众中来，到群众中去"，[①] 如何提供合适的群体性原则就成了建立科学的认识论的一个题中之义。而对此问题的讨论又将超越纯粹的认识论领域。

当然，自由主义显然以对政治哲学的言说为长。在中国的语境中，从严复开始，历经胡适、殷海光、陈鼓应以及晚近大陆的自由主义思潮，他们对政治哲学的原则、理念、范畴做出了一定的阐释。但是，其根本问题有二：1. 他们一方面不能够提供某种整全性的自由主义，也就是说，将外在的政治自由和内在的理想人格有机地统一起来。这点在严复那里已经有所萌芽。作为第一代自由主义者，严复在政治哲学上高度赞赏自由主义，但是，在对人格的规定上，他依然主张回归传统的温良恭俭让、忠孝仁义等等。似乎是作为某种呼应，第四代自由主义者陈鼓应却似乎颠倒过来。他一再强调精神自由对于政治哲学的重要性，并且借助诠释庄子来加以表达，但是，他在政治哲学的内涵上，却几乎没有提出什么实质性的东西来。[②] 晚近的中国大陆自由主义思潮，已经看到了自由主义的内在分裂的危险，但始终缺乏有效的努力加以统一。2. 另一方面，自由主义"先天不足，后天失调"，从政治哲学的角度看，正如众多学者指出的，最要命的是它缺乏行动力。不仅和马克思主义相比，而且和文化保守主义相比，自由主义主要是书斋里讨论的对象。他们时常形成"咖啡杯里的风暴"。他们不断地变换讨论的场地，从咖啡馆到茶馆，一再地讨论公共空间的兴起，然而始终不能使国人明白所谓的法治是以法治国，而不是国家以法治人。可见其动员力之薄弱。当然，自由主义创造出了一套自由、平等、民主、正义、公平等等的话语，吸引了大众目光。但是，这套话语并非自由主义思潮的专享，中国化的马克思主义也有自己对这些范畴的理解，社会主义核心价值观就是强有力的证明。

文化保守主义主张回归传统，重建道统。就其和传统文化的衔接来看，其

---

① 毛泽东：《关于领导方法的若干问题》，《毛泽东选集》（第三卷），人民出版社，1991年，第899页。
② 蔡志栋：《"圣人"的退场——先秦诸子与中国现代自由人格论》，上海三联书店，2016年，第107—163页。

思其行是有价值的。而且，一定程度上他们具备了远远超越自由主义的行动力。"国学"俨然成了新时代的热词。甚至在21世纪初，有的学者主张将之列为一级学科。在大街上，种种名目的国学馆也赫然在眼。这些从高雅到低俗之间的各个层面都宣示了文化保守主义的存在及其发达的行动力。

但是，恐怕其根本不足在于理论解读上。目前的很多研究几乎忽视了儒学与专制之间的内在联系，并不能提供新的政治哲学，从而不能保障中国梦的实现。从谭嗣同开始，历经陈独秀，人们便一直询问一个问题：为什么大盗（专制）和乡愿（荀学）结合在一起？为什么专制帝王愿意找儒学做其招牌？很多学者试图解答这个问题，但并没有将儒学和专制联姻的基因清除掉。文化保守主义在这方面的一个突出特征在于肯定传统政治思想中的"仁政"、民本主义等，试图将之与现代民主政治相等同。但是，仁政、民本主义的根本问题在于，它们忽视了民众的政治主体性，将良好政治的希望寄托于心怀善意的统治者肩上。无疑，一旦统治者心情变坏，这种希望就会落空。[1]除此之外，现有的研究表明，即便是为人所称道的平等，[2]在传统文化中也指向着被平等的对待，而不是彼此之间在权利上平等。[3]文化保守主义对现代政治哲学的诠释还有很长一段路要走。

中国化的马克思主义却不然。从根本上说，其所构想的"大同团结与个性解放相统一"的政治文明，释放了中国人民的积极性，促成"中国梦"的实现。

早在五四运动马克思主义刚刚登上中国的历史舞台初期，中国化的马克思主义早期代表李大钊就提出了"大同团结与个性解放相统一"[4]的勾画。其后的毛泽东提出了类似的观点：一方面是个人心情舒畅、生动活泼，一方面是秩序井然、有统一意志。[5]从某种角度看，这种新型的大同理想既克服了自由主义高

---

① 蔡志栋：《仁政之病：马克思主义与自由主义的反思》，《学术界》2015年第12期。
② 比如陈独秀就高度称赞传统社会中的平等。不过依据现今的研究，传统的平等只是一个美丽的误会。
③ 高瑞泉：《平等观念史论略》，上海人民出版社，2012年。
④ 李大钊：《联治主义与世界组织》，《李大钊全集》（第二卷），人民出版社，2006年，第283页。
⑤ 毛泽东：《一九五七年夏季形势》，转引自冯契：《中国近代哲学的革命进程》，上海人民出版社，1989年，第555页

扬个人主义的不足，又克服了文化保守主义强调群体主义的弊病。①

这个论断，又是对中国现代以来古今中西之争的总结。自由主义食洋不化，在中国水土不服；文化保守主义立足于传统文化，但对传统文化中的精髓和糟粕难以做出合理的区分，进行有效的扬弃。而中国化的马克思主义从毛泽东开始，就提出从孔夫子到孙中山，我们都要继承的观点。②近期，中共中央总书记习近平强调，培育和弘扬社会主义核心价值观必须立足中华优秀传统文化。③

不容否认，中国化马克思主义在政治哲学的理论探索上出现过一些误区，也提出过泯灭个人合理需求的要求，比如"狠批私字一闪念"。在对中国传统哲学的政治思想的积极解读上有时还略有欠缺，比如在对庄子的研究中，只是看到庄子在阶级立场上的虚幻性和欺骗性，没有提出更加积极的建议。形成强烈对比的是，自由主义从严复开始，从来高度肯定庄子在政治哲学上的贡献。然而，中国化马克思主义在实践上确立了人民当家做主的政体，并且不断地加以改进完善。这就为中国梦的实现提供了有效的政治哲学的辅助。

六、"新世界"与"新人"："中国梦"的实现境界

中国梦就其实现状态而言，主要是新世界和新人的培育。关于新世界，引子和政治哲学两部分已经有所涉及，这里着重讨论"新人"。

关于"新人"的论述本身绝非"新语"。自由主义思潮主张培养"健全的个人主义"。胡适认为，一个人要对社会做出贡献，首先需要把自己这块材料铸造成器。唯有建设好小我，社会、国家之大我才能完善、发达。这个观点成为中国自由主义的主流。他们看到了个人是组成社会、国家的分子，但是没有看到个人的发展本身需要一个良好的环境。在众人昏昏的情况下，个人如何独醒是

---

① 当然，自由主义和文化保守主义的这两个特色是相对而言的。事实上，在具体的思想家那里，我们可以发现一些相反的个案、因素。

② 《中国共产党在民族战争中的地位》，《毛泽东选集》（第二卷），人民出版社，1991年，第534页。

③ 《把培育和弘扬社会主义核心价值观作为凝魂聚气强基固本的基础工程》，《人民日报》，2014年2月26日。

一个严峻的问题，这种状态是否可能也值得质疑。自由主义不仅在群己之辩上偏于个人，而且也因此忽视了如何培养个人的重要问题。

就"健全的个人主义"的其他方面来看，在理欲之辩上，胡适也肯定了人性之中欲望等非理性方面的重要价值，同时他绝不否认理性的崇高地位。只是中国的自由主义在发展的过程中，似乎每况愈下，对于人的非理性的方面越发肯定，比如历史发展到陈鼓应，他百般赞扬庄子的"心游"，走向了某种神秘主义。近二十年来，大陆自由主义的崛起是一个不容争辩的事实。不过，受到西方政治自由主义的深刻影响，他们对"新人"内涵的建构毫无兴趣，把他当作纯粹是私人事件，别人无权过问。这在消极的方面无疑为"新人"之乱象丛生提供了合法性。中国自由主义再一次失语。

文化保守主义却积极地主张培养新的圣贤。他们毫不忌讳的继续使用圣贤之类的字样，表达自己在"新人"建设问题上的规划。康有为便自称康圣人。章太炎主张回归中传统的典籍来培养现时代的人格。梁漱溟、熊十力这些文化保守主义的重镇常常自诩为新时代的圣贤，面对大难无所畏惧，一方面固然显示了坚定的自信心，另一方面又似乎透露出某种狂妄。当代新儒学的代表人物牟宗三也自视为圣人，毫无瑕疵。在当代中国民间，于丹甚至主张我们能继续回到圣人的怀抱。不少当代新儒家的拥趸峨冠博带，似乎认为这才是现代的人格之表现。

中国化马克思主义历来重视"新人"的培养。上文已经提及，李大钊等人早就提出要尊重个性解放，只是这种解放的个性必须与大同团结结合起来，一定程度上显示了群己的统一。官方化的马克思主义从延安时期起，就注重理想人格的挖掘和塑造，白求恩、张思德、甚至具有比喻意义的"愚公"，以及在革命过程中涌现出来的各种英雄人物，新中国成立后的社会主义建设过程中出现的先进模范，典型如雷锋，"四有"新人的主张，都成了中国化马克思主义"新人"的代言人或者某种刻画。总体上看，中国化马克思主义"新人"的特点是，达到理欲之辨、义利之辨、群己之辨的统一，德智体美劳、知情意全面发展。21世纪以来，《公民道德实施纲要》的提出、社会主义核心价值观的确立，又为"新人"注入了新的内涵。

新中国成立前中国共产党的执政思想研究

石文龙[①]

内容摘要

　　新中国成立前，中国共产党人的执政思想值得研究，马克思、恩格斯与列宁的执政观是中国共产党执政思想形成的理论基础。这一时期的执政思想对于当前执政方式的构建具有重要借鉴意义。其主要内容可以概括为：执政要避免"直接向政府下命令"的方式，党员和党团是党执政不可或缺的中间环节，强调人民在执政监督中的作用等。挖掘、提炼新中国成立前夕中国共产党人的执政思想对于完善党的领导，促进依法执政的深入进行具有重要意义。在此基础上，我们提出宏观执政是执政的总体思路，间接执政是执政的重要方式之一。上述执政思想也是提升执政能力的重要方法与途径。

　　关键词：新中国成立前；共产党执政思想；形成与内容；当代价值

　　依法执政是党的十六大提出的重要思想，是对党的执政理念的重大创新。依法执政理念对当前我党的执政理念、执政方式、执政能力提出了新的要求。如何转变我们的执政理念、执政方式、执政能力，离不开对马克思主义执政思

---

① 石文龙，上海师范大学哲学与法政学院教授，法学博士，英国牛津大学访问学者。研究方向为宪法学、法理学和当代中国法治建设研究。

想，特别是毛泽东等老一辈革命家执政思想的挖掘、整理与研究，并融会贯通在现实的运用之中。因为上述思想既是中国特色社会主义理论体系的宝贵财富，也是依法执政重要的理论渊源之一。

一、马克思、恩格斯与列宁的执政观是中国共产党执政思想形成的理论基础

在马克思、恩格斯所处的时代，共产党尚没有成为执掌政权的执政党，其任务是夺取政权。正如《共产党宣言》所指出的那样："共产党人的最近目的是和其他一切无产阶级政党的最近目的一样的：使无产阶级形成为阶级，推翻资产阶级的统治，由无产阶级夺取政权"[1]。所谓"工人革命的第一步就是使无产阶级上升为统治阶级，争得民主。"[2] "由于当时无产阶级政党尚无执政先例，缺乏执政实践经验，马克思、恩格斯对无产阶级掌握国家政权后的治国方略和在国家政权中的具体运作等没有作出具体的预测，只从历史发展趋势上，从大的原则上指出共产党执政后的主要任务"[3]。因此，正如邓小平指出的，关于党的执政学说，"在这一方面，马克思、恩格斯讲得不多"[4]。马克思、恩格斯根据他们揭示的人类社会发展规律、资产阶级政党执政的一般规则以及巴黎公社无产阶级执政的宝贵经验，科学提出的关于共产党执政的一般原则，这些原则归纳起来主要有：无产阶级政党的执政本质是领导和支持人民掌握和管理国家政权，不断实现人的全面发展和社会进步；无产阶级政党的基本任务是组织和支持人民当家作主；无产阶级政党执政的政治形式只能选择民主共和制；无产阶级政党是国家政权的核心[5]。这些关于共产党执政的一般理论和基本原则，在今天仍然

---

① 《马克思恩格斯选集》第1卷，人民出版社，1972年，第264页。

② 《马克思恩格斯选集》第1卷，人民出版社，1972年，第293页。

③ 王颖：《马克思主义执政理论与党的执政能力建设》，《当代世界与社会主义》，2004年第6期，第43页。

④ 《邓小平文选》第2卷，人民出版社，1994年，第44页。

⑤ 宋玉忠：《马克思恩格斯列宁关于共产党执政的理论探析》，广东海洋大学网学习资源：http://www.gdou.edu.cn，最后登录时间：2012年10月10日。

具有特别重要的指导意义。

列宁在领导俄国布尔什维克党取得了十月社会主义革命的胜利。这一伟大胜利开辟了人类历史发展的新纪元，使共产党成为世界上第一个社会主义国家的执政党，从而使得共产党执政由理论成为现实。在国际环境极其严峻而又没有前人经验可以借鉴的情况下，对共产党执政理论作了许多积极探索，提出了一系列执政条件下执政党如何执掌政权的重要思想，这些思想包括：

（一）明确革命党与执政党领导方式的区别

列宁不止一次指出，布尔什维克党由领导革命暴动的党变成了执政党，全党都应当学习如何管理俄国，努力成为经济建设方面的专家。和平时期应该放弃"战斗命令制"的管理[①]。

（二）坚持党对苏维埃国家政权的领导

列宁认为党对国家生活的领导是一个不可动摇的原则，指出："党是直接执政的无产阶级先锋队，是领导者"[②]。所谓"先锋队只有当它不脱离自己领导的群众并真正引领全体群众前进时，才能完成其先锋队的任务"[③]。"作为执政者，我们不能不把苏维埃的'上层'和党的'上层'融为一体，现在是这样，将来也是这样"[④]。

（三）在领导方式上反对"党管一切"的绝对领导，而是实行"总领导"

列宁认为："党的任务……是对所有国家机关的工作进行总领导，不是像目

---

① 转引自王颖：《马克思主义执政理论与党的执政能力建设》，《当代世界与社会主义》，2004年第6期，第43页。

② 《列宁选集》第4卷，人民出版社，1995年，第423页。

③ 《列宁选集》第4卷，人民出版社，1995年，第423页。

④ 《列宁全集》第41卷，人民出版社，1987年，第11页。

前那样进行过分频繁的、不正常的、往往是琐碎的干预"①。列宁曾几次提出了党对国家政权的全部政治经济工作进行"总的领导"的思想，其中在《列宁全集》中就有两处提到，另一处在《论无产阶级文化》提到。列宁执政党"总的领导"思想的基本内涵是：第一，制定战略和策略；第二，开展思想政治工作；第三，挑选干部；第四，发挥共产党员的带头作用；第五，实行监督②。

（四）在执政手段上的"法治观"

列宁认为，执政党必须在国家法律允许的范围内贯彻自己的决定。党的各级组织和所有党员，都不允许有凌驾于宪法之上的特殊地位和特殊权力，都不允许以言代法，更不允许破坏宪法，"党应当通过苏维埃机关在苏维埃宪法的范围内来贯彻自己的决定"③。

（五）执政基础的人民观

执政党要始终保持同群众的密切联系，代表群众的根本利益。社会主义不只是党或少数人的事业，他的一句名言就是：对于领导一个大国的工人阶级先锋队来说，"最严重最可怕的危险之一，就是脱离群众"④。"对我们来说，重要的就是普遍吸收所有的劳动者来管理国家。这是一项艰巨的任务"⑤。因此，党要"更深入群众""更密切地联系群众"⑥。

（六）确立了执政党组织建设新原则：民主集中制

列宁指出"为了处理工农国家的事务，必须实行集体管理制"，并且在"任

---

① 《列宁全集》第43卷，人民出版社，1987年，第64页。

② 魏泽焕：《列宁关于党"总的领导"的思想》，《党建研究》1992年第6期，第47—48页。

③ 《苏联共产党决议汇编》第1分册，人民出版社，1957年，第571页。

④ 《列宁选集》第4卷，人民出版社，1995年，第626页。

⑤ 《列宁全集》第34卷，人民出版社，1987年，第49页。

⑥ 《列宁选集》第4卷，人民出版社，1995年，第243页。与注释10同转引自宋玉忠：《马克思恩格斯列宁关于共产党执政的理论探析》，广东海洋大学网学习资源：http://www.gdou.edu.cn，最后登录时间：2012年10月10日。

何时候，在任何条件下，实行集体管理都必须极严格地——并规定每个人对明确划定的工作所负的个人责任"[1]。

上述思想在指导苏联共产党执政的同时，对其他社会主义国家共产党的执政也产生了深远的重大影响。尽管就作为执政党的执政，列宁作了可贵的理论探索与实践，"但由于各种环境的制约，没有形成系统、成熟的执政理论"[2]。以至于后来从斯大林到契尔年科，苏共虽然坚持了党在国家的政治生活和社会生活中的领导地位，但党内高度集中的领导体制，使党的领导的代表性和合法性受到损害。

二、前共产党人执政思想的基本内容与简要评价

必须肯定的是，无论是马克思、恩格斯、列宁还是毛泽东、邓小平等老一辈革命家的执政观都没有对未来如何执政，执政方式的具体内容等给出详尽的、现成的答案，对于如何依法执政也并没有做出全面的、明确的阐述。毛泽东等老一辈革命家的执政思想是我们构建至今新时期执政方式的重要依据之一，尽管有些思想在当时的实践中也未最终落实，但是对这些思想的挖掘与整理，并将其系统化对今天依然具有极为重大意义。

（一）执政要避免"直接向政府下命令"的方式

早在民主革命时期的《井冈山斗争》中，毛泽东就已经指出："党在群众中有极大的威权，政府的威权却差得多。这是由于许多事情为图省便，党在那里直接做了，把政权机关搁置一边。这种情形是很多的。政权机关里的党团组织有些地方没有，有些地方有了也用得不完满。以后党要执行领导政府的任务；党的主张办法，除宣传外，执行的时候必须通过政府的组织。国民党直接向政

---

① 《列宁全集》第37卷，人民出版社，1987年，第41页。
② 王颖：《马克思主义执政理论与党的执政能力建设》，《当代世界与社会主义》，2004年第6期，第43页。

府下命令的错误办法，是要避免的"①。这是我们党在进行土地革命，建立根据地，局部掌握政权背景之下的可贵探索，这一探索对当今的依法执政具有重要借鉴价值。1940年，董必武同志在陕甘宁边区中共县委书记联席会上强调指出："党对政府的领导，在形式上不是直接的管辖。党和政府是两种不同的组织系统，党不能对政府下命令"②。在这篇讲话中，董必武同志还指出："党包办政府工作是极端不利的。政府有名无实，法令就不会有效。政府一定要真正有权。过去有些同志以为党领导政府就是在形式上直接指挥政府，这观点是完全错误的"③。就此，1980年8月18日，在中共中央政治局扩大会议上，邓小平在会上作了《党和国家领导制度的改革》的讲话。在国务院领导成员的变动问题上，关于国务院负责人人选的调整，中央做这样的考虑，一是权力不宜过分集中；二是兼职、副职不宜过多；三是着手解决党政不分、以党代政的问题；四是从长远着想，解决好交接班的问题。在讲话中，邓小平同志也指出："真正建立从国务院到地方各级政府从上到下的强有力的工作系统。今后凡属政府职权范围的工作，都由国务院和地方各级政府讨论、决定和发布文件，不再由党中央和地方党委发指示、做决定。政府工作当然是在党的政治领导下进行的，政府工作加强了，党的领导也加强了。④"当然，为适应战争的需要，特别是党的一元化领导体制的形成，毛泽东等人所反对的避免"直接向政府下命令的错误做法"得到了强化，并形成了政治惯性延续到了新中国成立之后。

（二）党员和党团是党执政不可或缺的中间环节

执政党也不能直接行使政权，而是通过一个中间环节，即通过把党和政权机关这两个组织系统联系起来的党员和党团的活动。毛泽东认为，党的主张应该通过政权机关里的"党团"组织转化为政府行为，由政权机关把党的主张

---

① 《毛泽东选集》（第一卷），人民出版社，1966年，第72页。
② 《董必武选集》，人民出版社，1985年，第54页。
③ 《董必武选集》，人民出版社，1985年，第55页。
④ 《邓小平文选》（第2卷），人民出版社，1983年，第339—340页。

具体化并落到实处。这是党实现自己主张的一个主要方式。此外就是通过向非党组织和广大人民群众进行宣传教育，通过党组织和党员自身的带动、示范、影响作用使政权机关和人民群众自觉接受党的主张[1]。在体现抗日民族统一战线性质的"三三制"[2]政权中，仅靠三分之一的党员，怎样能实现党的领导保证党的领导地位呢？毛泽东的答案是："必须保证共产党员在政权中占领导地位，因此，必须使占三分之一的共产党员在质量上具有优越的条件。只要有了这个条件，就可以保证党的领导权，不必有更多的人数。所谓领导权，不是要一天到晚当作口号去高喊，也不是盛气凌人地要人家服从我们，而是以党的正确政策和自己的模范工作，说服和教育党外人士，使他们愿意接受我们的建议"[3]。因此，党员和党团这一中间环节在实现党对政权领导中具有极为重要的作用。

（三）强调执政监督中人民的作用

1945年7月黄炎培等著名民主人士访问延安，在与毛泽东同志的谈话中提出的著名"周期律"，所谓"其兴也勃焉，其亡也忽焉"。黄炎培希望中共能跳出周期律的支配，找出一条新路。根据黄炎培后来所写《延安归来》的记录，当时毛泽东回答："我们已经找到新路，我们能跳出这周期律。这条新路，就是民主。只有让人民来监督政府，政府才不敢松懈。只有人人起来负责，才不会人亡政息。"这一思想充分体现了毛泽东十分重视人民在共产党执政监督中的作用。这也是他"人民，只有人民，才是创造历史的主人"思想的必然反映。人民政权建立之后，人民是政权的主人，是整个社会的基础力量，因而也是监督、抵制、反对共产党执政腐败最坚决、最坚定的力量。只有发动了人民群众，造成声势，"这样的内外夹攻，才能把我们的毛病治好，才能把国事真正办好起

---

[1] 张忆军主编：《法治进程与党的领导》，中国社会出版社，2003年，第129页。

[2] 政府的构成人员，在人员分配上，共产党员占三分之一，非党的左派进步分子占三分之一，不左不右的中间派占三分之一。

[3]《毛泽东选集》第2卷，人民出版社，1991年，第742页。

来"。人民监督的实质就是要用人民的权力来监督、制约共产党执政的权力及其运行，特别是要监督制约权力的滥用和腐败[①]。1957年4月8日，邓小平也写了《共产党要接受监督》一文。

但是，在实践中，毛泽东对人民作用的过分发挥，以至于形成通过群众运动的方式进行"大规模"的监督。共产党执政之后，毛泽东在全国范围内将这一思想付诸实践，发动了一次又一次的整风运动，目的是就借助人民的监督力量，来保证党永不变色[②]。在"三反"斗争中，毛泽东明确提出："应把反贪污、反浪费、反官僚主义的斗争看作如同镇压反革命的斗争一样的重要，一样的发动广大群众包括民主党派及社会各界人士去进行，一样的大张旗鼓去进行，一样的首长负责，亲自动手，号召坦白和检举，轻者批评教育，重者撤职、惩办、判处徒刑（劳动改造），直至枪毙一批最严重的贪污犯，才能解决问题。"[③]尽管如此，在执政监督中，强调人民的作用依然是正确的思想。

上述思想，无疑是依法治国时代构建当代中国执政方式的历史经验与宝贵财富，也是重要的理论渊源。当然，毛泽东等老一辈革命家的执政思想还有很多，我们无意于面面俱到地论述他们所有的执政思想，而是将其中的对当下依法执政时代执政方式的构建具有实质性意义的思想予以总结、提炼。以把握住问题的核心与重点，同时也是信息时代对忙碌的读者的尊重。

三、新中国成立前共产党人的执政思想的当代价值

上述对马克思主义与当代中国马克思主义执政思想的梳理与挖掘，对当代中国执政方式的构建具有重大指导意义，这是我们构建当代中国执政方式的指导思想与理论基础。而如何整理并运用这些思想，使得这些思想能够成为现实

---

① 谭献民、肖光荣：《毛泽东对共产党执政规律的探索》，《湖南师范大学社会科学学报》2003年第6期，第20页。

② 谭献民、肖光荣：《毛泽东对共产党执政规律的探索》，《湖南师范大学社会科学学报》2003年第6期，第20页。

③ 《毛泽东选集》（第5卷），人民出版社，1977年，第54页。

的"生产力"。作为马克思主义列宁主义以及当代马克思主义的执政思想很多，而且还有很多零星的不系统的"思想火花"，这些虽然在性质上是我们宝贵的指导思想与理论基础，但就现实运用而言仍然只是一种素材。我们要从中发现适应当今时代的、整体性的执政思路，以指导中国的执政实践。

（一）宏观执政是执政的总体思路

正如上述文章所说，列宁认为党对国家领导的方式是"对所有国家机关的工作进行总的领导"。所谓"总的领导"应是"政策性的领导"，"不是像目前那样进行过分频繁的、不正常的、往往是琐碎的干预"。俄共（布）十一大决议指出：在"把党的日常工作和苏维埃机关的工作、党的机构和苏维埃的机构划分开来"的同时，党"保持对苏维埃国家的全部政策实行总的领导和指导。"[1]党通过制定正确的路线、方针、政策实现党的领导。党的十三大报告明确指出："党的领导是政治领导，即政治原则、政治方向、重大决策的领导和向国家机关推荐重要干部。"

宏观执政的思路，这也就是我党一直强调的"坚持党总揽全局、协调各方的领导核心作用"。这也是党的十六大、十七大、十八大报告中所一以贯之坚持的。2004年9月19日，中国共产党第十六届中央委员会第四次全体会议通过《中共中央关于加强党的执政能力建设的决定》提出的"党总揽全局、协调各方的原则，改革和完善党的领导方式"正是宏观执政的具体表达。宏观执政理念与方式的建立当然不是一蹴而就的事，但是以下几个方面是不难做到的。

1. 主观上，自觉地走出战争与计划经济思维模式

党在领导农村包围城市，武装夺取政权的过程中，形成了一整套军事化、集权化的做法，在当时是适应战争环境的。党执掌政权之后，因为长期计划经济的影响等因素，仍然习惯沿用战争时期的做法。但在市场经济时代应当努力学习用宏观执政的方式执政。市场经济的发展，新的利益格局逐步形成，人们

---

[1] 《苏联共产党决议汇编》，人民出版社，1964年，第28—29页。

的民主意识逐步觉醒，当家作主的愿望日益强烈。在建设社会主义民主政治的根本目标下，党应当由过去较多地代替人民当家作主，转向领导和支持人民当家作主。对此，党的十三大报告已经总结为："党对国家事务实行政治领导的主要方式是：使党的主张经过法定程序变成国家意志，通过党组织的活动和党员的模范作用带动广大人民群众，实现党的路线、方针、政策。"

2. 客观上，自觉摆脱事务性的领导形式

1956年9月，刘少奇在党的八大政治报告中指出："党应当而且可以在思想上、政治上、方针政策上对于一切工作起领导作用。当然，这不是说，党应当把一切都包办起来，对一切都进行干涉"①。政党的作用在于领导，而不是管理。但是，长期以来，我们的问题恰恰在于：党的组织管得越来越具体，陷入了事务主义，导致官僚主义滋生，以致形成了离开行政手段就不会领导的习惯。例如我们在干部的管理问题上，"我们不是在管政策，而是在管人头；不是在领导，而是在管理。热衷于对具体人头进行排列组合，而不是通过政策来影响用人导向，正是陷身事务、'不善于领导'的典型表现"②。

此外，在向宏观执政的转型之中需要党组织的积极带动。通过党代会、党的重要报告等形式进行带动，这也是党进行思想领导的重要方法之一。

（二）"通过人大、政府"的执政是执政的重要方式之一

1. 在对国家政权的领导方式只能是支持政权组织行使职权

毛泽东也提出"国民党直接向政府下命令的错误办法，是要避免的"。周恩来在一届人大四次会议上也强调："共产党必须领导一切的原则主要是从政治上来说的，并不等于一切具体工作都要由共产党直接管理"③。1950年4月，周恩来在全国统一战线工作会议上作了题为《发挥人民民主统一战线积极作用的几个问题》的讲话。周恩来提出：由于过去长期战争条件，使我们形成一种习惯，

---

① 《刘少奇选集》（下卷），人民出版社，1985年，第264页。
② 王长江：《怎样理解"党管干部"才是科学的》，《北京日报》，2009年2月16日，第18版。
③ 《中共党史参考资料》（第8卷），人民出版社，1980年，第620页。

常常以党的名义下达命令，尤其在军队中更是这样。现在进入和平时期，又建立了全国政权，就应当改变这种习惯。党政有联系也有区别。党的方针、政策要组织实施，必须通过政府，党组织保证贯彻。党不能向群众发命令。①党的十三大报告明确指出：这一领导是国家政治生活的最高层次的领导，是决定国家和社会发展的总方针以及每一历史阶段的总目标，在重大历史转折关头和重大事件上提出自己的路线、方针、政策，以指导国家的政治生活和全社会的行动，而不是陷于具体琐细的行政事务和经济管理的事务中。在法治时代，党不能越过国家政权机关去直接管理国家事务，党的工作的核心是支持和组织人民当家作主，这是转变党的领导方式的基本出发点。即使是向国家机关推荐重要干部，使其成为各条战线上的指挥员，也是经过人大的选举，法定的任免等间接的形式，而不是直接的任命制。"执政党的路线、方针、政策及重大决策制定出来，并在党的代表大会获得通过，成为全党的意志之后，并不能自然而然地成为国家的意志，它必须经过一定程序在人民代表机关中讨论、审议、表决。经表决通过的重大决策才能成为国家的意志"②。

如果说战争年代，党"直接向政府下命令"有其合理性，那么在和平建设时期应当及时转变。新中国成立前我们党也已经意识到这一问题，在法治发展的今天，我们要在实践中形成"通过人大、政府"的方式，即以支持人大、政府独立行使职权的方式行使职权。在支持人大、政府独立行使职权中，党的作用更加艰巨。例如"在充分保证人民对干部的选择权的同时，加强党对人民选择的控制和引导。我们有一种并不科学的概念，似乎讲人民选择就是完全自由的选举，否则就不叫选举，这是不对的。恰恰相反，从出现政党政治以来，人民的选择从来都是在政党的引导下进行的。从这个角度讲，实际上并不存在所谓完全自由的选举。对人民的选择进行引导，正是政党的责任"③。

① 转引自《中国党政干部论坛》编辑部：《50年执政启示录》，黑龙江人民出版社，2000年，第115页。
② 李树忠：《国家机关组织论》，知识产权出版社，2004年，第265—266页。
③ 王长江：《怎样理解"党管干部"才是科学的》，《北京日报》，2009年2月16日，第18版。

2."直接执政"同样是不可或缺的重要方式之一

需要强调的是，我们这里运用了"直接执政"这一概念，源自列宁的著作与说法，其要义等同于直接指挥、命令等。我们认为"直接执政"同样也是必需的，在现实生活中是存在的，我们不能因为强调领导与执政等相关概念的区别而否认"直接执政"。"直接执政"表现在如下几个方面：

（1）党对军队的领导，属于"直接执政"的重要方面。

（2）在党外，党的思想、路线、方针以及政策、舆论宣传、先锋模范作用等领域都是直接执政的形式，这些方面是实现党的领导的重要领域。

（3）在党内，最显著的是党对党内各级组织和全体党员就是直接领导。

对此，毛泽东同志也认为："党的主张办法，除宣传外，执行的时候必须通过政府的组织。"这一观点至少表明在宣传领域，"直接执政"依然具有重要作用。可见，党的领导的具体方式具有多样性。当然即使是直接执政，也不是没有任何限制的"随意执政"，任何一种直接执政形式都必须符合法律，是在依法执政前提之下的直接执政。例如政策就不能违背法律，不能背离法治的精神。

尽管如此，两者相比，我们仍习惯于战争与计划经济时代的"直接执政"，而不习惯于市场经济时代的"通过人大、政府"进行执政这一重要方式，这是中国共产党在依法执政时代必须补上甚至是"重修"的"必修课"。有学者认为："中国共产党在中国的特殊地位决定了我国实质上存在宪政权力结构与党政权力结构两套模式，从而导致'二元行政'的政治现实"[1]。也就是说在现实生活中我们还没有解决人大的最高权与党的领导之间的关系，以至于形成了实质上的宪政权力结构与事实上的党政权力结构两套模式。

因此，在与国家政权相联系的执政中，党需要采取以支持人大政府独立行使职权为主的方式，使得政府成为独立的"机关法人"，独立运用权力，独立承担行政责任，在这样的基础上，党的领导就必然从微观领导走向宏观领导。

总之，马克思主义的执政观是我们进行依法执政建设的重要思想基础与理

[1] 李树忠：《国家机关组织论》，知识产权出版社，2004年，第258页。

论保证，对马克思主义以及当代中国马克思主义执政思想的挖掘、整理，是我们当下构建新时期执政方式重要的理论前提。基于这样的理论前提，我们提出了宏观执政与"通过人大、政府"的执政这样新的执政理念与执政方式，以改变现实生活中存在的"二元行政"的现状，并最终通过执政方式的改变，坚持与完善党的领导。

作为总体性的"美好生活"及其可能

毛勒堂　韩　涛[①]

内容摘要

新时代的"美好生活"叙事具有深刻的当代中国语境。"美好生活"是一个总体性的范畴，既有丰富的理论内涵，又有现实的实践指向，同时具有高远的超越性向度。美好物质生活、美好政治生活、美好精神生活、美好社会生活、美好生态生活，本质地构成"美好生活"的基本内容和价值诉求。然而，美好生活的成就乃是一个社会历史过程，其在根本上有赖于坚实的物质基础、充分的民主保障、丰厚的文化滋养、良善的秩序基础以及良好的生态环境，由此要求大力发展先进经济、充分发扬人民民主、深度阐扬优秀文化、切实建构公正制度和着力实现人地和解。同时，美好生活不是一个凝固不变的实体性存在，而是一个不断超越现存状况的社会历史过程。

关键词：美好生活；总体性；超越性

---

① 作者简介：毛勒堂，上海师范大学哲学与法政学院教授，博士生导师，上海师范大学经济哲学研究中心主任，主要从事马克思主义哲学、经济哲学研究。韩涛，上海师范大学马克思主义哲学专业2016级博士研究生。本文载《吉首大学学报（社科版）》2019年第3期，人大复印资料《中国特色社会主义理论》2019年第8期。

美好生活历来是萦绕人们内心深处的生活理想，向往美好生活是有理性的人永恒的生命诉求。自习近平总书记提出"美好生活"概念并对其进行多频次、多角度的阐释和宣介以来，"美好生活"的话语引起了学界的普遍关注，对其提出的背景和意义、基本内涵、实现途径等方面进行了广泛的研究，并取得了积极的学术成果。这为人们深化理解"美好生活"提供了良好的基础。但据笔者的学术观察，当前学界对于"美好生活"的研究呈现出一种"单向度"研究较多、"整体性"阐释不足的现象。鉴于此，笔者试图将"美好生活"概念置放到哲学总体性的视阈进行审视，将其作为一个总体性范畴加以阐释，揭示其总体性内涵和价值意蕴，以期推动和促进对"美好生活"课题的研究。

一、"美好生活"：一个总体性的范畴

在今天的中国，"美好生活"成为全社会的普遍价值追求和生活向往，也是中国共产党人向全体中国人民庄严承诺的奋斗目标。正如习近平总书记在十八届中央政治局常委同中外记者见面时指出："人民对美好生活的向往，就是我们的奋斗目标。"[①]党的十九大报告则明确提出："中国特色社会主义进入新时代，我国社会主要矛盾已经转化为人民日益增长的美好生活需要和不平衡不充分的发展之间的矛盾"[②]，从而全党同志须"永远与人民同呼吸、共命运、心连心，永远把人民对美好生活的向往作为奋斗目标"[③]。习近平总书记关于"美好生活"的话语主张和实践要求由于深刻地切中了新时代的中国社会现实以及民众内心深处的价值情弦，一经提出就立即获得了强烈的反响和回应，并引起了学界的热烈关注和积极探讨，并取得了积极的学术成果。譬如，有的从精神文化的向度求解美好生活的本质及其实现途径，认为当今中国社会物质主义大行其道、拜

① 习近平：《习近平谈治国理政》，外文出版社，2014年，第4页。

② 习近平：《习近平谈治国理政》，外文出版社，2014年，第11页。

③ 习近平：《决胜全面建成小康社会　夺取新时代中国特色社会主义伟大胜利》，人民出版社，2017年，第1页。

金主义深度弥漫、消费主义广泛盛行，而精神文明和精神生活方面的建设与提升则日益变得乏力与缺失，严重制约和影响了美好生活的实现，并进而认为精神生活高于物质生活，构建美好生活的根本路径在于建设精神文明和精神生活。有的从生态环境的维度追问美好生活的核心及其实现问题，认为当今中国遭遇严峻的生态危机和环境灾难，其严重制约和影响了人们基本的生产生活，成为今日中国建设美好生活过程中的首要问题，并进而认为建设中国特色的生态文明是建设美好生活的核心要务和不二法门。有的则主张从秩序合法性的视角探讨美好生活的本质及其现实性问题，认为美好生活是一个社会性的概念，其可能性在于以良善秩序为基础，以正义价值为守护，将美好生活的核心视为是一个秩序合法性及其建构问题，从而将建构良善的社会秩序视为是建设美好生活的首要任务。有的则从劳动幸福的视角求解美好生活的核心和实质，认为社会生活在本质上是实践的，而劳动是最为基础和广泛的实践形式，由此出发认为自由劳动、劳动幸福是美好生活的核心，从而应该在实现劳动解放、劳动自由和劳动幸福中寻求美好生活现实化的道路，等等。

　　无疑，上述各种关于美好生活及其路径的阐述，从不同的角度和层面对美好生活进行了深入的探讨，这对于人们从不同方面把握美好生活的本质及其可能性提供了有益的思想认识和研究视角。然而，我们也必须指出，在当前关于"美好生活"的诸如此类的研究中，存在一种值得关注的现象，即对"美好生活"的"单向度"阐释较多，对其"整体性"则研究不足。这容易造成对"美好生活"的狭隘认识和实践上的偏颇。因此，在对"美好生活"展开单向度研究的同时，不能缺失总体性的研究视角和阐释，从而需要将"美好生活"提升到哲学的总体性视阈层面予以揭示和阐释。

　　"总体性"是马克思主义哲学的一个重要范畴，它是马克思在批判汲取黑格尔总体性思想基础上创制的，是以实践为基础的含自然界、社会历史、精神文化、人的发展等内容为一体的丰富而有机的整体性、系统性概念。在马克思看来，自然界、人类社会、社会历史、精神文化、人的发展是一个不可分割的有机整体，对其中任何一个要素或方面的把握和认识，皆不能脱离这个总体存在的结构和内在关联，从而总体性思维是马克思主义哲学的重要思维方式。在马克思主义哲学看来，总体由部分或要素构成，但不等于部分或要素的简单相加，总体具有大于部分或要素总和的功能。同时，由于马克思主义哲学把实践作为总体的根据和基础，使得总体具有了有机性和历史性而成为具体的总体。对此，西方马克思主义创始人卢卡奇也有深入的指认，指出："不是经济动机在历史解释中的首要地位，而是总体的观点，使马克思主义同资产阶级科学有决定性的区别。总体范畴，整体对各个部分的全面的、决定性的统治地位，是马克思取自黑格尔并独创性地改造成为一门全新科学的基础方法的本质"[1]，所以，"对马克思主义来说，归根结底就没有什么独立的法学、政治经济学、历史科学等等，而只有一门唯一的、统一的——历史的和辩证的——关于社会（作为总体）发展的科学。"[2]同时，在马克思主义哲学语境中，总体不是一个现成的或完成式的总体，而是一个不断生成的实践的总体，从而总体是人与自然、人与人、人与社会、人与自我之间限定和超越的辩证总体，是集人的有限与无限、自由和必然、理想与现实对立统一的矛盾的总体，从而这个辩证的总体、矛盾的总体、历史的总体、社会的总体会随着实践基础的变化而展开连续的不间断的跃升进程。在此过程中，人将不断实现自我的生活理想和成就自由自觉的存在本质。因此，总体性范畴是一个内含要素且优于要素之和的总体，是一个充满有机性和历史性的具体的总体，是一个永不满足于现状的超越性的总体，从而是一个追求无限完满和至善的总体。总之，总体性范畴是马克思主义哲学的重要范畴，总体性的观点是马克思主义哲学的基本观点，总体性的思维方式是马克思主义哲学的基本思维方式。今天，在对"美好生活"的深入揭示和深度阐释中，不能缺失马克思主义哲学的总体性视阈和方法论自觉。

事实上，立足当代中国实践而创建的"美好生活"概念，是一个总体性的范畴，内含丰富的理论内涵和价值意蕴。正如习近平总书记所指出："我们的人

---

① ［匈］卢卡奇著，杜章智等译：《历史与阶级意识》，1992年，第76页。

② ［匈］卢卡奇著，杜章智等译：《历史与阶级意识》，1992年，第77页。

民热爱生活，期盼有更好的教育、更稳定的工作、更满意的收入、更可靠的社会保障、更高水平的医疗卫生服务、更舒适的居住条件、更优美的环境，期盼孩子们能成长得更好、工作得更好、生活得更好。"①这说明，美好生活不是单向度的概念，不是静态的价值范畴，而是一个包含丰富内容和多维价值意涵的生成性的总体性概念，其中包含教育、就业、收入、社会保障、医疗卫生、居住、环境等方面的内容，它不仅指向美好的物质、精神生活，也诉求美好的社会生活、政治生活和生态生活等等，它不仅是对形而下美好生活的事实描述，同时包含对形而上美好生活的价值追求。那么，美好生活包含哪些基本内容和价值意蕴？它又是如何可能的？这是需要进一步追问和阐述的问题。

二、作为总体性范畴的"美好生活"之基本内容及价值意蕴

从语法结构上看，"美好生活"是一个限定词组，"美好"是"生活"的修辞定语。因此，要探讨和把握"美好生活"的本质及其内容规定，需先行把握"生活"的本质及其基本内涵。然而，对"生活"下一个本质性的定义是极其困难的，因为生活在本质上是人的历史性、社会性、精神性、文化性的生命存在形式及其展开过程，从而对于何谓"生活"历来有不同的认知和解答。在马克思主义哲学中，"生活"是专属于人的范畴，是人特有的生命存在和建构方式。尽管动物也有生命，但动物没有生活，只有生存。而人作为一种生命存在，他不仅生存，而且生活，且诉求有意义的生活。究其原因，在于人的生命是在社会关系和文化结构中不断自我生成和自我超越的历史性存在，是集自然生命、社会生命和精神生命为一体的生命存在体。而人的这种特有的生命之存在、展开和实现形式，就本质地构成生活的核心规定和基本内容。由此观之，所谓"美好生活"，就是人的生命存在的美好样态，是人的自然生命、精神生命、社会生命的美好形式和本质实现，是人的自由自觉之存在本质的确证和对象化过

① 习近平：《习近平谈治国理政》，外文出版社，2014年，第4页。

程，从而"美好生活"包含如下基本内容和价值意蕴。

其一，美好物质生活。美好物质生活是美好生活的基础性内容，这是由人的肉体生命存在属性所决定的。人是一种自然生命之存在，满足肉体需要是其基本的生命属性规定和生命存续的前提条件。这意味着，一旦缺失满足人的肉体需要的基本物质条件，那么人的自然生命就面临着萎缩乃至消亡的危险，进而以人的自然生命存在为前提的人的精神生命、社会生命、文化生命就会因失去自然生命基础和依托而遭遇虚弱乃至消失。正因为如此，马斯洛的"需要层次论"把满足人的衣食住等基本的生存需要视为人的第一层次需要，唯有满足这一需要的基础上，人才能追求和实现更高层次的安全、归属、自尊和自我实现的需要。因此，美好物质生活是美好生活的题中要义和重要维度，是美好生活得以可能的基础和前提。那么，究竟何谓美好物质生活？对此，人们之间尽管存在不尽一致的看法，但是笔者认为，在较概括的意义上，美好物质生活的基础在于人们能够占有和享受较为丰富的物质生活资料，拥有可供更多选择的物质生活产品和普遍交往的物质条件。否则，困陷于贫乏的财富束缚，蜗居在狭小的居住空间，置身于狭隘的交往环境，乃至刚刚满足基本温饱，是难以称得上美好生活的。

其二，美好政治生活。政治是人类特有的社会现象，政治生活是人特有的在世方式。两千多年前的古希腊哲人亚里士多德就指出，人天生是一种政治动物，如果一个人可以不过政治生活，那他如果不是鄙夫，便是超人。亚里士多德之所以把人的本性归结为政治动物，是因为他认为单凭个人是无力自足自洽的，既不能满足自己的物质需要，也不能满足自己的精神需要和道德提升，唯有在城邦的政治生活中，人才能获得完全的自给自足并过上优良的生活。马克思也认为，人不可能是"鲁滨孙"式的孤立存在体，而是一种政治性的共在，人只有在社会政治性的社会生活中才能实现自我的独立和发展，所以"人是最名副其实的政治动物"[①]。这意味着，政治是人难以逃脱的在世情态。事实上，所

---

① 中共中央马克思恩格斯列宁斯大林著作编译局：《马克思恩格斯（第8卷）》，人民出版社，2009年，第6页。

谓政治，就是为了人们的有序共在而进行的制定、维护和完善规则的社会活动，并因此减少和降低人际交往中的冲突，更好的实现社会合作和协同行动，从而过上有品质的社会生活。美好的政治生活，意味着人民民主的普遍化和现实化，意味着专制政治的彻底消失，使得人们彼此之间能够在平等人格的基础上拥有有序、自由的政治生活。显然，美好政治生活是美好生活的有机组成部分，也是美好生活的重要前提。若缺失了美好的政治生活之维，美好生活的话语只能是一种梦呓。

其三，美好精神生活。美好物质生活固然是美好生活的重要基础，但物质富足不等于精神富足，不等于生活幸福，更不等于美好生活。美好生活的实现，还有赖于美好精神生活的滋养，需要良善文化的支撑。这是由人的精神生命存在属性决定的。人和动物的重要区别之一，就在于人是一种具有精神生命、追求文化生活、营建意义世界的存在物，而且在某种程度上，精神生命虽有赖于肉体生命的支撑但却拥有高于肉体生命的存在追求，它具有超越现状、诉求理想、追求永恒的生命冲动和坚守，从而为自己设定心向往之的意义图景和超越现实的理想世界，并在这种追求中不断提升自己生命的境界。唯其如此，人才能真正称之为文化意义上的人，并拥有作为人的生活。因此，离开了精神上的滋养和价值牵引，人不仅难以成为真正的人，也难以收获做人的真正幸福和美好。因此，在一个物欲横流、物质主义盛行、消费主义弥漫的社会，是难以拥有美好生活的。质言之，一个没有良善精神支撑和优秀文化滋润的生命，犹如一副没有灵魂的躯体，是难以与美好生活联系在一起的。个人的生命如此，民族的生命亦然。

其四，美好社会生活。美好的物质生活和精神生活是作为肉体与灵魂相统一的人美好生活的基本维度，但是美好物质生活和美好生活精神不等于美好生活的全部，美好生活的根本还在于拥有美好的社会生活。究其原因，在于人在本质上是一种社会存在物，其现实生命唯有在特定社会关系中才能得到具体的存在、展开和确证。正是在此意义上，马克思认为"人的本质是人的真正的社会联系，所以人在积极实现自己本质的过程中创造、生产人的社会联系、社会本质，而社会本质不是一种同单个人相对立的抽象的一般得的力量，而是每一个单个人的本质，是他自己的活动、他自己的生活、他自己的享受，他自己的财富"①，从而人的本质在其现实性上"是一切社会关系的总和"。所以，现实的人的生命样式和生活状态正是由身处其中的各种社会关系所塑形和构造的，从而无论是人的物质生活还是精神生活，在根本上是由人们的社会关系状况所决定的，特别是社会经济关系以及由其制约下的政治关系，直接影响人们的生活样式和生命样态，制约着物质生活和精神生活的美好程度。质言之，美好社会生活是美好生活的重要根基，也是美好生活的重要内容。尽管人们对美好社会生活有不同的认知评价，但是在阶级社会中，美好社会生活的核心是在公平正义的利益分配关系基础上形成的和谐人际关系和社会秩序，因为自阶级社会以来，利益关系是社会关系的轴心，一切社会矛盾和冲突在根本上是围绕人际间的利益关系而展开的，所以和谐的利益关系是和谐社会社会关系的基础，也是美好社会生活的题中要义。

其五，美好生态生活。美好的生态环境是美好生活的重要前提，而美好生态生活本身则是美好生活的重要维度。之所以如此，是因为人类是自然界长期发展的产物，自然是人类赖以生存和发展的基础。在人与自然环境之间，存在着一种天然的脐带关系，从而人无论作为自然生命存在还是作为社会文化生命而存在，皆离不开自然生态的给养。正是由于人对自然界的这种深度依赖关系，马克思指出："人作为自然存在物，而且作为有生命的自然存在物，一方面具有自然力、生命力，是能动的自然存在物；这些力量作为天赋和才能、作为欲望存在于人身上；另一方面，人作为自然的、肉体的、感性的、对象性的存在物，同动植物一样，是受动的、受制约的和受限制的存在物"②，所以"自然界，就它自身不是人的身体而言，是人的无机的身体。人靠自然界生活。这就是说，自

---

① 马克思：《1844年经济学哲学手稿》，人民出版社，2000年，第170—171页。

② 中共中央马克思恩格斯列宁斯大林著作编译局：《马克思恩格斯文集（第1卷）》，人民出版社，2009年，第209页。

然界是人为了不致死亡而必须与之处于持续不断的交互作用过程的、人的身体。所谓人的肉体生活和精神生活同自然界相联系，不外是说自然界同自身相联系，因为人是自然界的一部分。"①如此可见，美好的自然生态环境本身就构成美好生命的有机组成部分，从而是美好生活的内在要求。美好生态生活，意味着人们能够置身青山绿水、面朝碧海蓝天、呼吸清新空气、立足洁净大地。因此，对于生活在一个大地裸露着身躯、天空布满烟雾、海河充满着污水、空气弥漫着恶臭味的社会和国度的人来说，是没有什么美好生活可言的。缺失了美好的生态维度，美好生活是难以达成的。

概言之，"美好生活"是一个总体性的范畴，美好物质生活、美好政治生活、美好精神生活、美好社会生活以及美好生态生活是其基本内涵和价值维度，而且它们不是各自孤立的存在，而是彼此影响、相互作用的有机关联和互动，因而丧失了其中的任何一度，皆不可能是真正的美好生活。同时，我们也必须指出，这些要素之间的地位和作用也不是僵硬不变的，而是会随着特定社会历史条件下的社会主要矛盾和矛盾的主要方面的变化而发生变化，随着时代核心问题的变迁而变化。那么，作为总体性的"美好生活"是如何可能的呢？

三、作为总体性的"美好生活"之可能

建构"美好生活"是一个逐步的社会历史过程，需要多方面、多角度和多层面的探索，需要多措并举、多管齐下。笔者认为，建构总体性的"美好生活"，在根本上有赖于积极切实开展以下工作。

其一，大力发展先进经济，为美好生活奠定财富基础。"美好生活"不会在漂亮的口号和廉价的空谈中向我们走来，而是需要强大的经济基础和丰富的物质财富作保障。其中的道理很简单，因为一个长期限于经济落后的社会是难

---

① 中共中央马克思恩格斯列宁斯大林著作编译局：《马克思恩格斯文集（第1卷）》，人民出版社，2009年，第161页。

以称得上美好社会，一个长久生存在贫困生活处境的人是难以拥有美好的人生。正因如此，历史唯物主义特别强调物质生产活动对于社会历史所具有的本体论地位，强调经济生活对于社会生活的基础性意义。也正因为如此，我们必须毫不动摇坚持以经济建设为中心，把发展作为第一要务。在新时代，美好生活成为中国人民的普遍向往，人们提出了更多的生活要求和更高的生活标准。这意味着，中国社会必须创造更强大的经济基础、更丰富的物质财富、更便利的物质交往条件。鉴于此，当代中国必须大力发展先进经济，不仅要追求经济增长速度，更要注重经济发展质量，实现中国经济总量和质量的不断提升。只有这样，我们才能为更好的教育、更稳定的工作、更满意的收入、更可靠的社会保障、更高水平的医疗卫生服务、更舒适的居住条件提供坚实的物质基础，才能更好地满足人民群众日益增长的美好生活需要。对此，我们要始终保持清醒的头脑。即使今天中国经济总量位居全球第二，但是我们的人均经济水平则远远落后于发达国家，差距依然十分巨大。为此，当代中国需要激发全体人民的生产积极性和创造力，通过科技创新和技术发明，运用现代的先进技术和管理方式发展先进经济，转变经济发展方式，从而实现经济的高效和快速发展，为中国人民的美好生活需要提供财富基础。诚如习近平总书记深刻指出："以经济建设为中心是兴国之要，发展仍是解决我国所有问题的关键。只有推动经济持续健康发展，才能筑牢国家繁荣富强、人民幸福安康、社会和谐稳定的物质基础"[1]。为此，我们要警惕那种小富即安的狭隘心理，甚至抽象地认为今天的中国经济已经过剩并超出人们的物质生活需要，从而对经济发展掉以轻心，轻视GDP和经济增长。事实上，美好生活在根本上必须以美好物质生活为前提，离开了强大的物质生产和经济基础支撑，美好生活就必然沦为水中花、镜中月。

其二，充分发展人民民主，为美好政治生活提供制度保障。随着人民物质生活条件的改善和认识水平的提高，人们对政治生活的关注热情和参与要求就

---

[1] 中共中央文献研究室：《习近平关于社会主义经济建设论述摘编》，中央文献出版社，2017年，第3页。

会不断提升，人民对美好政治生活的期盼也与日俱增。事实上，能否实现美好政治生活以及多大程度上建构美好政治生活，将直接关系到美好生活的建构成败和实现程度。我国是工人阶级领导的、以工农联盟为基础的人民民主专政的社会主义国家，国家的一切权力属于人民。这意味着在政治生活中，人民意志必须成为社会主义中国一切政治活动的轴心，人民利益始终必须成为社会主义中国一切政治活动的出发点和落脚点。维护人民当家作主的权利，实现好、维护好、发展好广大人民群众的根本利益，是审视社会主义中国政治合法性的重要尺度。然而，我们不得不承认，由于认识不到位、制度不健全、监督不得力等各种主客观原因，在现实具体的政治生活中依然存在违背民意、损害民利等行为，现实政治生活中官僚主义、形式主义依然突出，这不仅严重损害了人民对美好政治生活的体认，也败坏了党和政府在百姓心目中的形象。因此，建构美好政治生活，根本的路径在于通过更加健全的政治制度体系建构，充分发展人民民主，扩大人民监督权限，捍卫人民主体地位，切实保障人民权益，激发人民创造活力，从而让广大民众在人民当家作主的政治生活中实现和体认美好的政治生活。我们必须清醒地认识到，民心是最大的政治，唯有坚持以人民为中心，确保人民主体地位，切实实现人民当家作主，美好政治生活才能真正成为现实。

其三，深度阐扬优秀文化，为美好生活供给精神滋养。在人们的物质需要得到基本满足后，人们对精神生活的渴望和对意义生活的诉求就显得更加强烈。因此，新时代的美好生活，包含对精神生活和文化方面的更多更高的要求。事实上，人的精神生命和文化生命在某种程度上比物质生命更接近人的生命本质。一个没有精神支柱的人是不可能释放生命的光彩，一个没有真善美价值守护的社会必定陷于晦暗。试想，在一个没有善恶是非观念、没有原则底线的社会，人们能感受生命的温暖和生活的美好吗？因此在某种意义上，精神贫困比物质贫困更令人可怕，精神痛苦比肉体痛苦更令人绝望。正因为如此，历来的思想家们特别重视个体精神生命的塑造和社会精神家园的建构问题。可以断言，一个没有精神生活美好的人，是不可能拥有美好的生活；一个没有安顿灵魂居所的社会，是难以称得上是一个美好社会。如此说来，今天我们要满足人民群众的美好生活需要，建构美好社会，其重要的任务之一就是要大力阐扬优秀文化，积极培植现代先进文化，为人们的美好生活提供精神滋养，营建充满人性关怀的文化天空和精神家园。而为了实现这样的目标，需要对当今中国社会盛行的腐朽、野蛮、落后的文化进行有力的批判和大扫除，其中特别需要深入批判权贵文化、拜金主义、"等级"观念，因为这些落后丑陋的文化禁锢着人们的自由思想和批判精神，成为精神生命跃升的沉重之链。与此同时，要在全社会大力阐扬优秀文化，积极倡导现代价值理念，特别是要阐扬民主、自由、平等、公正等社会主义核心价值观，践行公平、正义等社会主义核心价值原则，从而为人们提供舒畅的心灵空间，营造自由平等的思想环境，为美好生活创造和供给不竭的精神滋养，并因此获得心灵的慰藉和成就生命的美好。

其四，切实建构公正制度，为美好生活提供良善秩序。人是一种社会存在物，人们生活的基本内容就是人与人之间的交往活动。为了能够使生活得以有序展开，人与人之间就需要相应的交往原则和活动规范。而这些在长期的交往活动和交往关系中固定下来的原则和规范就形成了社会的基本秩序和制度，其反过来制约和规范着人们行为，调节着人们的交往关系。因此，制度和规则就成为维持社会交往关系的基本遵循。离开了一定的制度和秩序基础，社会就会陷于无序和混乱，人们的生活就难以有序展开，生活就缺少确定性，生命就缺少稳定感，所以制度对于人们的社会生活而言具有基础性的意义。既然制度是生活的根基，那么美好生活自然就需要良善的制度为其奠基，需要公正合理的制度予以守护和支撑。在实现中国人民美好生活需要的新时代，尤其需要建构公正合理的制度规范，并将其自觉贯彻在社会生活的方方面面，让公正的尺度成为裁判社会事务的至高标准，使正义法则大行天下，使得美好生活不仅可欲可期，而且得以真实拥有。今天，我们的社会中，依然不乏蹂躏社会公心、践踏社会良知、违背社会法纪的行为，"显规则"乏力、"潜规则"涌动现象依然突出，严重损害了社会公心和秩序基础。因此，需要持续坚决地大力批判和抵制盛行于社会中的各种潜规则，特别是要揭露和批判官僚主义、资本霸权对百姓利益的不法侵害以及对社会秩序的肆意践踏。所以，新时代的中国亟待建构更加公正合理的制度，为权力编制坚实的制度框架，为资本运行确立合理的边界，让公正的制度支撑社会大厦，让社会公心大行天下。诚如习近平总书记指出："哪里有不符合社会公平正义的问题，那里就需要改革；哪个领域哪个环节问题突出，哪个领域哪个环节就是改革重点。对由于制度不健全造成的有违公平正义的问题要抓紧解决，使我们的制度安排更好体现社会主义公平正义原则，更加有利于实现好、维护好、发展好最广大人民根本利益。"[①]

其五，着力实现人地和解，为美好生活守护绿水青山。大地是人类的母亲，地球生态是人类生命的栖息地。这意味着，美好的生态环境于人的生产生活具有十分重要的意义。诚如习近平总书记指出，"对人的生存来说，金山银山固然重要，但绿水青山是人民幸福生活的重要内容，是金钱不能代替的"[②]，因此要"像保护眼睛一样保护生态环境，像对待生命一样对待环境"[③]。可以断言，没有良好生态环境的社会不是一个美好社会，没有绿水青山保障的生活难以称得上美好生活。然而，我们面对的生态现实依然十分严峻。大范围的雾霾天气、沙尘暴、水污染、土地污染不时发生，严重威胁人们的正常生产生活，制约着人民对美好生态环境的需求。生态危机、环境灾难在现代社会的普遍显现，与现代社会经济化、经济资本化的发展情势具有深刻关联，其中伴随着强劲的资本逻辑运行以及物质主义、消费主义的价值理念和生活方式，这一切严重毁坏了自然生态之链，深度损伤了自然的自我修复能力，致使自然躯体千疮百孔、伤痕累累。对此，根本的出路在于，批判主客二分、心物对立的现代理性主义哲学范式，改变现代资本主义的发展理念和经济增长方式，有效规制资本逻辑的运行边界，超越物质主义、消费主义的生存理念和生活方式，在人与自然之间

---

① 中共中央文献研究室：《十八大以来重要文献选编》，中央文献出版社，2014年，第553—554页。

② 中共中央文献研究室：《习近平关于全面建成小康社会论述摘编》，中央文献出版社，2016年，第163页。

③ 中共中央文献研究室：《习近平关于全面建成小康社会论述摘编》，中央文献出版社，2016年，第176页。

建立起亲和的存在关系，实现人与自然的和谐共生境界，从而为美好生活守护绿水青山，为美好生活打造绿色屏障。

四、结　语

总之，"美好生活"的话语具有深刻的当代中国现实背景，包含着丰富的内涵和价值向度。美好物质生活、美好政治生活、美好精神生活、美好社会生活、美好生态生活，实质地构成美好生活的基本内容及其价值要求。实现美好生活是一个逐步的历史过程，需要坚实的物质基础、广泛的人民民主保障、厚实的精神滋养、文明的制度保障以及良好的生态环境，为此需要大力发展先进经济、充分发扬人民民主、培植优秀文化、建构公正秩序和实现人地和解。同时，"美好生活"不是一个凝固的存在状态，而是一个不断超越现存生活状况的社会历史实践过程。

《共产党宣言》的早期汉语节译研究

张　蝶[①]

内容摘要

在《共产党宣言》的中文全译本问世之前，《宣言》的部分内容已陆续被译成汉语并公开发表。汉语节译、摘译、转译的内容主要是《宣言》中关于阶级斗争的部分，尤以《宣言》第二章中的十项措施和《宣言》最后一段的译文最多。这些最早期的片段翻译在译文文体、译词使用、内容选择方面都具有特定的时代特征。而最早期的这些译者大致由无政府主义者、资产阶级革命派和马克思主义者构成，他们不同的政治倾向对于翻译对象的选择、译词的定夺和译文的解释都产生了极大的影响。

关键词：《共产党宣言》；汉译；日译；节译

《共产党宣言》（以下简称《宣言》）的第一个中文全译本被公认为是陈望道于1920年所翻译的，并于同年以上海社会主义研究社"社会主义研究小丛书第一种"印刷发行。在陈望道的译本之后，《宣言》的汉译本主要还有1930年华岗译本，1938年成仿吾、徐冰合译本，1943年博古译本，1943年陈瘦石译本，1953年成仿吾译本，1954年百年纪念译本，1958年《马克思恩格斯全集》第一

---

① 作者简介：张蝶，上海师范大学哲学与法政学院教师。研究方向为马克思主义哲学。

版译本等①。而在陈望道的全译本之前,《宣言》就已经以译介的形式被介绍到中国了,部分章节也有了汉语翻译。这些译介、节译具有时代特征,从中我们可以窥探出《宣言》早期翻译与传播的情况,以及最早期的节译对《宣言》的中文全译本的影响。

一、《共产党宣言》在第一个中文全译本之前的翻译情况

对《宣言》的翻译研究一直是围绕《宣言》研究的热点之一。在陈望道的中文全译本之前,《宣言》的译介、节译主要有以下十七种②:

（1）1899年,英国传教士李提摩太节译,蔡尔康撰写的《大同学》一文,发表于《万国公报》上。该文第一章《今世景象》,就有对马克思的介绍:"以百工领袖著名者英人马克思也。"③这里将马克思当成了英国人。文中涉及《宣言》的内容为:"纠股办事之人,其权笼罩五洲,突过于君相之范围一国。"④此段今译为:"资产阶级,由于开拓了世界市场,使一切国家的生产和消费都成为世界性的了。"⑤而在该文第三章《相争相进之理》中,又提到"有讲求安民新学之一

---

① 高放:《〈共产党宣言〉有23种中译本》,载《中共天津市委党校学报》2009年第2期。

② 陈家新的《〈共产党宣言〉在中国的翻译和版本研究》一文的第一部分,详细地梳理了从清末到五四时期,《宣言》在中国的节译及传播,共列举了18项内容。参见陈家新:《〈共产党宣言〉在中国的翻译和版本研究》,《中国国家博物馆馆刊》2012年第8期。本文第一部分,去掉了陈家新文中关于梁启超提到马克思的这一项内容和关于刘师培(署名申叔)为《宣言》写序的这一项内容,原因在于,本文所关注的重点是对《宣言》的翻译,而梁启超只是提到了马克思,并没有翻译《宣言》的内容,而刘师培也只是写了《〈共产党宣言〉序》,而不是翻译《宣言》,因此,未将梁氏和刘氏列入。与此同时,增加了蜀魂译《宣言》这一项。虽然蜀魂的译文至今未找到,但幸德秋水著、蜀魂译的《社会主义神髓》一书最后刊登了"社会主义研究社"的出书广告,其中就列有《宣言》,并注明:"德国马尔克、嫣及尔合著,中国蜀魂译"。因此,文本认为有该译本,遂将其列入。另外,关于陈家新所列的其他16项内容的具体细节,文本做了一些补充。

③ ［英］李提摩太节译:《大同学第一章:今世景象》,蔡尔康纂述,载《万国公报》总第121期,第13页。

④ ［英］李提摩太节译:《大同学第一章:今世景象》,蔡尔康纂述,载《万国公报》总第121期,,第13页。

⑤ 《马克思恩格斯文集》第2卷,人民出版社,2009年,第35页。

家，如德国之马客偲，主于资本者也。"①在这里，马克思译名和国籍都与第一章中不一致。

（2）1903年，赵必振翻译日本人福井准造的《近世社会主义》一书，书中转译了《宣言》第二章开头关于共产党人的最近目的的内容，以及全文的最后一段话。②

（3）1903年，马君武撰《社会主义与进化论比较》一文，发表于留日中国学生主办的杂志《译书汇编》。文中写道："马克司者，以唯物论解历史学之人也。马氏尝谓阶级竞争为历史之钥。"③文末附录列举的马克思著作中，有《宣言》一书。④

（4）1906年，朱执信署名"蛰伸"，所写的《德意志社会革命家小传》发表于《民报》，对马克思的生平进行了简要介绍，并翻译了《宣言》第一章的开头和最后部分、第二章中的十项措施，以及全文的最后一段。⑤

（5）1906年，宋教仁署名"犟斋"，撰写的《万国社会党大会略史》发表于《民报》，该文原从日本《社会主义研究》杂志中译出。文中有《宣言》最后一段的翻译。⑥

（6）1906年，叶夏声以"梦蝶生"的署名，撰文《无政府党与革命党之说明》，刊发于《民报》，对《宣言》第二章中的十项措施进行了翻译。⑦

（7）1907年，留日学生"蜀魂"译《宣言》，由东京社会主义研究社出版。⑧

（8）1907年，何震的《女子革命与经济革命》发表于《天义报》，文末附录

---

① ［英］李提摩太节选译：《大同学第三章：相争相进之理》，蔡尔康撰文，载《万国公报》总第123期，第16页。
② ［日］福井准造：《近世社会主义》，赵必振译，广智书局，1903年。
③ 马君武：《社会主义与进化论比较》，载《译书汇编》1903年第2卷第11期，第88页。
④ 马君武：《社会主义与进化论比较》，载《译书汇编》1903年第2卷第11期，第103页。
⑤ 朱执信：《德意志社会革命家小传》，载《民报》1906年第2期。
⑥ 宋教仁：《万国社会党大会略史》，载《民报》1906年第5期。
⑦ 叶夏声：《无政府党与革命党之说明》，载《民报》1906年第7期。
⑧ 幸德秋水著，蜀魂译的《社会主义神髓》一书最后刊登了"社会主义研究社"的出书广告，其中就列有《宣言》，并注明："德国马尔克、嫣及尔合著，中国蜀魂译"。参见［日］幸德秋水著，蜀魂译：《社会主义神髓》，东京社会主义研究社，1907年。但至今尚未找到蜀魂的《宣言》译本。

《马尔克斯焉格尔合著之共产党宣言》中翻译了《宣言》的有关段落。[1]

（9）1908年，留日学生"民鸣"摘译《宣言》的英文版序言和第一章[2]，发表于东京出版的《天义报》。

（10）1912年，煮尘重治，朱执信署名"势伸"译述的《社会主义大家马儿克之学说》，发表于中国社会党绍兴支部主办的《新世界》第二期，文中翻译了《宣言》第一章的起首两段和第二章中部分内容和十项措施，并花了将近3000字左右的篇幅对《宣言》一书进行了介绍。[3]

（11）1919年，署名"舍"的成舍我摘译了《宣言》第二章末尾数段，包括十大纲领，刊于《每周评论》。[4]

（12）1919年，谭平山的《"德谟克拉西"之四面观》一文，发表于《新潮》，翻译了《宣言》第二章中的十项措施。[5]

（13）1919年，署名为"渊泉"[6]的陈博生翻译了日本人河上肇的《马克思的唯物史观》一文，发表于《晨报》，又在《新青年》第六卷第五期的马克思研究专题中被转载。[7]河上肇的《马克思的唯物史观》一文对《宣言》的起首，最后一段以及第一章的部分内容进行了翻译，段落次序有些许出入。因此，渊泉对河上肇一文的翻译，也就是通过河上肇对《宣言》的译文，翻译了《宣言》第

① 何震：《女子革命与经济革命》，载《天义报》1907年第13—14期合刊，转引自高放：《社会主义在世界和中国》，云南人民出版社，1993年，347页。

② 民鸣译的《〈共产党宣言〉序言》和《共产党宣言》，载《天义报》1908年第15期和第16—17期合刊，转引自陈家新：《〈共产党宣言〉在中国的翻译和版本研究》，载《中国国家博物馆馆刊》，2012年第8期。

③ 煮尘重治、朱执信译述：《社会主义大家马儿克之学说》，载《新世界》1912年第2期。

④ 成舍我：《共产党的宣言》，载《每周评论》1919年第16期。

⑤ 谭平山：《德莫克拉西之四面观》，载《新潮》1919年第1卷第5号。

⑥ 对于"渊泉"其人的考证，先后出现了两种观点，一开始，有学者认为，"渊泉"乃李大钊的笔名，张静如等编的《李大钊生平史料编年》（上海人民出版社，1984年），陈玉堂编的《中国党史人物别名录（字号、笔名、化名）》（红旗出版社，1985年）等著作中均将"渊泉"作为李大钊的笔名；1987年，杨纪元在《"渊泉"不是李大钊的笔名》一文中指出，根据梁漱溟回忆，"'渊泉'姓陈，名博生，福建人，为《晨报》一负责人"，从而纠正了"渊泉"为李大钊的观点，考证出"渊泉"为陈博生，也就是陈博贤。参见杨纪元：《"渊泉"不是李大钊的笔名》，载《党史研究资料》1987年第10期。

⑦ 李大钊：《我的马克思主义观》（上、下），载《新青年》第6卷第5号和第6卷第6号。

一部分的许多内容。

（14）1919年，刘秉麟的《马克思传略》载于《新青年》，其中有对《宣言》提纲挈领式的介绍。①

（15）1919年，张闻天的《社会问题》登载于《南京学生联合会会刊》上，翻译了《宣言》第二章中的十大措施。②

（16）1919年，李泽彰的《马克思和昂格斯共产党宣言》发表于《国民》，此文是《宣言》第一章的译文，作者还在文前加了序言。③

（17）1919年，李大钊撰写的《我的马克思主义观》刊于《新青年》，该文的第五、六部分摘译、介绍了《宣言》的部分内容。④李大钊翻译的《宣言》的部分内容，除了最后一段是《宣言》第二章中的内容以外，其余部分均为《宣言》第一章中的内容，且李氏翻译的内容，有些段落的前后顺序与陈望道的全译本有出入，甚至有些段落的分段与合并也不尽相同。

二、《共产党宣言》早期汉语节译的主要特征

《宣言》第一章的开头部分，第二章中的十项措施和全书的最后部分是被翻译的最多的内容。结合当时的社会历史背景和译者的实际情况，可以发现将这些内容从《宣言》中挑选出来作为翻译对象的原因，是有迹可循的。

《宣言》第一章开首："至今一切社会的历史都是阶级斗争的历史。"⑤开宗明义，揭示阶级斗争在历史发展中的重要地位。无论是将阶级斗争作为论述历史时必不可少的核心要素，还是将阶级斗争作为无产阶级的历史使命，无疑阶级斗争思想在不同的政治主体那里都得到了不同层面的认同。因此，对阶级斗争

---

① 刘秉麟：《马克思传略》，载《新青年》1919年第6卷第5号。

② 张闻天：《社会问题》，载《南京学生联合会会刊》1919年8月19至21日，转引自陈家新：《〈共产党宣言〉在中国的翻译和版本研究》，载《中国国家博物馆刊》，2012年第8期。

③ 李泽彰：《马克思和昂格斯共产党宣言》，载《国民》1919年第2卷第1号，转引自陈家新：《〈共产党宣言〉在中国的翻译和版本研究》，载《中国国家博物馆馆刊》2012年第8期。

④ 李大钊：《我的马克思主义观》（上、下），载《新青年》1919年第6卷第5号和第6卷第6号。

⑤ 《马克思恩格斯文集》第2卷，人民出版社，2009年，第31页。

进行定位的第一章开首部分，自然会成为《宣言》中被广泛翻译的内容。

《宣言》第二章中的十项措施多次被译者选择翻译，大致有两个方面的原因：一方面，比起《宣言》中的其他内容，这十项措施是实践的具体方针，正如叶夏声所言："以上十条皆社会党之谋实行之事业也。"①另一方面，这十项措施是针对经济发展的措施，最切合当时的资产阶级革命派既谋求经济进步，又想避免西方资本主义经济危机的现实需求。这十项措施被认为体现了经济的民主，并且社会的民主与经济的民主也被认为紧密相关，不可分割，遂译介这十项措施可以辅助说明民主主义思想。

除了翻译对象的选择，《宣言》的这些节译内容在语体特征方面，从文言逐渐向白话文过渡。从对《宣言》第二章中的十项措施的翻译可以看出，成舍我的译文已经采用了白话文体。与五四白话文运动的历史背景息息相关，成舍我之前朱执信、叶夏声等的译文还是文言文体。同样，对《宣言》全文最后部分的翻译，赵必振、朱执信、宋教仁的译文是文言文体，而1919年之后渊泉的译文则已经是白话文体了。

译词方面，汉译用词受日译影响甚大，沿用至今的主要译词大都来自日译汉字词。不论译者用的底本是何种语言，几乎也都参考了日译本的翻译。如，民鸣所译的英文版序言第一段最后，将"丹麦"译成了"荷兰"（和兰），与幸德秋水的日译本一致。而英文版第二段"18个月监禁"，民鸣译为"十五月禁锢"，亦与日译本一致。②

译词方面受日译影响比较大的原因大致有两个：一个是，《宣言》的日文全译本在1906年已经出版，早于《宣言》的中文全译本，在时间上有被作为借鉴的可能性。另一个是，比起中国，马克思的思想、著作更早地在日本获得了较为广泛的传播。在日本，已经有许多介绍社会主义思想，介绍马克思思想的著作陆续出版，这些著作也被翻译介绍到了中国，而这些著作中摘译、节译的《宣言》中的内容也同时被翻译成了汉语，最早期的《宣言》汉译，有许多都不

① 叶夏声：《无政府党与革命党之说明》，载《民报》1906年第7期，第20页。
② ［日］幸德秋水：《幸德秋水全集》（第5卷），日本图书中心，1982年，第401页。

是中国人直接翻译《宣言》本身，而是翻译日本著作时，一并对其中摘译、节译的《宣言》也进行了转译。渊泉与李大钊的译文十分接近，盖因二人对《宣言》的翻译都是对日本作家河上肇著作中提到的《宣言》的内容的转译。并且二人都受到河上肇著作的深刻影响，译词与河上肇著作中的日译汉字词十分接近。而日语中翻译《宣言》的日译汉字词已经较为稳定，所以，二者沿用了同一个日本作者著作中的用词，自然就使得二者的译文十分接近。

三、《共产党宣言》早期汉语节译本中的关键译词解析

关于译词的特点，有必要对节译内容进行对比考察，基于《宣言》第一章开首和全文最后部分的译文被翻译的次数多，且有众多核心译词出现，因此，选择这两个部分内容分别进行考察。

《宣言》开首第一句话的翻译：

朱执信的《德意志社会革命家小传》："自草昧混沌而降，至于吾今有生，所谓史者，何一非阶级争斗之陈迹乎？"①

煮尘重治，朱执信译的《社会主义大家马儿克之学说》："自草昧混沌而降，至于今兹，所谓历史者，何一非人类阶级争斗之陈迹乎？"②

渊泉的《马克思的唯物史观》："一切过去的历史，是阶级争斗的历史。"③

李大钊的《我的马克思主义观（上）》："凡以前存在的社会的历史都是阶级竞争的历史。"④

今译为："至今一切社会的历史都是阶级斗争的历史。"⑤

"阶级斗争"一词，朱执信、渊泉译为"阶级争斗"，李大钊译为"阶级竞争"，民鸣译为"阶级斗争"与日译一致。我国从先秦至于清代，"争斗"的用

① 朱执信：《德意志社会革命家小传》，载《民报》1906年第2期，第6页。
② 煮尘重治、朱执信译述：《社会主义大家马儿克之学说》，载《新世界》1912年第2期，第5页。
③ 渊泉：《马克思的唯物史观》，载《新青年》1919年第6卷第5号，第510页。
④ 李大钊：《我的马克思主义观》（上），载《新青年》1919年第6卷第5号，第527页。
⑤ 《马克思恩格斯文集》第2卷，人民出版社，2009年，第31页。

法一直存在，如清代孙诒让在《墨子闲诂》中写道："凡饮酒及市，皆易启争斗。"①《红楼梦》中也多次使用"争斗"一词。但是，"斗争"这一用法，从先秦开始，越往后用得越少，明清时期，几乎绝迹。因此，多数的汉语节译，即使参考了日译，却未与日译一样采用"阶级斗争"，而改成了"阶级争斗"，这更符合汉语习惯。

《宣言》全文最后部分的译文：

赵必振的《近世社会主义》："同盟者望无隐蔽其意见及目的。宣布吾人之公言，以贯彻吾人之目的，唯向现社会之组织，而加一大改革。去治者之阶级，因此共产的革命而自警。然吾人之劳动者，于脱其束缚之外，不敢别有他望。不过结合全世界之劳动者，而成一新社会耳。"②

朱执信的《德意志社会革命家小传》："凡共产主义学者，知隐其目的与意思之事，为不衷而可耻。公言其去社会上一切不平组织而更新之之行为，则其目的，自不久达。于是压制吾辈，轻侮吾辈之众，将于吾侪之勇进焉奢伏，于是世界为平民的。而乐恺之声，乃将达于渊泉。"③

宋教仁的《万国社会党大会略史》："吾人之目的，一依颠覆现时一切之社会组织而达者，须使权力阶级战栗恐惧于共产的革命之前。盖平民所决者，唯铁锁耳。而所得者，则全世界也。"④

煮尘重治，朱执信译述的《社会主义大家马儿克之学说》："凡共产主义学者苟大声疾呼，穷抉利弊，公言去社会上一切不平等之组织而发为更新之之方法，则其目的，自不久而达。于是而压制吾党，轻侮吾辈之徒，将慑伏吾侪之勇进而不敢肆其反抗。于是世界乃为平民的。而乐恺之声，自将达诸天壤。"⑤

渊泉的《马克思的唯物史观》："共产党以隐蔽主义政见，为卑劣的行为。所以我们公然向世人宣言曰：我们能够推倒现时一切的社会组织，我们的目的，

---

① 〔清〕孙诒让：《墨子闲诂》（上），孙启治点校，中华书局，2001年，第362页。
② ［日］福井准造：《近世社会主义》，赵必振译，上海时代书店，1927年，第127页。
③ 朱执信：《德意志社会革命家小传》，载《民报》1906年第2期，第6—7页。
④ 宋教仁：《万国社会党大会略史》，载《民报》1906年第5期，第2页。
⑤ 煮尘重治、朱执信译述：《社会主义大家马儿克之学说》，载《新世界》1912年第2期，第6页。

就可以达到。使他们权力阶级，在共产革命的面前，要发抖。劳动者所丧失的东西，是一条铁链。劳动者所得的东西，是全世界。"①

陈望道："共产党最鄙薄隐秘自己的主义和政见。所以我们公然宣言道：要达到我们的目的，只有打破一切现社会的状况，叫那班权力阶级在共产的革命面前发抖呵！无产阶级所失的不过是他们的锁链，得到的是全世界。"②

今译为："共产党人不屑于隐瞒自己的观点和意图。他们公开宣布：他们的目的只有用暴力推翻全部现存的社会制度才能达到。让统治阶级在共产主义革命面前发抖吧。无产者在这个革命中失去的只是锁链。他们获得的将是整个世界。"③

暴力推翻、社会制度、统治阶级、无产者等关键词的翻译值得注意：

赵必振	一大改革	社会之组织	治者之阶级	劳动者
朱执信	更新	社会上组织	/	平民
宋教仁	颠覆	社会组织	权力阶级	平民
煮尘、朱执信	更新	社会上组织	/	平民
渊泉	推倒	社会组织	权力阶级	劳动者
陈望道	打破	社会的状况	权力阶级	无产阶级
《马克思恩格斯文集》	暴力推翻	社会制度	统治阶级	无产者

这四个译词在节译本中与现在通行的译词都不一样，而在首个全译本中，也只有"无产阶级"这一个译词与现在通行的"无产者"的译法相近。甚至"暴力推翻"一词，五位译者译得都不相同。由此可见，比起名词的译法，动词的译法更多样化，也更难以固定与达成统一。赵必振、朱执信使用了"改革""更新"这样较为平和的译词，而渊泉、陈望道则使用了"推倒""打破"等译词，更趋于尖锐化。动词翻译的尖锐化一直延续到当前的通行译文中。早期节译本的这一趋势也应和了陈力卫关于《宣言》中文全译本译词逐渐尖锐化

---

① 渊泉：《马克思的唯物史观》，载《新青年》1919年第6卷第5号，第510页。
② 《陈望道全集》第7卷，浙江大学出版社，2011年，第30页。
③ 《马克思恩格斯文集》第2卷，人民出版社，2009年，第66页。

的观点。① 可见，译词的尖锐化不止出现在新中国成立后，在早期节译本的流变中已现端倪。

对"社会制度"（social conditions/Gesellschaftsordnung）的译法，在陈望道之前，基本都统一为"社会组织"，这与日译本一致，而陈望道译作"社会的状况"，是之前从未有过的译法。这也可以看出当时译者对马克思主义的理解并不深入。将social conditions/Gesellschaftsordnung译为"社会组织"是将其理解为一个团体，而不是一种体系，甚至连法度、准则的理解程度都够不上。而陈望道将其译为"社会的状况"，已经摆脱了社会团体、集体这样的理解，更趋近于理解为一种情况、状态。虽然这一理解与体系这一含义仍相距甚远，但是比起团体、集体，在译词上还是显现了理解层面的进步。

"统治阶级"（the ruling classes/die herrschenden Klassen）普遍译为"权力阶级"，这也来源于日译本。"权力阶级"侧重点在于突出该阶级具有比别的阶级更多的权势、利益和更高的地位。而"统治阶级"则凸显了该阶级对其他阶级的支配与管理。在对这一概念的理解上，赵必振反而是理解得最到位的。且赵必振在翻译时将这一概念做了本土化的处理。显然，"治者之阶级"这一更符合汉语习惯的译法，比之"统治阶级"这样陌生的概念，更能让对马克思主义还几乎未有了解的一般受众所理解与接受。而随着翻译解说马克思主义思想的日本文献日益增多，马克思主义在中国得到了更广泛的传播，汉语译词也就越来越受日译词的影响，越来越依赖日译汉语词汇。究其因由，汉语节译的马克思主义文本，有很大部分是通过转译解说马克思主义的日本文献中引用的马克思、恩格斯等经典作家文本而来的，从本质上来说，对马克思主义的理解就深受日本作者的影响，因此，译词沿用日译本就理所当然了。

对"无产者"的翻译基本集中于"劳动者"和"平民"这两种译法的互相竞争。陈望道的译文在使用译词方面与之前的节译颇多相似。但对于"无产者"（Proletarians/Proletarier）的翻译，从各个节译本中"劳动者"和"平民"的竞争

---

① 陈力卫：《让语言更革命——由〈共产党宣言〉翻译版本的变迁看译词的尖锐化》，载《新史学》（第二卷）：概念·文本·方法》，中华书局，2008年，第189—211页。

变成了陈望道全译本中的"无产阶级"胜出。

各个译者对"无产者"（proletarians/proletarier）一词的翻译梳理如下表：

《马克思恩格斯文集》	无产者（proletarians/Proletarier）
赵必振	劳动者
朱执信	平民
宋教仁	平民
民鸣	平民
成舍我	无产阶级
渊泉	劳动者/无产者
李大钊	无产者
陈望道	无产阶级/无产者

在日译本中，"无产者"（proletarians/proletarier）一词被译为"平民"。而早期的汉语节译本中，基本沿用了日译本的译法，译作"平民"。1919年前后的节译本都开始使用"无产者"这一译法，一直到陈望道的全译本也继续采用了"无产者"这一译法。从"平民"到"无产者"，汉译水平向前推进了一步，主要体现在两个方面：第一，在日译中，plebeian/Plebejer 和 proletarians/Proletarier 都译为"平民"，不加以区分，但显然，这两者指称了不同的社会群体。而将 proletarians/Proletarier 译为"无产者"，将 plebeian/Plebejer 译为"平民"，在译词上做出了更为精细的区分，也更好地区别了两个不同的社会群体。第二，比起"平民"，"无产者"一词突出了这一概念中的经济因素，融贯了马克思的政治经济学思想，更能表现马克思思想的整体性。

另外，在《宣言》的翻译中，最值得关注的是对"资产阶级"（bourgeoisie）一词的翻译，几乎未借鉴日译的"绅士"一词，反而发展出了多种汉译词汇。"资产阶级"在《大同学》中，被译为"纠股办事之人"，朱执信将其译为"资本家雇主"，民鸣译为"绅士"或"中等阶级"，煮尘译为"富豪家族"或"资本家雇主"，成舍我译为"中产阶级"，渊泉译为"有产者阶级""有产阶级"或"资本家阶级""资本家"，李大钊译为"有产者阶级"或"资本家阶级"。在朱执信那里，已经出现了"资本家"这样的译法了，自渊泉之后，几乎是"有产者阶级"和"资本家阶级"这两个译词之间的竞争了。而陈望道的全译本，也没有跳出这两种译法，译为"有产阶级"，大抵也是受当时存在的主流译法的影响。而在民鸣的译文中，还有"绅士"这样的译法，显然借鉴了日译本。而从前文"阶级斗争"的译法分析中也可以看出，民鸣最忠实于采用日译汉语词汇，哪怕日译汉语词汇与汉语习惯不同，也几乎不对日译词进行符合汉语习惯的更改。而在晚清时期，虽然"绅士"究竟指哪些人，史学界至今仍无法达成一致的看法，但是，可以确认的是，"绅士"一词在晚清是有特定指称对象的。按张仲礼的说法，绅士的地位必须通过取得功名、学品、学衔和官职而获得。①他们是一个特殊的社会集团，大致的地位居于官、民之间，其所指显然与《宣言》中 bourgeoisie 一词的所指不同，因此，汉语译者大多都摒弃了"绅士"一词，目的在于与中国社会中已经存在的"绅士"群体进行区分。虽然，节译本的各个译者对 bourgeoisie 一词的理解不尽相同，但是，他们已经明确地意识到了该词与"绅士"群体的区别，bourgeoisie 这一群体的特殊性首先体现在"有产"或者说"有资本"上，各个译者都从经济角度来翻译 bourgeoisie 一词，比起"绅士"的译法，这种译法对马克思主义的理解显然更进了一步。

从以上译词的变迁可以看出，最初的节译本中采用的译词更符合当时汉语的语体习惯。译词尽量采用当时汉语中已经存在的词汇，从翻译策略上来说，这有利于初次接触马克思主义的一般受众理解和接受马克思主义理论。但是，这种方式的弊端在于，将马克思主义语境中的概念进行本土化处理，消弭了这些概念的特定含义和其在马克思主义思想体系中的一致性，使这些概念带上了浓重的中国本土思想，这不利于对马克思主义思想的深入理解。当然，这样的译法也只在马克思主义传播初期，译者对马克思主义的理解还十分有限，对马克思主义的概念非常陌生的时候才会采用。这与佛教经典传入中国时使用的

---

① 张仲礼著，李荣昌译：《中国绅士：关于其在十九世纪中国社会中作用的研究》，上海社会科学院出版社，2001年，第1页。

"格义"①之法有异曲同工之处。

四、不同政治倾向的译者对《共产党宣言》译文的影响

《宣言》的早期节译者各自有不同的政治倾向，各自推崇不同的政治主张，上文提到的译者，其政治倾向大致可以分为三类：一是无政府主义者，何震、刘师培夫妇是也；二是资产阶级革命派，如朱执信、宋教仁；三是马克思主义者，张闻天、李大钊等人。

无政府主义者重视《宣言》的原因在于他们相信马克思的共产主义已经融化于巴枯宁的集产主义之中了。尤其对《宣言》中提出的社会历史变革皆在阶级斗争之中的观点大为赞同。以至于无政府主义者以此为依据，认为讨论历史必当以《宣言》为圭臬。

资产阶级革命派亦重视《宣言》中的阶级斗争思想。朱执信在《德意志革命家小传》中特别提到，《宣言》与空想革命家所讲的社会主义的不同之处在于，把阶级斗争作为了历史发展的基础。资产阶级革命派也明确地区分了《宣言》提出的社会主义思想与无政府主义思想。前者在利用政府，后者在废灭政府；前者是维持善良政府，服从法律，后者轻蔑政治，破坏法律；前者平和、有秩序、博爱，后者是绝对的利己主义。②在资产阶级革命派那里，社会主义成了驱逐、消灭无政府主义的政治良风。资产阶级革命派对《宣言》的译介，也有对抗无政府主义的目的。

---

① "格义"一词，最早出现在梁代慧皎的《高僧传》中："时依雅门徒，并世典有功，未善佛理。雅乃与康法朗等，以经中事数，拟配外书，为生解之例，谓之格义。"汤用彤认为"格义"有三层含义，第一，"'格义'是一种用来对弟子们教学的方法。"第二，"'格义'是用原来中国的观念对比［外来］佛教的观念、让弟子们以熟习的中国［固有的］概念去达到充分理解［外来］印度的学说［的一种方法］。"第三，"格义"这种方法准确的含义，"它不是简单的、宽泛的、一般的中国和印度思想的比较，而是一种很琐碎的处理，用不同地区的每一个观念或名词作分别的对比或等同。"参见汤用彤：《论"格义"——最早一种融合印度佛教和中国思想的方法》，载汤用彤：《理学·佛学·玄学》，北京大学出版社，1991年，第282—284页。
② 叶夏声：《无政府党与革命党之说明》，载《民报》1906年第7期，第20—21页。

"阶级斗争"同样是马克思主义者翻译《宣言》时的侧重点。李大钊的《我的马克思主义观》摘译了《宣言》中关于生产力和生产关系，经济基础和上层建筑关系的内容，以及阶级斗争推动历史发展，无产阶级的历史使命等内容。马克思主义者重视《宣言》中的阶级斗争思想，不仅赞同阶级斗争推动社会历史进步的观点，更为关注在阶级斗争中无产阶级的历史使命，将阶级斗争的落脚点放在无产阶级上，而不像无政府主义者那样，仅仅将阶级斗争看作讨论历史的必要前提。

《宣言》得到初步介绍、摘译、节译的时期，我国正处于旧民主主义革命时期。当时中国的工业无产阶级还处在刚形成的过程中，还未能形成具备规模的具有马克思主义理论武装的革命理论队伍。因此，对于《宣言》最早期的摘译、传播，主要依靠了资产阶级革命派。而资产阶级革命派主要是引入西方资产阶级民主主义理论，对于《宣言》的节译，只选取其中与三民主义相近的内容进行译介，将其作为对三民主义的一种补充或旁证。显著的例子是，朱执信译介了《宣言》第二章中的十项措施，对这十项措施的解释，充分体现了民生主义的基本思路。如对第二项"课极端之累进税"的解说，朱执信认为这一措施可以达到"不劳而富均，又无所苦"[1]的目标，是上上策。欧美国家由于资本主义的发展已然产生了严重的贫富不均的社会问题，而民生主义正是强调中国应该避免重走欧美国家的老路，在资本家还没有富可敌国之前，就积极寻求措施扼杀这一趋势，推进均富的社会目标。[2]

《宣言》的汉语节译，虽然只是节选了《宣言》中的部分片段进行翻译与介绍，但是，这些译介的变迁折射出了当时的社会现实，译者的情况，以及汉语词汇的情形，外来语本土化的状况等多个方面。为我们考察之后出现的《宣言》中文全译本，以及马克思主义在中国的早期传播提供了一个观察视角。

---

① 朱执信：《德意志社会革命家小传》，载《民报》1906年第2期，第8页。
② 《孙中山全集》第一卷，中华书局，1981年，第326—328页。

运用精准扶贫调研成果，全方位提升实践育人成效

王礼鑫①

内容摘要

十八大以来，以习近平总书记为核心的党中央部署开展的精准扶贫、脱贫攻坚及其取得的成就，彪炳史册，充分体现了中国特色社会主义制度的优势。让在校本科生、研究生等感受精准扶贫的鲜活实践，上升为理论认识，并激发求知、研究兴趣，是增强"四个自信"的一个抓手。近几年，笔者以深入开展的精准扶贫调研为基础，设计了实践育人课程思政思路。在本科生《公共政策学》中，将精准扶贫作为一项重大公共政策案例，全方位进入课堂；将一线扶贫干部请来学校、请进课堂；同研究生一起调研、一起探讨，指导学位论文撰写等。在教师引领下，行政管理本科生形成了以精准扶贫为选题的热潮，两项获得国家级大创项目支持；研究生已完成三篇学位论文，两篇优秀成绩。将鲜活实践融入课程思政以育人，取得积极成效。

关键词：实践育人；精准扶贫；调研成果

2013—2020年间，我国如期完成新时代脱贫攻坚目标任务，现行标准下

---

① 作者简介：上海师范大学哲学与法政学院，教授、副院长、系主任。研究方向为政策过程理论。

9899万农村贫困人口全部脱贫，832个贫困县全部摘帽，12.8万个贫困村全部出列，区域性整体贫困得到解决，完成消除绝对贫困的艰巨任务。八年间，在习近平总书记精准扶贫思想指引下，25.5万个工作队、300多万名第一书记和驻村干部、近200万名乡镇干部和数百万村干部奋战在第一线，一幅幅勠力同心、埋头苦干的画面是中华大地上一道亮丽的风景线。

如何将精准扶贫伟大实践引入课堂教学、人才培养过程，提升育人水平？

本人持续跟踪新时代脱贫攻坚工作，多次深入安徽、江西、海南等地开展社会调查，运用调查成果科学组织教学内容、教学方式方法，扩大了学生信息和知识库，推动了探究式学习等，取得积极效果。主要成果说明，精准扶贫的实践和理论，已成为不少学生知识体系的一部分，构成了"四个自信"的坚实基础。

一、多途径进入课堂与指导过程，增强学生对精准扶贫的直观认识

带领研究生深入基层调研精准扶贫。2017年、2019年，带领研究生6人次前往安徽固镇县、江西修水县、海南琼中县。在修水，走访4个乡镇，访谈乡镇党委书记、镇长2位，村主任4位，扶贫第一书记3位，帮扶干部4人，贫困户7户，获取精准扶贫文件数十份。在琼中期间，参加了县委县政府的座谈会、旁听了脱贫攻坚指挥部会议，走访了组织部、两个乡镇，在5个村进行了深入调查，访谈了第一书记、工作队成员、村两委干部、村退休干部、老党员、致富带头人等近百人。参与同学深受教育，由衷拥护脱贫攻坚战略部署，对"集中力量办大事"新型举国体制的制度优势有深切体会。

以脱贫攻坚成果展示为抓手加强课程思政。在本科生《公共政策学》中，将精准扶贫作为一项重大公共政策案例，全方位进入课堂。具体形式除了基本情况讲解，还包括视频节目观赏（利用课前、自习辅导时间）、重要资料介绍、学术文献阅读等。如，带领同学们一起观赏《焦点访谈》制作的第一书记系列报道，全方位展示本人调查过程及其图片、照片、资料等。推荐同学们阅读论

文，如《中国精准扶贫的政策过程与实践经验》（王亚华、舒全峰）概括了35种政策工具，帮助同学们了解政策工具的多样性，了解这种多样性是党的领导下多部门动员、协作的特色与优势。

结合调研现身说法如何开展科学研究。在研究生《学术规范与论文指导》中，通过展示调研精准扶贫与指导硕士论文的过程，让他们了解和掌握社会科学研究方法，如调研方案设计、访谈方法的实践等，材料的收集、整理、观点的形成，分析框架的建立等。寓思想政治教育于科学研究的指导中，通过优秀硕士学位论文形成的示范，让同学们同时对精准扶贫实践形成高度认同。

将实践请进课堂。将调研中结识的一线扶贫干部请来学校、请进课堂。2020年11月18日，邀请了海南省临高县副县长唐南桥、琼中县湾岭镇副镇长肖程文等来校举行讲座。他们讲述了丰富生动的扶贫实践、亲身经历的感人故事，凸显了各级干部"以人民为中心"的领导工作理念。校园网发表新闻通讯稿《"以人民为中心"海南干部为哲法学院师生宣讲脱贫攻坚战基层故事》，扩大了影响力。

人生导师课堂积极效果显著。2021年10月22日，受邀在"人生导师"中作"一个研究者在田野调查中观察到的精准扶贫"讲座，产生了积极影响。不少同学纷纷发表感言。有同学说，通过讲座"感受到竞争扶贫政策的正确顶层设计、各级领导者脱贫攻坚责任书签字的魄力与决心、一线包村干部和第一书记的苦干精神。正是这种'上下一条心，下好全国一盘棋'的精神才会实现832个贫困县全部摘帽，12.8万个贫困村全部出列的艰巨任务"。有同学说："本次人生导师沙龙活动让我受益匪浅，身为一名大学生，我将义无反顾地投入到祖国的社会主义现代化建设当中。"

二、指导学生开展以精准扶贫为主题的科研，提高科研创新能力

在课堂教学展示精准扶贫实践的引领下，2017级、2018级、2019级行政管

理本科生形成了以精准扶贫、乡村振兴为寒暑假社会实践调查、大学生科研创新项目等选题的"潮流"。不少同学获得立项。本人担任指导教师的学生科研项目中，项目负责人和成员都深入实地，采取参与式观察、访谈等方式开展社会调查，在增强感性认识的基础上，提高了理论认识水平。不少项目成果，经鉴定为优秀，充分反映了认识水平的提高。如，2017级王壬君同学主持的《"互联网"电子商务精准扶贫模式效用及对策研究——以山西省繁峙县农村电商平台为例》，获得2019年度国家大学生创新创业训练计划项目的支持，结项成果获得优秀等第；王壬君主持的《电商"造血"扶贫计划——联系政府与乡村的第三方公司》，获得第十二届"挑战杯"上海师范大学大学生创业计划竞赛优秀奖；2018级汪若凡主持的《乡村旅游开发助推脱贫和乡村振兴的问题及对策研究——以贵州省安顺市为例》，获得2020年国家级"大学生创新创业训练计划"项目支持，项目成果为良好。

所指导的三位研究生，形成20多万字的访谈记录资料，完成硕士学位论文《减贫公共产品的精准供给机制研究——基于S县精准扶贫调查》、《"双轨治理"：中国农村贫困治理机制研究——基于QZ县扶贫工作队调查》《压力型体制下扶贫工作队的行为机理研究——基于H省S县的实地调查》。在外审、答辩委员会中，均取得优秀、良好的评价。

中华民族的"天下观"与"天下情怀"

——基于中国共产党成功抗疫的哲学思考

张自慧①

内容摘要

"新冠疫情"在全球的爆发与流行不仅引发了人们世界观、价值观的波澜与震荡，而且显露出国家制度和民族文化的差异与冲突。针对一些国家及其政客出于政治目的对中国政府和中国共产党成功抗疫的"污名化"闹剧，我们需要让世界了解中华民族的"天下情怀"。这种"天下情怀"以"万物一体"的"天下观"为哲学之基，以"义以为上""以德服天下"为实践理路，以"协和万邦""万国咸宁"为价值旨归，以"精神人文主义"为核心意蕴，是中华民族德性与智慧的结晶。在全球化时代，"天下情怀"是人类共生共存的"道德积蓄"，是国家民族守望相助、互尊互重的"理性枢轴"。

关键词：天下观；天下情怀；精神人文主义；协和万邦；万国咸宁

庚子新年之际爆发的"新冠疫情"持续数月且目前仍在肆虐，其所产生的

---

① 作者简介：张自慧，博士，上海师范大学哲学与法政学院教授，博士生导师。研究方向为伦理学、礼文化、先秦哲学。本文为国家社科基金项目"先秦元典中的中华民族文化基因研究"（15BZS034）、上海师范大学人文社会科学重大预研究项目"中国礼教思想史研究"（2019）的阶段性成果。

杀伤力和冲击波不仅威胁着人类的生命健康，而且引发了人们的世界观和价值观的波澜与震荡，凸显出国家民族制度与文化的差异与冲突；不仅折射出人与自然关系的紧张与失衡，而且暴露出人情与社会、人性与未来关系的脆弱与撕裂。面对疫情在全球的快速蔓延，中国政府和中国共产党秉承人类命运共同体的理念，快速分享抗疫经验，积极援助抗疫物资，表现出了"大国担当"的精神。然而，这些救危扶困的道义行为却遭到少数国家及其政客的"污名化"，其不断鼓噪"中国威胁论"的老调，污蔑中国"以援助换外交"拉拢人心。这类出于政治目的诋毁和"甩锅"中国的谎言是经不起检验的，任何一个了解中国历史和文化的人都会知悉，中华民族自古就是一个具有"天下意识"和"天下情怀"的民族，中国在全球"新冠疫情"中的行动具有历史和文化的必然性，是民族文化心理、"种族记忆"和优良传统之自然呈现。对中华民族的"天下观"和"天下情怀"进行梳理和阐发，不仅有助于厘清是非曲直、倡扬道德正义、展示华夏民族的文化气象和文化自信，而且有助于化解国家民族之间的文化冲突、增进互信，为人类未来找到具有普遍意义的行动圭臬。

一、"天下观"是"天下情怀"的哲学之基

"天下观"即"观天下"，是中国古人"观"世界、"观"宇宙的方式和方法，其实质是天人关系的展开。"天"是中华先民的"准宗教信仰"，新石器时代华夏族人赋予天以超自然的属性，视其为一种不可抗拒的正义力量和绝对权威。观天地、悟天道、思人道是中国古代圣贤的思维模式，也是中国智慧的产生理路。《周易·系辞下》云："古者包牺氏之王天下也，仰则观象于天，俯则观法于地，观鸟兽之文，与地之宜，近取诸身，远取诸物，于是始作八卦，以通神明之德，以类万物之情。"在尚无文字的上古时期，伏羲（包牺）通过对天地的仰观、俯察，对万物的审视、感通，体悟和索解到天地万物之间存在的有机联系和有序状态，继之用阴阳符号的组合创建了八卦系统——一个天下万物和谐共生、流变不息的宇宙"万花筒"。《周易》所建构的卦爻系统是中国古

代"万物一体"思想的"元叙事",它牖启了中华民族以宇宙为有机体的世界观——"天下观"。这种"天下观"表现为《周易》所揭示的天地万物与人相互依存、共在共生的有机系统以及"各正性命,保合太和""天人合一"的宇宙秩序。《周易·序卦》中的"有天地然后有万物,有万物然后有男女,有男女然后有夫妇,有夫妇然后有父子,有父子然后有君臣,有君臣然后有上下,有上下然后礼仪有所错",就是这一"天下观"的鲜活呈现。先秦诸子无不崇仰"天"之权威,无不以体悟和认知"天道"为旨趣,以人道遥契天道为目标追求。从老子的"人法地、地法天、天法道、道法自然"(《道德经·第二十五章》),到孔子的"天何言哉?四时行焉,百物生焉,天何言哉?"(《论语·阳货》),从孟子的"顺天者存,逆天者亡"(《孟子·离娄上》),到荀子的"天行有常,不为尧存,不为桀亡。应之以治则吉,应之以乱则凶"(《荀子·天论》),都彰显出人道与天道之间神秘而不可分的关系。古代哲学家在体悟天道的基础上,形成了"万物一体"的思想。庄子的"天地一指也,万物一马也""天地与我并生,万物与我为一"(《庄子·齐物论》),张载的"乾称父,坤称母;予兹藐焉,乃混然中处。故天地之塞,吾其体;天地之帅,吾其性。民,吾同胞;物,吾与也"(《西铭》),皆是对"万物一体"天下观的洞见与阐发。这一"天下观"告诉我们,在这个世界上,任何个体都不是独立于"他者"的孤立存在,"我者"与"他者"共生共存;阴阳和合、生生不息的天道作用于共同体的每一个"我者"与"他者"。

"天下观"是"类"哲学观的产物。华夏民族"万物一体"的天下观是以"类"意识为前提的。一般说来,"类"是指性质或特征相同或相似的事物。荀子曰:"凡生天地之间者,有血气之属必有知,有知之属莫不爱其类"(《荀子·礼论》),"故以人度人,以情度情,以类度类,以说度功,以道观尽,古今一也。"(《荀子·非相》)儒家肯定基于"类"而产生共感的可能,将人与人之间的共感视为一种"天赋"的能力,认为人对自己同类具有可以超越民族、邦国界限的共感。基于这种"类"观念,儒家建构了以人类为导向、使人成为人的价值体系,即礼乐教化的价值系统,力图通过社会教化让人认知、理解和践履那些"人之为人"的基本价值共识,从而做到"以人度人,以情度情,以类度类"。在儒家看来，"度"的前提和基础是"心"与"理"的相同与相通，即陆九渊所说："东海有圣人出焉，此心同也，此理同也；西海有圣人出焉，此心同也，此理同也；南海北海有圣人出焉，此心同也，此理同也；千百世之上有圣人出焉，此心同也，此理同也；千百世之下有圣人出焉，此心同也，此理同也。"①这意味着人与人之间存有跨越时空、可以通约的人心和价值，这种"东海西海，心同理同"的思想是一种普遍主义或世界主义的理念。马克思指出："人是类存在物……人把自身当作现有的、有生命的类来对待，当作普遍的因而也是自由的存在物来对待。"②因此，"只有人的生活才称得上是'类生活'，只有人才可被认为具有'类本质'和'类意识'"③。"类哲学"是一种揭示人的"类本质"的哲学形态，它"是以人的方式去观照人的一种新的哲学思维方式与思想境界。……'类'与'种'不同，'类'作为人的存在特性揭示的是人之为人的根本性质与特征，即人的器官的未特化性，人的本质的后天生成性、自主自为性、动态性，生命活动的自我否定性、个体性等"④。马克思曾用一语概括人的类本性，即"人的类特性恰恰就是自由的自觉的活动"⑤。把人作为类的存在物去考察，不仅有助于以类概念、类意识揭示不同民族之间产生共感的基础，而且有助于从人"自由""自觉"的主体性高度把握人与自然、人与社会有机统一的存在状态，这是"类哲学"所承担的理性使命。换言之，作为"最为天下贵"的人类应以自己的"类生命"关照世界上其他生命的存在，以维护宇宙生生不息的和谐秩序。从某种意义上说，类哲学的本质是一种生命哲学，而生命哲学正是中国哲学的特质。对"以天下观天下"的中国人而言，"类生命"理念并未囿于人类层面，而是从"类"意识跃迁到了广义的"生命"意识。在"天无私覆，地无私载，日月无私照"（《礼记·孔子闲居》）的自然意识和"溥天之下，莫非王土；率土之滨，莫非王臣"（《诗经·小雅·北山》）的政治意识影响下，中华

① 《陆九渊集》卷二十二《杂著》，中华书局，1980年，第273页。
② ［德］马克思、恩格斯：《马克思恩格斯全集》第42卷，人民出版社，1982年，第95页。
③ 高清海、余潇枫：《"类哲学"与人的现代化》，《中国社会科学》1999年第1期。
④ 高清海、余潇枫：《"类哲学"与人的现代化》，《中国社会科学》1999年第1期。
⑤ ［德］马克思、恩格斯：《马克思恩格斯全集》第42卷，人民出版社，1982年，第96页。

先民习惯于将苍穹之下、大地之上的万物皆视为"同类"，将宇宙所有的生命存在同等对待，仁及鸟兽。在他们看来，正是基于生命体所具有的共性，人与人之间才形成了"人同此心，心同此理"的价值认同，人对宇宙万物才产生了生命之间惺惺相惜和体恤关爱的情感关联。

"万物一体"的"天下观"涵养了中华民族的天下情怀。"万物一体"的"天下观"是中国人卓越的文化创造，是中华文化最有气象、最富格局的智慧结晶。"万物一体"的情感体悟和价值认同是通过心灵的"交感"实现的。这在《周易》咸卦中有生动的开显。咸卦卦辞曰："咸：亨，利贞，取女吉。"此卦象征夫妇。天地与夫妇具有共同点，"乾坤乃造化之本，夫妇实人伦之原"（《周易正义》）。《象》曰："咸，感也。柔上而刚下，二气感应以相与……天地感而万物化生，圣人感人心而天下和平。观其所感，而天地万物之情可见矣。"王弼注曰："天地万物之情，见于所感也。凡感之为道，不能感非类者也，故引取女以明同类之义也。"[①]"交感"何以能化生万物？《泰卦·象传》云："天地交而万物通也，上下交而其志同也。"对"圣人感人心而天下和平"，孔颖达疏曰："圣人设教，感动人心，使变恶从善，然后天下和平。"关于"观其所感，而天地万物之情可见矣"，孔氏疏曰："结叹咸道之广，大则包天地，小则该万物。感物而动，谓之情也。天地万物皆以气类共相感应。"[②]咸卦从阴柔和阳刚二气交感互应而生成万物，到男女交感亨通而繁衍人类，最后推导出圣人感化人心而带来天下的和平昌顺，这不仅表明了人道对天道的效仿，而且揭示了"唯同类方能相感"的真谛，强调了"同类相感"对万物化生和社会教化的作用。"圣人"何以能"感人心"？张载从圣人体悟能力角度解释说："是风动之也；圣人老吾老以及人之老而人欲老其老，此是以事相感也。"[③]王阳明则从圣人道德修养视域阐释为："天下之人心，其始亦非有异于圣人也，特其间于有我之私，隔于物欲之蔽，大者以小，通者以塞，人各有心，至有视其父子兄弟如仇仇者。圣人有忧之，是以推其天地万物一

---

① 《宋本周易注疏》，中华书局，2018年，第210页。
② 《宋本周易注疏》，中华书局，2018年，第211页。
③ 张载：《张载集》，中华书局，1978年，第125页。

体之仁以教天下，使之皆有以克其私，去其蔽，以复其心体之同然。"[①]事实上，圣人是通过引导人们体悟和克制情感来进行道德教化的，在情感体悟中"感而化之"，在情感克制下走向仁义。然而，人作为"万物之灵"，不仅能同类相感，而且能在仰观俯察中"与天地参""与万物感"，体悟和洞悉天、地、人的关系，达至"天人合一"的境界。《中庸》中的"天命之谓性，率性之谓道，修道之谓教"，阐释了从"天道"至"人道"的过程中"命——性——道——教"层层递进的内在逻辑。杜维明指出："因为人性是上天赋予的，所以天道就内在于人性之中。……这意味着人类有能力和责任在世上践行天道。仁的最高表现是宇宙论和人类学意义上的。"[②]在"天地万物一体之仁"思想的熏染和涵养下，中华民族形成了仁义至上、天下一家、"四海之内皆兄弟"的天下情怀，它是一种超越国家和民族的人类意识。这种天下情怀和人类意识使儒家形成了对生命共性的肯认，建构了"亲亲——仁民——爱物"理论框架；使中华民族具有了"民吾同胞""物吾与也"的能力与担当，能够对"他者"予以关照与呵护。

二、"以德服天下""义以为上"是天下情怀的实践理路

在传统中国，天下情怀并非仅是人们心中的幻想，而是圣贤心中的蓝图和先王执政的方略，具有清晰的行动"路线图"。其内容主要包括两个方面：

第一，"以德服天下"是天下情怀在治国实践中的生动彰显。在国家层面，天下情怀以德政和王道为内核，在我国最早的政事史料汇编典籍《尚书》[③]中有

---

① 王阳明：《传习录》，载《王阳明全集》第1卷，线装书局，2012年，第132页。
② 杜维明：《精神人文主义——己、群、地、天》，杜维明先生在第二十四届世界哲学大会·王阳明讲座上的讲话。
③ 《尚书》是我国最早的历史文献，著名经史学家金景芳先生称其是"中国自有史以来的第一部信史"（《〈尚书·虞夏书〉新解·序》，辽宁古籍出版社，1996年）；刘起釪先生认为，《尚书》是"我国进入文字记载的历史时期以后最早的三个王朝夏商周的最高统治者在政治活动中形成的一些诰语、誓词、谈话记录等，由史臣载笔写下，经历了多灾多难复杂曲折的流传过程，才从当时众多文献中侥幸获得保存的少数几篇"，"是唯一保存下来的夏商周政治活动中最早的历史见证"（《尚书学史》，中华书局2017年版，第1页）。到了汉代，《尚书》被尊奉为儒家元典"五经"之一。

不少相关记载。《尧典》中的"允恭克让，光被四表"，《舜典》中的"柔远能迩，惇德允元"，《大禹谟》中的"无怠无荒，四夷来王""文命敷于四海，祇承于帝"，这些德性政绩的积淀汇聚成了"帝光天之下，至于海隅苍生，万邦黎献，共惟帝臣"（《益稷》）的和谐局面。《禹贡》中的"揆文教"是夏朝统治者天下情怀的体现，它以文明的手段治理社会，通过以柔克刚、迂回曲折的方法化解社会的矛盾和冲突。这种来自部落社会的"德义"传统，体现了创制者的天下情怀和政治智慧。其后，中国历代贤明的统治者皆秉承这种"德义传统"和"纳众归一"的包容思想来治国理政。作为中华文明的重要奠基者，孔子承继周公以礼乐治世的思想，并纳仁入礼，使其后的中国文化成为仁礼架构、仁义并举的文化。在这种"崇尚仁义道德"的儒家思想影响下，"以德服天下"的"王道"理念日渐深入人心。"王道"的本质在于仁政，孟子曾引孔子之语曰："道二：仁与不仁而已矣。"（《孟子·离娄上》）意思是"道"出于"仁"则入于"不仁"，不存在第三种选择。他提出了系统的"仁政"学说，把"仁"与"不仁"视为关乎"得天下"或"失天下"的根本问题，认为"三代之得天下也以仁，其失天下也以不仁。国之所以废兴存亡者亦然。天子不仁，不保四海；诸侯不仁，不保社稷"（《孟子·离娄上》）。他指出："以力假仁者霸，霸必有大国。以德行仁者王，王不待大——汤以七十里，文王以百里。以力服人者，非心服也，力不赡也；以德服人者，中心悦而诚服也，如七十子之服孔子也。"（《孟子·公孙丑上》）面对当时各诸侯国争相采用的霸道政治，以及由此所引发的战争与祸乱，荀子褒扬王道，抨击霸道。"彼王者……，仁眇天下，义眇天下，威眇天下。仁眇天下，故天下莫不亲也。义眇天下，故天下莫不贵也"（《荀子·王制》），在他看来，王道"以德服天下"，将道义和仁德普施天下，使人心归附，"能用天下之为王。汤、武非取天下也。修其道，行其义，兴天下之同利，除天下之同害，而天下归之也"；反之，推行"以力服天下"的霸道则会众叛亲离、走向灭亡，"桀、纣非去天下也，反禹、汤之德，乱礼义之分，禽兽之行，积其凶，全其恶，而天下去之也。天下归之之谓王，天下去之之谓亡"（《荀子·正论》）。他劝诫君王们应效法汤、武，"厚德音以先之，明礼义以道之，致忠信以爱之"（《荀子·王霸》），以仁德和道义赢得人心，成为众望所归的王者。可见，"以德服天下"者"王"，"以力服天下"者"亡"。当代新儒家的先驱梁漱溟总结说："弭兵运动自古有之，却总不成功。"[1]因此，中国人坚信，在国际交往中唯有"以德服天下"者，才能使人"心向往之"。

第二，"义以为上"是天下情怀在外交实践中的理性体现。"三代之衰，王道熄而霸术昌。"[2]春秋战国时期，"五霸"并立，"七雄"争胜，诸侯国之间摩擦与冲突不断。在外交风云起伏跌宕的氛围中，"义以为上"一直是当时士大夫阶层的有识之士处理国家争端所持奉的外交准则。"义以为上"为何如此重要呢？这是由"义"在中国传统文化中的内涵和地位所决定的。在儒家典籍中，"义"有两层意蕴。其一，义者，宜也。即"义"为"事之宜"。"'事'展现为人的活动及其结果，生成于'事'的现实世界相应地无法离开人的所'作'所'为'。"[3]因此，训"义"为宜，旨在强调人之行为的恰当、适度与相称，其标准为是否合乎礼的规范和准则。一个行为只有与其作用的对象、环境、时代相适应，才具有合理性并为人们所接受。《礼记·中庸》云："仁者，人也，亲亲为大；义者，宜也，尊贤为大。"古人已意识到"义"为公正合宜的道理或举动。其二，义者，道也。即"义"为"人之道"。《礼记·冠义》云："人之所以为人者，礼义也。"当子路问："君子尚勇乎？"孔子曰："君子义以为上。君子有勇而无义为乱，小人有勇而无义为盗。"（《论语·阳货》）古人认为，"礼近于义"（《礼记·乐记》）。礼立于天下即为义，故礼义常并提而用，如"义以出礼"（《左传》桓公二年），"礼以行义"（《左传》僖公二十八年），"礼者，义之实也"（《礼记·礼运》）等。因此，人们要做到"事之宜"，秉持"人之道"，就必须坚持"义以为上""礼以行之"（《论语·卫灵公》）。"义以为上"不仅关乎"人之为人"，而且关涉"国之为国"。《礼记·郊特牲》云："礼之所尊尊其义也。失其义，陈其数，祝史之事也。故其数可陈也，其义难知也。知其义而敬守之，天

---

① 梁漱溟：《中国文化要义》，上海人民出版社，2003年，第306页。
② 王阳明：《传习录》，载《王阳明全集》第1卷，线装书局，2012年，第133页。
③ 杨国荣：《基于"事"的世界》，《哲学研究》2016年第11期。

子之所以治天下也。""义以为上"是当时国家处理外交事务所遵循的重要原则，具体表现为诸侯国之间"救乏、贺善、吊灾、祭敬、丧哀"（《左传》文公十五年）等活动中的"交国以礼""交国以德"。作为"五礼"之一的宾礼就是规约上下邦交的礼仪，用以协调天子与诸侯、诸侯与诸侯之间的关系。从宾礼的视角看，一部春秋史就是一部"国际"关系史。诸侯国之间以礼邦交，展示出"国际"关系中的道德与正义。尽管春秋战国时期有礼崩乐坏之说，但事实上"礼"和"义"仍是当时衡量一切是非曲直的圭臬，《左传》中的"礼，身之干也"（成公十三年）、"礼，国之干也"（襄公三十年）充分表明礼义仍是当时社会统治阶层的主导理念。《春秋》被司马迁称为"礼义之大宗"（《史记·太史公自序》），其中的大量史料证明，为了避免战争，创造良好的"国际"交往与生存环境，"交国以礼""义以为上"是当时统治者首选的、理想的外交手段，"亲仁善邻，国之宝也"（《左传》隐公六年）是各诸侯国精英们的共识。有周一代，各诸侯国通过对"礼"的重视和践履来达到对"义"的肯认与坚守，而"义以为上"在外交活动中的理性运用则彰显出中华民族的天下情怀。

三、"协和万邦""万国咸宁"是天下情怀的价值旨归

作为礼仪之邦的中国一向崇尚以人文化成天下。《周易·贲卦·象传》云："刚柔交错，天文也；文明以止，人文也。观乎天文以察时变，观乎人文以化成天下。"礼乐教化是儒家人文化成的重要手段，其宗旨在于让人远离"愚蔽偏执之情""强暴冲动之气"，走向"清明安和"的人类理性，建构一个"生活完全理性化的社会"①。"天下情怀"是中华民族在礼乐文明熏染下形成的思维理性和实践理性，其价值旨归是"协和万邦""万国咸宁"。正如习近平总书记所说："儒家提倡'大道之行，天下为公'，主张'协和万邦，和衷共济，四海一家'。"此乃中国人类命运共同体思想的哲学底蕴之所在。

---

① 梁漱溟：《中国文化要义》，上海人民出版社，2003年，第128—129页。

"协和万邦"是"天下主义"思想的体现。"'天下主义'是中国古代处理国与国关系的政治伦理原则，体现了礼乐文明的博大与友善。受儒家'王道'思想的影响，中国人具有悠久而强烈的'天下'意识。儒家先哲以自己博大的心胸、宽阔的视野和明智的理性，提出了'以天下为己任'的人生追求和'修身、齐家、治国、平天下'的人生理想，'天下'成为一个高于国家之上的人类层面的概念。"[①]纵观5000年中华文明史，"天下主义""协和万邦"始终是中华民族的道德情结和人文情怀。从《尚书·尧典》中的"克明俊德，以亲九族；九族既睦，平章百姓；百姓昭明，协和万邦"，到《周易》中的"乾道变化，各正性命，保合大和，乃利贞。首出庶物，万国咸宁"，从《论语》中的"克己复礼……天下归仁"，到《孟子》中的"天下之本在国，国之本在家"，皆映现出中华民族"亲仁善邻"的仁爱情怀和"家国一体"的天下情结。在中国，"'天下主义'的思维范式不仅有理论形态，而且经历了春秋战国时期'周天子——诸侯国'五百余年的实践洗礼"[②]。从历史上看，西周是家国一体的社会格局，形成了一个以周天子为权力中心的"天下意义"上的政治共同体。在这个共同体中，"天下一家，中国一人"是人们信奉的基本价值理念。《礼记·礼运》云："大道之行，天下为公。""故圣人耐以天下为一家，以中国为一人者，非意之也，必知其情，辟于其义，明于其利，达于其患，然后能为之。"《吕氏春秋·贵公》有言："天下非一人之天下也，天下之天下也。阴阳之和，不长一类；甘露时雨，不私一物；万民之主，不阿一人。"可见，"中国思想只有一个系统，思维的综合性和整体性是中国思想的突出优势。"[③]在古人那里，"一面并不存着极清楚极显明的民族界线，一面又信有一个昭赫在上的上帝，他关心于整个下界整个人类之大群全体，而不为一部一族所私有。从此两点上，我们可以推想出他们对于国家观念之平淡或薄弱。因此他们常有一个'天下观念'超乎国家

---

① 张自慧：《中国传统政治伦理中的命运共同体思想》，《孔子研究》2018年第6期。
② 张自慧：《中国传统政治伦理中的命运共同体思想》，《孔子研究》2018年第6期。
③ 赵汀阳：《天下体系：世界制度哲学导论》，中国人民大学出版社，2011年，第6页。

观念之上。他们常愿超越国家的疆界，来行道于天下，来求天下太平。"①因此，"中国人常把民族观念消融在人类观念里，也常把国家观念消融在天下或世界的观念里，他们只把民族和国家当作一个文化机体，并不存在狭义的民族观与狭义的国家观，民族与国家都只是为文化而存在"②。古人甚至将有无"天下主义"意识视为区分"大人"和"小人"的标准，"大人者，以天地万物为一体者也，其视天下如一家，中国犹一人焉。若夫间形骸而分尔我者，小人矣"③。基于此，梁启超指出："中国的政治思想有三大特色：曰世界主义，曰民本主义，曰社会主义。……中国人则自有文化以来，始终未尝认国家为人类最高团体。其政治伦常以全人类为其对象，故目的在平天下，而国家不过与家族同为组成'天下'之一阶段。"④这种"天下主义"的意识和胸襟奠定了"协和万邦"政治理想的历史文化基础。

"万国咸宁"是天下情怀追求的目标。中国作为一个伦理本位、职业分途的社会，"三千年来我们一贯精神是向着'社会'走，不是向着'国家'走"⑤。与西方现代民族国家"以团体和个人为重"不同，中国历来"以天下和家庭为重"，"不是国家至上，不是种族至上，而是文化至上"⑥。"万国咸宁"是中华民族关于理想世界的蓝图，但现实中的世界却总是纷乱丛生，灾疫流行，困难遍布，危机四伏。在"万物一体"天下观和"仁爱至上"天下情怀的影响下，周朝的诸侯国之间上演了一幕幕守望相助、救难扶困的"活剧"，在中华大地上生动地诠释了"四海之内皆兄弟"的意涵。时人认为，"为四邻之援，结诸侯之信，重之以婚姻，申之以盟誓，固国之艰急是为"（《国语·鲁语上》）。据《左传》记载，秦国大夫百里奚说："天灾流行，国家代有，救灾恤邻，道也，行道有福。"（僖公十四年）晋国大夫郑言说："背施，无亲；幸灾，不仁；贪爱，不

---

① 钱穆：《中国文化史导论》，商务印书馆，1994年，第47—48页。
② 钱穆：《中国文化史导论》，商务印书馆，1994年，第23页。
③ 王阳明：《大学问》，载《王阳明全集》第4卷，线装书局，2012年，第70页。
④ 梁启超：《先秦政治思想史》，天津古籍出版社，2004年，第83页。
⑤ 梁漱溟：《中国文化要义》，上海人民出版社，2005年，第250页。
⑥ 梁漱溟：《中国文化要义》，上海人民出版社，2005年，第190页。

祥；怒邻，不义；四德皆失，何以守国？"在此，亲、仁、祥、义被奉为国之四德。春秋战国虽为乱世，但"礼"与"德"一直是当时诸侯国交往所遵循的道义准则，存亡继绝、立嗣守祝、闻丧不伐一直是其外交所恪守的基本原则。《左传》云："崇明祀，保小寡，周礼也。"（僖公二十一年）所谓"保小寡"就是扶助弱小，反对强国欺凌弱国，周礼将其作为道义原则纳入礼制之中。在诸雄争霸天下的时代，尽管外交活动中不乏阴谋、威胁、欺骗、背信弃义等手段，但以礼而行、亲善惠邻始终被认为是合乎道德的正义之举，"救灾恤邻""万国咸宁"也始终是有识之士的理想和追求。

四、"精神人文主义"是天下情怀的核心意蕴

"精神人文主义"是杜维明先生提出的一个概念，它"倡导'天人合一'的理念，要求对天敬畏、对地球尊重和爱护，进而建立一种互相信赖的社群，并以天下太平为文明对话的目的"[1]；它包含自我、社群、自然、天道四个环节或向度[2]，提倡对他者的尊重与关爱，主张加强国家和民族之间的了解与融通。从本质上说，中华民族的天下情怀是一种"精神人文主义"的心境与胸怀。它是人文精神的本原彰显，是仁爱思想的极限延展，表现为"呦呦鹿鸣，和乐且湛"式的"德音孔昭"（《诗经·小雅·鹿鸣》）和"脊令在原，兄弟急难"式的"常棣之情"（《诗经·小雅·常棣》）。同时，"精神人文主义是面对全球生态环境失衡、世界社会秩序重组的时代挑战而应构建的一种新的人文主义，它是我们设想的'一个真正意义上永久和平的世界能否出现'的先决条件。我们身处的这个世界具有各种不同类型的文化，……每个人都可以信奉不同的哲学理念、信仰不同的宗教、具有不同的文化背景，但是每个人其实都面对着当前世界的共同现状，也就是我们整体人类所遭遇的存活困境。这就要求我们除了有一种特

---

[1] 杜维明、安乐哲等：《中国哲学研究的世界视野与未来趋向》，《哲学动态》2018年第8期。
[2] 参见邱楚媛：《首届"精神人文主义"工作坊综述》，陈来主编：《儒学第三期的人文精神：杜维明先生八十寿庆文集》，人民出版社，2019年，第234—235页。

殊性的背景外，还要有一种站在人类高度的思考。"①这种思维的"人类高度"就是"以天下观天下"的天下观，与之相伴的是国家的制度理性和关系理性。两千多年来，中华民族始终站在"万物一体"之天下观的高度，"立天下之正位，行天下之大道"（《孟子·滕文公下》），创造了民族绵延不绝、大气磅礴的历史与文化。天下情怀可以拓展从启蒙运动以来被狭隘化的民族心态，能够超越各种狭隘的特殊主义或世俗的人文主义（如世界上一些国家正在兴起的民粹主义或国族主义），从而获得一种支撑人类"共在""共荣"的深沉厚重的"道德积蓄"。这种"基于儒家思想的'精神人文主义'，作为一种面向未来的、实现人类持续繁荣与昌盛的渠道，将有助于各种思想、宗教、文化传统发展出真正的公共意识，以解决整个世界和人类所面对的困境，而这也将有助于世界各国关系的改善"②。

今天，激活中国传统文化中"协和万邦""万国咸宁"的思想资源，弘扬中华民族的天下情怀，可以为全球治理提供新思维。费孝通指出："现代化应当是一个'文化自觉'的过程，即人类从相互交往中获得对自己和'异己'的认识，创造文化上兼容并蓄、和平共处局面的过程。从这个角度来理解现代化，为的是在跨入21世纪之前，对20世纪世界'战国争雄'局面应有一个透彻的反思，为的是避免在未来的日子里'现代化'的口号继续成为人与人、文化与文化、族与族、国家与国家之间利益争夺的借口，为的是让我们自身拥有一个理智的情怀，来拥抱人类创造的各种人文类型的价值，克服文化隔阂给人类生存带来的威胁。"③这里的理智情怀就是"精神人文主义"的天下情怀。赵汀阳曾倡导人们运用老子"以天下观天下"的方法来审视和揣度当今的世界，构建一个"天下体系"。在他看来，"天下意味着一种哲学、一种世界观，它是理解世界、事物、人民和文化的基础"④。在当今时代，"天下概念意味着一个使世界成为政治

---

① 杜维明、安乐哲等：《中国哲学研究的世界视野与未来趋向》，《哲学动态》2018年第8期。
② 杜维明、安乐哲等：《中国哲学研究的世界视野与未来趋向》，《哲学动态》2018年第8期。
③ 费孝通：《人文价值再思考》，载《从实求知录》，北京大学出版社，1998年，第440—441页。
④ 赵汀阳：《天下体系：世界制度哲学导论》，中国人民大学出版社，2011年，第28页。

主体的世界体系，一个以世界为整体政治单位的共在秩序。从天下去理解世界，就是以整个世界作为思考单位去分析问题，从而超越现代的民族国家思维方式。""全球政治的核心问题是'世界的内部化'，也就是把世界变成天下。"①其实，"天下"是一个"无外世界"，人类共在的必要条件、人类普遍安全或永久和平的关键就是天下无外。作为一种理论预设，天下体系旨在倡导人们放弃自现代以来的排他存在方式，反对弱肉强食的霸凌行为，构筑一个和而不同、相互尊重、万国咸宁的世界新秩序。在当下新冠病毒蔓延全球的情势下，中国以"天下无外"的担当意识和"山川异域，风月同天"的共存思维为世界抗疫事业做出了重要贡献，充分彰显了"精神人文主义"的天下情怀。无论过去、现在还是将来，中华民族都将继续秉持这一"天下观"和人文情怀，以礼仪之邦的"道德积蓄"和"共在共荣"的"生存理性"，与世界各民族一道，构筑"各美其美，美美与共"的人类命运共同体。

---

① 赵汀阳:《天下观与新天下体系》,《中央社会主义学院学报》2019年第2期。

中国马克思主义教化思想中的时空张力

樊志辉　李佳琦①

内容摘要

中国马克思主义是中国社会主义文教制度的思想核心。在历史悠久、文明源远流长的中国，传统教化对中国社会有着深远的影响。而中国马克思主义需要承担起建构社会新序与复兴华夏文明的双重责任。这意味着中国马克思主义教化一方面要满足现代中国在教化方面的现实诉求，另一方面要处理好与华夏传统教化之间的关系。两个层面的需求共同催生出中国马克思主义教化思想在传统与现代之中的时空张力。中国马克思主义教化思想与传统教化思想之间有着断裂的历史延续性，它既是马克思主义中国化的产物，又是对中国传统教化的批判、继承、发展和超越。

关键词：中国马克思主义；教化；中国传统教化

自中国建立社会主义文教制度以来，马克思主义就成了文教制度的主导思

---

①　作者简介：樊志辉（1964—），男，教授，博士研究生导师，从事比较哲学与比较宗教学、中国现当代哲学与宗教研究。李佳琦（1993—），女，博士研究生，从事伦理学、中国现当代哲学研究。本文为国家社科基金重大项目"中华优秀传统文化的创造性转化与创新性发展研究"（2015MZD014）、国家社科基金重大项目"马克思主义与中国传统文化关系资料整理与研究"（19ZDA015）阶段性成果。

想。由于现代教育理论和后现代思想理论对"教化"的批判，学界较少地将中国现代的文教制度称为"教化"，以避免"教化"中隐藏的负面含义。实际上，教化可以普遍地抽象为掌握一定社会力量的人类团体或个体，以与自身存在领悟相匹配的方式，对人进行精神塑造和行为引导的人类实践活动。人类文明的创造、发展和延续离不开教化。中国共产党在现实实践中所进行的意识形态教育和思想政治教育，实际上就可以看作是中国马克思主义教化的现实开展。中国共产党和中国马克思主义学者对意识形态教育和理想信念教育等问题进行的理论分析和研究，就是在对中国马克思主义教化思想进行理论建构和理论辩护。作为中国现代文教制度的思想核心，中国马克思主义面对的不仅是自身意识形态的建设和输出，它还是中国现代文明的掌舵者。中国马克思主义必须认清自身在现代教化体系中的位置，意识到教化思想中的时空张力。如此才能更好地承担起建构中国社会新序和复兴华夏文明的历史责任。

一、不同文教制度下的马克思主义教化思想

马克思主义思想曾在不同时期和不同地域为马克思主义的教化思想提供过理论奠基。但在不同的政治制度和文教制度中，马克思主义教化思想所处的位置是不同的。以马克思主义为指导理论的无产阶级政权是否能够成为国家政权，是马克思主义教化思想能否成为教化理论核心的决定因素。

在马克思主义思想的初生时代，欧洲文明已经形成了基督教传统与人文主义传统。此时基督宗教的教化是欧洲文教制度的核心。在人文传统的发展推动下，启蒙思想也逐渐形成一股具有社会影响力的现实思潮。欧洲的两大文明传统和资本世界的持续膨胀催生出了对欧洲现代性文明加以反省与批判的马克思主义思想。马克思和恩格斯以英国古典政治经济学和德国古典哲学等思想为理论资源，通过对资本世界和工人生存状况的现实考察，提出了无产阶级应该通过武力革命获取政权的主张。马克思和恩格斯意求使无产阶级摆脱资本主义的控制，实现人的自由全面发展。尽管后来西方逐渐形成了研究马克思主义思想

的学术传统，但马克思主义教化思想始终未成为西方文教制度的核心。在俄国革命取得成功后，俄国建立了世界上第一个社会主义的国家政权。在苏维埃政权存在的不到百年的时间中，马克思主义理论成为苏联政治制度和文教制度的理论核心，而后又随着苏联解体的命运走向崩溃。在西方，虽然马克思主义曾轰轰烈烈地登场过，但随着无产阶级革命的落幕，加之西方政治格局的影响，马克思主义的教化思想长期处于西方教化的边缘，马克思主义在现代西方社会是作为一种社会批判理论和学术思潮存在的。

马克思主义在民国时期被引入中国，这一阶段是马克思主义教化在中国发展和斗争的阶段。发展和斗争的教化主体正是中国共产党。民国时期，中国没有建立起长期稳定的政治秩序。党派战争、军阀割据，各方势力都加入对政权的争夺之中。民国前期的北洋政府与南京国民政府先后建立了自身的政治制度和文教制度，却没有建立起统一的社会秩序和人心秩序。在探索如何建立主权国家的过程中，先进的知识分子团体不可避免地陷入到了"主义"之争。无政府主义、共产主义、国家主义都汇聚了一些追随者。在这一阶段，中国共产党是政权之争和主义之争的重要参与者。马克思主义思想被引进中国成为中国共产党的指导理论，是弱势阶级用来进行翻身革命的理论武器。①随着中国共产党的发展，马克思主义教化也逐渐在现实中展开。在民国时期，中国共产党还未建立起统一的国家政权，马克思主义教化尚未居于现代中国文教制度的核心位置。马克思主义的教化主要是在中国共产党及其所领导的军队与根据地中进行。

新中国成立以后，中国共产党在国家制度上成功完成了由新民主主义制度向社会主义制度的转型。1956年，社会主义改造基本完成后，中国的社会主义文教制度就与马克思主义紧密结合在一起。中国马克思主义教化就是指作为教化主体的中国共产党，以中国马克思主义思想为根本立场，依据马克思主义的教化观点和教化方法在现实社会中开展教化活动，从而建立起以马克思主义为

---

① 樊志辉："中国马克思主义的问题意识、与华夏传统的关联及其叙事方式的开放性"，《江苏社会科学》，2018年第3期。

指导的社会秩序和人心秩序。在中国现代社会，中国马克思主义教化思想有其特殊的政治地位和文化地位。其他的教化思想都需要在中国马克思主义教化思想允许的边界内开展。例如，中国的宗教信仰自由政策是中国共产党依据中国马克思主义思想理论制定的。中国的政治制度将宗教信仰自由视为是人民享有的一项基本政治权利。但中国作为以中国马克思主义为指导理论的国家，绝不允许通过政权来推行某种宗教。中国的法律明确规定宗教不得干预学校教育和社会公共教育。①

中国马克思主义必须通过教化来建构和输出自身的意识形态。在中国马克思主义被确立为中国现代民族国家的理论核心后，它就开始了教化思想的理论布局和现实实践：

首先，中国共产党为中国马克思主义教化建立了具有权威性和全民性的话语阵地。马克思主义是无产阶级革命的指导理论。新中国成立后，中国马克思主义需要扩大自身的现实影响力，它需要将理论地位从革命斗争理论提升为国家意识形态。在第一次全国宣传工作会议上，中国共产党提出了"在全国范围内和全体规模上来宣传马列主义，用马列主义来教育人民"的政治主张。②在现实实践中，中国共产党迅速地建立起宣传与传播马克思主义意识形态的话语阵地，成立了多家报社和出版社。积极引入、翻译、出版、宣传经典马克思主义的思想理论，并以此为官方平台输出国家意识形态的真理性和权威性。

其次，中国共产党通过改变教化主体的阶级性质和精神指向来牢固中国马克思主义教化的主体地位。认同中国马克思主义的知识分子队伍是意识形态建设与输出的重要力量。中国共产党必须争取到知识分子作为中国马克思主义教化的中坚力量。新中国成立初期，中国共产党的核心领导人陆续发布了《关于知识分子的改造问题》《关于在学校中进行思想改造和组织清理工作的指示》等报告，旨在对知识分子进行思想改造。2016年，习近平总书记在

---

① 参见《关于我国社会主义时期宗教问题的基本观点和基本政策》。
② 《刘少奇选集（下集）》，人民出版社，1995年，第91页。

全国高校思想政治工作会议上发表讲话，提出"办好我国高等教育，必须坚持党的领导，牢牢掌握党对高校工作的领导权，使高校成为坚持党的领导的坚强阵地。"①争取知识分子和培养知识分子始终是中国马克思主义教化的重要环节。

再次，中国马克思主义教化深入到了学科建设和学术建设当中，保障教化思想的理论建构和理论辩护。进入21世纪以来，中国共产党更加重视哲学社会科学与马克思主义的理论建设。自党的十六大以后，中共中央和国务院陆续提出了《关于进一步繁荣发展哲学社会科学的意见》《关于调整增设马克思主义理论一级学科及所属二级学科的通知》等文件，在实践中推进马克思主义学科建设和理论建设。政治性的意识形态建设与学术性的学科建设在中国马克思主义的发展过程中具有互补性。学术建设有助于发现意识形态叙事和意识形态教育中存在的问题，从而能够有效地帮助中国马克思主义教化思想进行理论辩护、补充、丰富和完善。

最后，中国共产党通过发展大众文化广泛地开展中国马克思主义教化。大众文化可以看作是与广大人民群众关系最为紧密的文化形式和文化场域。毛泽东在1956年就已经开始主张"艺术问题上的百花齐放，学术问题上的百家争鸣。"②在邓小平时代，文化大众化更是成了马克思主义发展的一个鲜明的主题。通过文化对人民开展教化延续了中国传统的"人文化成"思想。随着市场经济快速发展，大众文化进入蓬勃发展时期，习近平总书记在文艺工作座谈会上提出要"坚持以人民为中心的创作导向"，③主张在文化发展中坚守正确的价值观。近年来，中国共产党不断地发展网络媒体、新媒体、自媒体等新兴的话语平台，通过贴近大众文化来输出自身的意识形态。

中国共产党具有卓越的执行力，中国马克思主义教化的理论布局和现实开展往往是承接在一起的。中国马克思主义的教化思想作为中国社会主义文教制

---

① 参见《习近平在全国高校思想政治工作会议的讲话》。
② 《毛泽东文集（第7卷）》，人民出版社，1999年，第54页。
③ 习近平："在文艺工作座谈会上的讲话"，《人民日报》，2015年10月15日。

度的主导思想，在现实实践的层面上具有多种形式和多样的内容：

从形式上说，中国共产党在中国马克思主义教化的开展中提出多种教化形式：马克思主义大众化；思想政治教育，包括学校思政教育和少数民族思政教育；党员干部教育，包括党员教育、干部教育和少数民族干部教育；公民意识教育；法治教育等等。党的十八大以来，中国共产党将中国马克思主义教化深入到了家庭教化中。习近平总书记主张"重视家庭建设，注重家庭、注重家教、注重家风"。①中国马克思主义教化在形式上的全面性和全民性是意识形态建设的牢固保障。

从内容上说，中国共产党在中国马克思主义教化的开展中运用了丰富的教化内容：理想信念教育；革命教育，涵盖着革命文化教育；劳动教育；社会主义核心价值观教育；党史教育；模范教育，以及优秀传统文化教育等等。这些教育内容都依从着中国马克思主义教化思想的核心精神，并且都以中国马克思主义的意识形态建设为根本目的。具有相同精神指向的教化活动的开展，保障了国家能够生成源源不断的凝聚力和向心力，为中国马克思主义意识形态的输出与建设提供了坚实的实践基础。

中国马克思主义教化的理论布局和现实开展是以教化理想为精神指向和现实指向的。共产主义社会的实现和人的全面发展是中国马克思主义教化理论的终极理想。在具体现实中的不同阶段，中国共产党提出了不同的阶段性理想作为开展中国马克思主义教化的动力源泉。在革命斗争时期，中国共产党给广大华夏人民的许诺是"人民翻身作主"。中华人民共和国成立以后，随着经济建设的快速崛起，中国共产党陆续提出了"小康社会""中国梦""人民的美好生活"等与中国马克思主义相符合的社会景象。它们的内涵集中体现在社会主义核心价值观当中。"富强、民主、文明、和谐、自由、平等、公正、法治"，②这些社会理想的现实实践离不开中国文教制度的建设。

---

① 习近平："在会见第一届全国文明家庭代表时的讲话"，《人民日报》，2016年12月16日。
② 习近平："青年要自觉践行社会主义核心价值观"，《人民日报》，2014年5月5日。

二、传统与现代之间：中国马克思主义教化思想
对不同思想资源的取舍与扬弃

中国马克思主义教化的理论布局和现实开展有其内在演变逻辑。其演变逻辑与中国马克思主义教化实践在不同历史阶段的现实诉求紧密相关。中国马克思主义教化思想作为对中国现实诉求做出的理论建构，它既不同于其他马克思主义思想理论，又在自身的发展过程中呈现出阶段性侧重，与中国传统教化之间也存在差异。三个层面共同形成了中国马克思主义教化的时空张力。

（一）中国马克思主义教化思想对其他马克思主义教化思想的扬弃

中国马克思主义的思想根源是经典马克思主义。经典马克思主义在发展演化的过程中又出现了多种学说样态。各种学说样态中有值得中国马克思主义教化思想吸取借鉴的地方，同样也存在一些应该规避与转化的地方。

与经典马克思主义之间：经典马克思主义为中国马克思主义教化思想提供了理论内核和精神立场。但中国马克思主义与经典马克思主义所面临的现实诉求是有差异的。中国马克思主义需要依照中国的现实条件解决中国问题。这意味着中国马克思主义者不能完全照搬经典马克思主义的教化理论，需要在保有经典马克思主义思想理论内核的基础上，对其具体内容做出符合中国实际的取舍和扬弃，选择与建构真正适合于解决中国现实的教化思想。中国共产党正是站在唯物史观和劳动逻辑的立场上，根据中国的具体国情，建构中国马克思主义的教化思想。

与苏联马克思主义之间：苏联马克思主义曾经也是苏维埃俄国文教制度的主导思想。但是随着教条主义的盛行和理论建构上的缺陷，最终促发了苏联文教制度的崩溃和整个国家的瓦解。所以，中国共产党在借鉴苏联马克思主义教化经验的同时，还要吸取俄国教化实践的历史教训。苏联因为忽略本国的客观实际导致了理论建构和意识形态教育的教条化。对本国国情和现实诉求置之不

顾，这本就违背了经典马克思主义的精神内核。中国共产党意识到了苏联马克思主义存在的问题。毛泽东主张"以苏为鉴"，学习取经好的经验，研究引戒坏的经验。

与西方马克思主义之间：西方马克思主义教化思想虽然不是西方文教制度的主导思想，但它依然在发展过程中形成了丰富多样的学说理论。对于这些思想，中国马克思主义教化思想应该采取谨慎的态度。这是因为，西方马克思主义教化思想不是针对中国问题和中国诉求提出的，它们未必适合中国的发展。中国所要做的是研究、批判和借鉴，而非全然地接纳。那些不益于中国文教制度建设的，我们需要小心规避；那些与中国马克思主义教化理论建构无关的思想也无须将其收用到中国的文教制度中来。

（二）中国马克思主义教化思想在现代中国不同发展阶段的思想侧重

在不同的发展阶段，中国马克思主义教化侧重的教化目标和教化内容也有不同的呈现。这是面对中国社会各阶段的现实诉求所作出的调整，是中国马克思主义教化自身所呈现出来的时空张力。

第一阶段是中国共产党带领中国人民进行革命斗争的阶段。中国共产党旨在通过马克思主义教化促进底层人民阶级意识的觉醒，推动他们加入无产阶级的抗争中来。在这一阶段，中国先锋的共产主义者积极引进域外的马克思主义哲学，对经典马克思主义进行翻译和传播。在教化活动方面，此时的中国共产党侧重于理想信念教育和革命教育。由于当时中国还未进入到工业建设中来，工人团体尚未形成。中国共产党希望能够凝聚农民成为社会力量，注重对农民进行思想政治教育。为了获得最大程度的革命力量，中国共产党发挥了马克思主义思想中妇女解放的观念，对抗战地区和解放地区的妇女进行思想政治教育和文化教育。对底层民众的争取和教化极大地提升了中国共产党的战斗力。通过这一阶段的革命教育，我国出现了一大批坚定的共产主义者，他们成了日后模范教育中的典型代表。

第二阶段是新中国成立后中国共产党带领人民全力进行的建设阶段。政治制度、经济制度和文教制度的确立是这一阶段的总任务。维护好人民主权是新中国初期最根本的任务。在群众基础方面，爱国教育和爱党教育是中国马克思主义教化的重点。在经济发展方面，为了扭转大众心中传统的生存观念，中国共产党开始侧重劳动教育。在社会主义改造还未基本完成阶段，"教育为工农服务、教育向工农开门"①成了当时新民主主义教育的中心方针。随着中国进入了全民建设时代，劳动教育贯彻到中小学教育当中，成为重要的教育内容和教育环节。中国共产党将爱国主义教育、劳动教育与社会主义国家建设相结合，使得爱国、爱党和劳动进入到社会主义的道德体系中。热爱祖国、热爱劳动成了重要的价值取向。

第三阶段是改革开放以后中国社会主义国家建设的腾飞阶段。中国马克思主义教化也开始进入反思阶段。融合与创新成为中国马克思主义教化侧重的新方向。党的十七大开始主张马克思主义思想的大众化，主张"大力推进理论创新，不断赋予当代中国马克思主义鲜明的实践特色、民族特色、时代特色"。②随后又相继提出了社会主义荣辱观与社会主义核心价值观作为中国马克思主义教化的核心价值体系。这些思想理论的提出本身就是马克思主义教化所进行的创新与发展。由于社会主体逐渐远离了革命和战争，为了培养忧患意识和感恩情怀，党史教育也逐渐成为教化的重要内容。近年来，党史教育拓展为四史教育。习总书记主张在全社会广泛地开展党史、新中国史、改革开放史、社会主义发展史的宣传教育工作。③四史教育实际上也是在为中国共产党的两个目标积蓄力量，即全面建设社会主义现代化国家与中华民族的伟大复兴。

（三）中国传统教化的失落及其对中国现代社会的影响

华夏民族是一个身份认同感和文化认同感都十分强烈的民族，这在很大程度上来源于中国传统文化。由于近代中国是向外寻求"救亡"，导致在很长一段时间内中国传统文化受到排挤和压制。但实际上中国现代新秩序的建立离不开

---

① 何东昌：《中华人民共和国教育史（上卷）》，海南出版社，2007年，第51页。
② 《中国共产党第十七次全国代表大会文件汇编》，人民出版社，2007年，第33页。
③ "在党史学习教育动员大会上的讲话"，《求是》，2021年第7期。

华夏传统文明：一方面，中国传统教化对现代社会依然产生影响，华夏文明实际上一直在被传承和发展；另一方面，国家建设的凝聚力和向心力需要依靠由传统文明带来的身份认同和文化认同。

中国传统教化虽然已经在文教制度中丧失理论核心地位，但它仍旧发挥着巨大的影响力。中国传统的教化思想指以儒家思想为主导理论，辅之以其他学派和宗教团体的教化思想的集合。教化思想在儒家思想中本就举足轻重，是儒家学派历来秉持的重要理论。儒家传统教化思想的精神指向是王道的施行，"孔子明王道"（《史记·十二诸侯年表》），"无偏无陂，遵王之义；无有作好，遵王之道；无有作恶，遵王之路。无偏无党，王道荡荡；无党无偏，王道平平；无反无侧，王道正直。"（《尚书·洪范》）儒家的君子和士都担负着实现王道的职责。士的教化是儒家教化的重要内容。士的教化的核心是工夫修养，"吾日三省吾身"（《论语·学而》），教化的成效在于士者自身对道的坚守。儒家教化理想的实现路径在士的层面是自我教育，在民的层面是人文化成。通过王道教化，儒家建立起了能够长久影响华夏文明的社会秩序和人心秩序。

以儒家思想为主导理论的中国传统教化是与中国传统的皇权帝制紧密结合在一起的。帝制瓦解后，中国进入民国时期。民国早期的北洋政府虽然依旧尊重儒家文化，但在教育体制上主张新式教育。新文化运动在这一时期快速发展，知识分子将众多西方思想引进中国。侵略和战争促使知识分子渴求能有新的文明救中国于水火之中。南京国民政府成立以后，采取的是西式的教育体制。儒家再未与现实的政权进行过结合。随着新中国的成立，中国共产党领导中华人民摸索前进，逐渐建立起统一的社会秩序和人心秩序。新的社会秩序和人心秩序意味着人们有了新的生存方式。而华夏传统中的一些旧有思想已经与现代的生活理念不相符，这也使得中国传统文化遭受到了一定的抨击。可以说，儒家教化自帝制瓦解就丧失了在中国文教制度中的核心地位。但不可否认的是，儒家教化依旧在中国现代社会产生影响：

在身份认同和民族情感层面，中华人民依然坚信自身是华夏民族的子孙。华夏民族的伟大复兴是根植于人民内心的精神信仰。没有华夏文明的链接，庞大的中国很难生发出民族团结的凝聚力和向心力。

在文化影响和文明传承层面，中国新序可以说就是在华夏旧有秩序的基础上建立的。直到今天，人们的伦理观念和道德观念依然有着强烈的儒家痕迹。如果同传统文明做强行切割，很大程度上会导致社会秩序和人新秩序的混乱。

在存在领悟与社会想象层面，儒家建立的天道观和教化理想依然具有强大的吸引力。君子和士作为儒家思想的践行者在今天依然是人们提升自身修养的目标。圣人在中国现代社会中依旧是一种理想人格的代表，依然持续地在人文化成的过程中发挥着感召力。

华夏传统文明的现实影响力使得中国共产党必须对其加以重视。解决好与传统教化之间的关系是中国马克思主义教化的时代要求，它有助于中国马克思主义教化思想确保自身作为文教制度理论核心的合理性与有效性。在我国的《新时代爱国主义实施纲要》中明确地提出了要"传承和弘扬中华优秀传统文化"。[①]中华优秀传统文化诞生于华夏旧统，而中国马克思主义是中国新序的建立者。二者之间存在着传统与现代之间的时空张力，即"断裂中的历史延续性"。[②]

三、中国马克思主义教化和中国传统教化之间的区别与关联

虽然中国共产党主张传承和弘扬优秀的传统文化，但这并不意味着要在现代中国全面承接传统教化思想。中国马克思主义是中国现代社会大众自主选择

---

① "传承和弘扬中华优秀传统文化。对祖国悠久历史、深厚文化的理解和接受，是爱国主义情感培育和发展的重要条件。要引导人们了解中华民族的悠久历史和灿烂文化，从历史中汲取营养和智慧，自觉延续文化基因，增强民族自尊心、自信心和自豪感。要坚持古为今用、推陈出新，不忘本来、辩证取舍，深入实施中华优秀传统文化传承发展工程，推动中华文化创造性转化、创新性发展。要坚守正道、弘扬大道，反对文化虚无主义，引导人们树立和坚持正确的历史观、民族观、国家观、文化观，不断增强中华民族的归属感、认同感、尊严感、荣誉感。"（参见中共中央国务院印发"新时代爱国主义教育实施纲要"，《思想政治工作研究》，2019年12月。

② 樊志辉："跨越时空的遥契与超越——中国马克思主义社会想象的精神资源"，《理论探讨》，2018年2月，第57页。

的结果，这实际上就代表着产生了传统文明的教化思想已经不再适合作为中国文教制度的理论核心。从中国马克思主义教化思想的"适合"与传统教化思想的"不适合"这一角度，能够看到中国马克思主义教化与传统教化之间的区别：

阶级意识与存在领悟：即二者各自的文化内核所代表的阶级与阶级意识不同，二者对人类应该如何生存的存在领悟也就不同。中国传统教化的文化内核来自儒家思想。儒家思想的教化理念是王道的施行，它发源于中国古代的政治秩序。虽然儒家主张仁政为民，但实际上民众不具备现代意义上的政治权利。国家的统治权永远是皇权而非民权。即便儒家教化中拥有革命理念，但革命的结局依然是皇权的建立。这意味着古代民众的生存的质量在很大程度上依赖于统治者的品质。而中国马克思主义代表的是工农联合的无产阶级，其阶级意识是人民当家作主、实现共产主义。人民是享有政治权利的现代公民。国家法律保障公民的平等权、教育权和人身自由权等。公民也能够作为自主的人履行义务、承担职责。这与传统教化所规促的教化目标有着根本的不同。

现实诉求与社会秩序：即二者各自所面临的现实诉求以及建立的社会秩序不同。中国传统教化思想主要包含政治教化、宗教教化和家庭教化，其现实目的在于建立起家国一体的社会秩序和伦理秩序。每个人都需要通过教化明晰自身在伦理关系中所处的身位。这是儒家实现社会和谐的现实路径。从个体的角度来说，现实中过度的伦常束缚可能会造成个体心性的压抑和扭曲。这是儒家教化被现代社会批判的主要原因之一。中国马克思主义教化思想首先是无产阶级翻身革命的思想传播，其后是中国共产党领导人民建设国家的思想教育，最终要实现的是共产主义社会下人的全面发展。在这样的现实诉求下，现代中国建立起了不同于古代的社会秩序和人心秩序。

教化方式与教化内容：即二者各自具体的教化方式和教化内容不同。儒家教化的核心是礼乐教化。礼不仅象征着一种社会制度，它还内涵着丰富的人文教化。在教化内容的精神指向上，儒家逐渐扩展出了"仁义礼智信"等具有精神实质的教化内容。中国传统教化在形式上具有多样性，规范教育、道德教育、历史教育、美育等都在传统教化中有所体现。中国马克思主义教化同样具有上述的这些教化形式。但是每一种教化形式蕴藏的教化内容却与传统教化存在差异。例如，中国马克思主义教化思想中的规范教育是与中国特色社会主义核心价值体系和法治体系相符合的规范教育，同传统教化的礼教规范之间有着根本性差异。

中国马克思主义教化思想虽然与中国传统教化之间存在断裂，但作为中国教化的延续和发展，中国马克思主义教化思想不可能与传统教化做彻底的割裂。中国马克思主义教化与中国传统教化之间还具备关联性：

历史文化的情境融合：即马克思主义中国化的语言修辞和情感表达是与中国人的文化传统相符合的。毛泽东曾主张"使马克思主义在中国具体化，使之在其每一表现中带着必须有的中国的特性"。[①]如果不能被人民接受，马克思主义教化就是没有现实意义的。唯有形成了人民喜闻乐见的中国作风和中国气派，中国马克思主义教化才能长久地发挥影响力。"远人不服，则修文德以来之"[②]、"知者行之始，行者知之成"[③]，中国共产党通过这些传统文化表达自己的思想，使中国马克思主义成为具有中国特色的中国表达。

教化对象的相似区隔：中国传统的儒家教化将教化对象分为君子、士和普通民众。君子和士是儒家教化理想的实践者与承担者，"君子终日乾乾，夕惕若厉，无咎"（《周易·乾卦》）；"士不可以不弘毅，任重而道远"（《论语·泰伯章》）；"君子之德风，小人之德草。草上之风必偃。"（《论语·颜渊》）民众的教化依靠的是君子的感化。在中国马克思主义教化思想中，虽然人民不完全依靠党员的感化，但教化内容同样针对不同的教化对象作出了区分。中国共产党对党员干部和人民群众的教化要求是不同的。中国共产党对党员的党性要求是更为严格、更具服务意识、追求高尚伟大的精神教育和规范教育。此关联性表现出了二者都有着家国情怀的担当意识和责任意识。这也是中国马克思主义教化

---

① 《毛泽东选集（第2卷）》，人民出版社，1991年，第534页。
② 出自《季氏将伐颛臾》，参见习近平："在文艺工作座谈会上的讲话"，《人民日报》，2015年10月15日。
③ 出自《传习录》，参见习近平："在北京大学师生座谈会上的讲话"，《人民日报》，2018年5月3日。

能够承接传统教化思想的重要原因。

社会想象的关联与超越：儒家教化的理想是王道的施行。王道施行的现实状态被儒家经典描述为大同。大同世界是中国传统教化思想中终极理想的现实样态，小康社会是尚未充分实现的大同世界。[①]小康和大同之间的关系，类似于中国国家建设现阶段与终极理想之间的关系。中国共产党关于"社会主义"和"共产主义"的社会景象，实际上就是置换了传统教化理想中的"小康"和"大同"。[②]虽然二者对教化理想的描述与设置方面具有相似性，但是在阶级性质和权力归属方面，二者又存在着根本的不同。中国马克思主义教化思想中的社会想象是对中国传统教化理想的发展和超越。

实践智慧的传承与发展：中国传统教化思想虽然包含着有神论的色彩，但是传统教化实际上更加重视人本身的信念和力量，强调主体意识的自觉性。这是它与强调实践的马克思主义教化思想能够相结合的重要原因。传统教化思想中主张的中道智慧和时中之德实际上与中国马克思主义思想中的辩证思维和"具体问题具体分析"的实践方法相契合。就当前来说，中国马克思主义思想积极扩展生态文明理论，将对自然的保护纳入道德体系和价值体系中来，这与中国传统教化思想中的生态智慧相一致。中国马克思主义需要到中国优秀的传统文化中挖掘更多与中国国家建设相适应的教化资源。

虽然中国马克思主义教化思想与中国传统教化思想呈现出断裂，但二者之间又有着明显的历史连续性。它们各自在不同阶段占据了中国文教制度的理论核心，在中国不同的历史阶段起到了相同的秩序整合的作用。中国马克思主义

---

① "大道之行也，天下为公，选贤与能，讲信修睦，故人不独亲其亲，不独子其子，使老有所终，壮有所用，幼有所长，鳏寡孤独废疾者皆有所养；男有分，女有归，货恶其弃于地也不必藏于己，力恶其不出于身也不必为己，是故谋闭而不兴，盗窃乱贼而不作，故外户而不闭，是谓大同。""今大道既隐，天下为家。各亲其亲，各子其子，货力为己。大人世及以为礼，城郭沟池以为固。礼义以为纪，以正君臣，以笃父子，以睦兄弟，以和夫妇，以设制度，以立田里，以贤勇知，以功为己。故谋用是作，而兵由此起。禹、汤、文、武、成王、周公，由此其选也。此六君子者，未有不谨于礼者也。以著其义，以考其信，著有过，刑仁讲让，示民有常。如有不由此者，在执者去，众以为殃。是谓小康。"（参见《礼记·礼运》）

② 樊志辉："中国马克思主义的问题意识、与华夏传统的关联及其叙事方式的开放性"，《江苏社会科学》，2018年3月，第18页。

教化思想不是马克思主义教化思想和中国传统教化思想的简单结合，但也并非是对中国传统教化思想的彻底抛弃。中国马克思主义教化是中国共产党既坚守着马克思主义的基本立场，又兼顾着中国现代社会的现实诉求，参照和取用中国传统教化思想，通过马克思主义教化思想的观点和方法，意求建立中国现代民族国家的社会秩序和人心秩序。可以说，中国马克思主义教化是中国共产党作为教化主体，在对传统教化思想进行扬弃的基础上重新建构起来的。

中国马克思主义教化思想作为中国社会主义文教制度的理论核心，既是马克思主义中国化的产物，同时也是对中国传统教化批判、继承、发展和超越的成果。面对源远流长的传统文化和现代中国的现实诉求，中国马克思主义教化思想自觉地承担起建构中国新序与复兴华夏文明的双重责任：一方面，中国马克思主义教化要承接好中国传统中优秀的教化精神，保有华夏文明的身份认同，保护民族凝聚力和向心力的文化源泉；另一方面，中国马克思主义教化思想要满足新时代中国政治教化与社会教化的现实诉求，既不能完全回归传统教化，又要抵挡住"非马克思主义"教化思想的冲击，保有马克思主义哲学的教化内核。如此才能建构起带领人民走向美好生活的社会秩序和人心秩序。

3

典范的力量：寻访老党员的足迹

五十年党龄夕拾朝花，老中青党员薪火相传

——哲学与法政学院寻访退休老党员高惠珠教授

　　2021年4月21日下午，哲学与法政学院党委在徐汇校区东部文科实验楼806会议室开展了"学党史，悟思想，见行动"——纪念中国共产党建党100周年活动，特邀高惠珠教授与哲学系党支部的教师和学生党支部的同学座谈交流。活动由哲学系主任张自慧教授主持，"张自慧党员导师工作室"主办。哲学系师生党员代表参加了座谈会。

　　高惠珠教授1971年加入中国共产党，迄今已有50年党龄。她是67届高中生，1968年响应毛主席上山下乡的号召赴黑龙江生产建设兵团屯垦戍边，1971年在兵团入党。1979年以同等学力考入我校政教系马克思主义哲学硕士研究生，成为该专业首位研究生。毕业后留校工作至今。回忆入党50年来的经历，她深有感触地说："不忘初心，牢记使命"是一个共产党员永葆革命青春的法宝。这五十年来，给她印象最深的有三大经历：

　　一是十年屯垦戍边的奋斗经历。黑龙江生产建设兵团团以上单位均有现役军人任职，在基层连队的干部中，许多都是抗美援朝归国后，又赴北大荒屯垦戍边的转业军人，由于后来在兵团三师宣传处工作。十年里，她跑遍了三师大部分先进连队，在这些连队干部身上闪烁着不怕苦、不怕累、一心建设北大荒、

活动现场

无私奉献的精神，令作为知青的她极为感动，终生难忘。对高老师一生的为人处事、讲学治学产生了深远的影响。

二是攻读硕士期间，在老一辈教授带领下，认真刻苦攻读马克思主义经典著作的经历。由于我校是与上海社科院哲学所合招的硕士研究生，故使高老师有机会与该所研究生一起上课，聆听国内哲学大家冯契、周抗教授的课，冯契教授"化理论为方法、化理论为德性"的名言，给高老师深刻的教益，以现在的认识而言，"不忘初心、牢记使命"，就是要把马克思主义的经典理论化为研究问题的方法与一个马克思主义理论工作者的道德品行。当时，在纪念冯契老师诞辰时，高老师专门以此为题写了篇文章，后被国内《哲学动态》刊出。

三是改革开放后，摆脱苏版哲学教科书的影响，进行中国特色马克思主义理论研究的经历。90年代，在国门打开之初，高老师获得去美国伊利诺伊大学桑格芒分校作高访学者的机会，她是该校政治科学研究中心首位大陆访问学者。利用这次机会，高老师除听课之外，还整天泡在该校图书馆查阅资料，并利用节假日和寒暑假，赴国会山、林肯、华盛顿故乡等美国史上纪念地参观、调研，由此使她既看到了美国资本主义现代性的建设路径和成就，又看到了其阶层分化、种族割裂等致命短板，从而更加自觉认识到中国走社会主义道路的必要性、可能性与正确性。访学结束前，她既不选择与同去的老师那样走读博留美之路，又婉拒加入基督教而留美在宗教学院任教的建议，毅然准时回国，积极投入我校的教学工作。次年，荣获上海市"三八红旗手"的称号。现在，她虽然退休多年，但仍笔耕不辍，不但每年有数篇马研论文发表，而且，近年，为市哲学学会主编了《唯物史观新视野与中国梦研究》（获市社科二等奖）、《唯物主义新视野和五大发展理念研究》和《中国道路与中国学术话语体系》三本专著（均由上海人民出版社出版），她主笔的《恩格斯合力论与新时代治国理政》一文，被今年2月出版的《35位著名学者纵论恩格斯和列宁》（中国社会科学出版社）收录。对此，高老师深有体会地说："不忘初心、牢记使命，是要求我们理论工作者在初心的激励下，与时俱进，不忘在新时代继承和发展马克思主义的神圣使命。"

活动留影

在互动环节中，学生提出了"在人生中遇到困难时应当如何克服"的问题。高老师指出，人的上进心非常重要。在人生的各个阶段都应该上进。人生应当自强不息，要有自己的奋斗目标，追求完整而圆满的人生，享受奋斗人生的幸福。随后，针对学生提出"如何看待学生党员中存在私心杂念"的问题，高老师进行了详尽的解答。她用一分为二的观点，既肯定了人的功利心能为人们提供某些上进动力，又明确指出共产党员应当有党性修养的意识，应在实践中不断克服私心杂念，积极向身边的模范人物和共产党员学习，不断提升自己的思想境界，成为合格的、优秀的共产党员。

最后，张自慧教授进行了总结发言。她引用《周易》中的"自强不息"来总结高惠珠教授的奋斗历程。她以高老师的经历，鼓励在场师生代表坚持崇高的理想，永远不放弃学习，做到言出必行。想要思想永远年轻，就得一直坚持对社会现实的思考和批判，努力在为党的事业奋斗中实现自身价值。她引用了黑格尔所说的传统是"神圣的链子"，指出本次座谈会不仅仅是一次活动，而且是共产主义信念的薪火相传。她希望在场的师生党员和入党积极分子能够以高老师为榜样，坚持学习"四史"，树立远大理想，以青春构筑"中国梦"，为我国的社会主义现代化建设和中华民族的复兴伟业贡献自己的力量。

聆听老党员故事，牢记入党初心

吴 杨

2021年4月16日上午9：30，哲学与法政学院李成彦导师党员工作室与学生生活园区第38党支部于文科实验楼908会议室联合举办了"与老党员共话入党"活动。本次活动特邀王晓成老师主讲，由李成彦老师主持，园区38党支部部分党员、入党积极分子参与。

首先，王晓成老师分享了自己的入党动机，讲述了从苦难中走来的老一辈共产党员真诚朴素的入党初心，敦促新时代青年党员牢记入党初心，为中华民族的强盛贡献自己的微薄力量。其次，结合当前国际国内形势，王晓成老师分析了"格局"和"眼界"对个人发展的重要性，呼吁青年党员要具有世界眼光和全球视野，从大局看问题。最后，王晓成老师结合自身实际，为大家生动阐释"小我"和"忘我"的关系，正所谓"修身、齐家、治国、平天下"，党员同志应该加强道德修养，将个人发展融入国家发展。

在学生提问环节，同学就"高校学生党支部建设"等问题进行提问。王晓成老师建议学生党支部的建设应该坚持理论和实践相结合，既要强化理论学习、坚定理想信念，也要立足现实实践、做到知行合一。此外，大家就"上海40年城市变迁"问题从城市风貌、城市精神和城市创新等角度展开讨论。

活动最后，李成彦老师对本次活动进行总结并对王晓成老师的分享表示衷

活动留影

心感谢。在新时代，党员同志应该知所从来，方明所去，不忘初心，牢记使命，承担历史和时代的责任，彰显党员的力量和担当。

"千千万万人在努力，我们国家就繁荣起来了"

——记对高雪芳老师的访谈

陈家卓

2021年5月7日，上海师范大学哲学与法政学院行政管理系"迎建党百年，访谈老党员"第一次访谈活动在徐汇校区文科实验楼802室举行。本次访谈活动由行政管理系老师王礼鑫带队，行政管理系研究生、18级本科生、19级本科生、20级本科生部分同学参与。在此次活动中，我们有幸走近了有着近50年党龄，曾任法政学院（哲学与法政学院前身）副书记、副院长的高雪芳老师，并通过与高雪芳老师面对面交流，重温了我们党在社会主义建设时期的奋斗历程，体悟了历史洪流中党员干部艰苦奋斗、坚忍卓绝的精神。

活动伊始，同学们以热烈的掌声迎接高雪芳老师的到来。随后，王礼鑫老师对高老师进行了简单介绍。从他的介绍中，同学们对高老师有了基本的了解，并对高老师的故事充满好奇和期待。

高雪芳老师说人生在于不断的努力，她告诫同学们要确立理想，做一个对社会有用的人。

她首先从她的童年经历讲起。1951年出生的她"身在新社会，长在红旗下"，唱着《我们是共产主义接班人》长大，从小她就对党怀有极高的崇敬之

活动留影

情。她立志要做一个对社会有用的人。她知道只有多掌握知识，才能为建设国家发挥更大作用。所以，高雪芳老师从小学开始就努力学习，在班级担任班干部，积极主动担当责任。也是从这个时候开始，高雪芳老师萌发了她的大学梦。她知道上了大学，掌握了更多知识，就能为国家和社会做出更多贡献。她一生有两个梦想，一个是大学梦，一个是图强梦。在这样的信念下，20世纪60年代，高雪芳老师凭借优异的成绩考入了上海市五十一中学，这离她的大学梦更近了。

1968年，高雪芳老师带领一群中学生来到奉贤五四农场插队。这时候，她不得不暂时放下她的大学梦，投入到劳动中。当谈到这一段经历时，高雪芳老师慈祥的脸上既是精神焕发又隐含有一丝沧桑。她说"努力工作，奋发图强，青春无悔"。高老师从他们的生活条件讲起，住的是土墙茅草房，每逢下雨天地面就特别潮湿，没有浴室，简陋的卫生间，恶劣的天气，生活条件十分艰苦。但她本着既来之则安之的心态，积极参加劳动。插秧苗、采棉花这些农活她都干过。那时候的她有一颗要强的心，她想别人都能干成我也一定能干成。她总是自觉地向优秀看齐，并最终成为优秀的一员。

1971到1972年，因为表现突出，组织上先后发展高雪芳老师入团、入党。她从此更加严格要求自己，努力在农场插队青年中做表率。1973年，高雪芳老师被抽调出来筹建新农场，随后她被任命为新农场的党委副书记，时年23岁。作为年轻干部的她先后分管过团委、宣传、组织等工作。尽管年纪轻轻，她却是农场众多知青的代表，她在众多青年人中有着深厚的群众基础。从一张张老旧的黑白照片中，我们跟随高雪芳老师年轻时的脚步，见证了一段历史。照片中，高雪芳老师在稻田旁，在大寨的山头，在连队里，在知青的队伍里。她和其他知青去了很多地方，付出了无数努力。

后来，连队、农场推荐工农兵上大学，高雪芳老师本来已经获得了推荐的名额，但因为农场里的工作，她不得不一次又一次与自己的大学梦失之交臂。上大学是她从小的执念，她想上大学，可是组织需要她。面对个人理想和集体事务，高雪芳老师选择了后者。终于到了1977年，恢复了高考。在高考前一周，高雪芳老师参加高考的愿望得到了组织的同意。尽管只有一周的时间准备考试，尽管已有十年没有碰过课本，高雪芳老师亦没有退缩，她始终坚持着她的大学梦。

机会总是留给艰苦奋斗的人。1977年冬天，高雪芳老师成功考入上海师范大学中文系，入学后，她凭借丰富的工作经验担任中文系学生会副主席。在大学期间，高雪芳老师继续努力学习，争取留校机会，为教育事业做贡献。后来她留校成功，历任多个部门，她总是干一行爱一行，干一行总结一行的经验。她先后发表了多篇文章，对于一些工作提出了自己的观点和看法。高雪芳老师说，她喜欢和年轻人打交道，她曾担任过辅导员，也分管过研究生工作。她爱生如子，慈祥和蔼，学院里的同学对她很是爱戴。

针对青年人，高老师最后谈到了个人利益与集体利益的关系。她说我们可以追求合理的个人利益，但集体利益应高于个人利益。在一个单位工作，不能只想到个人利益，更要考虑如何为单位、为社会奉献力量。她告诫青年学生，个人离开了集体，个人将什么都不是。她告诫入党积极分子、发展对象，要接受党组织的考验，不要向党组织要求什么，要从自己的表现、自己工作的好坏找原因，不能急功近利，不要唯利是图，个人要服从党组织。个人要像一颗螺丝钉，努力在自己的岗位上发挥作用。我们每个人都是一颗螺丝钉，正是因为有千千万万人在努力，我们的国家就繁荣起来了。

　　高雪芳老师分享完毕，同学们针对高老师的学习生活和个人经历，向高老师寻求经验。高老师细致耐心地给出了指引。随后本科生代表和研究生代表相

活动留影

继分享了自己的感悟。他们谈到成为党员不应该只是说一说，而应该从小就树立一种为人民服务的目标和精神。要坚定自己的信念，不止为了自己更要为了集体去努力。同学们表示从高老师的讲述中获益良多，表明要向高老师学习，哪里需要我们，我们就在哪里发光。

最后，王礼鑫老师对本次活动做了总结，他将高雪芳老师的经历概括为三方面：积极进取、坚强的毅力、正确面对选择。作为老党员，高老师一生都在奋斗，青年学子也应该积极承担责任，秉承老党员们当初敢为人先、艰苦奋斗、先公后私、不怕牺牲的崇高精神，从先辈手中接过奋斗的火炬，不断为祖国繁荣富强贡献青春力量。

本次活动，在集体合影中圆满结束，学生代表为高老师送上了鲜花，同学们以热烈的掌声欢送高师。

审核人：王礼鑫

摄影：田哲男、窦美霖

『千千万万人在努力，我们国家就繁荣起来了』

忆苦思甜方知来之不易

——采访黄明华老师

学生生活园区第三十七党支部

一段路途，走出一种人生；一种缘分，成就终身陪伴；一个信念，注定一生执着。每个人都有自己独特的人生经历，黄明华老师的这份独特就在于她既感受过旧社会的艰苦，又感受着新社会的幸福，她的成长、爱情以及工作是与中国共产党密切相关的。黄明华老师温暖如阳光，随和自在又严于律己，采访黄明华老师之际，可以深深地体会到，她在用一生践行平凡即是伟大，也在用一生坚守共产党员的信仰，任时光荏苒，世事变迁，唯有信念永远坚守。

一、平凡岗位，坚守一生

1965年，黄明华加入了中国共产党，从上海师范大学毕业后就留校在机关里工作，先后在宣传部、档案馆任职，最后从党委办公室退下来。在档案馆时，她还学习了一些课程，探寻从化学的角度怎么进行档案保护。几十年如一日，她将宝贵青春都奉献给了上师大。

【老党员个人简介】黄明华，女，1941年7月出生，55年党龄，曾在上海师范大学宣传部、档案馆、党委办公室工作。目前在上海师范大学校办退休支部。

活动留影

"组织哪里需要我，我就去哪里，服从组织安排。我从未想过离开上师大，蛮好的，蛮幸福的"。毕业时她也表态"坚决服从党的安排"。而黄老师也确实用行动践行了其所言之事，真正做到了知行合一。刚毕业时，黄老师在学校人事处工作，那时学校打算从毕业生中选拔一些人参加社教运动，她毅然决然地表示，只要需要她就会去，而不曾考虑此举会造成自己婚礼延期之后果。

面对工作调动，黄老师从未抱怨，也从不推辞。"就怕做不好工作，组织这么信任我，我能做好吗"，她用一生在一个地方发光发热，真正体现了平凡即伟大。

二、学习先行，革命化婚礼随后

好的爱情大抵就是黄老师和她丈夫刘老师那样，一生一世一双人，没有太多外在的东西，但都饱含在内心。初遇是在邻居家里，两人通过熟人介绍相识，然而他们全程都没讲话，也不曾真正看清彼此样貌，黄老师便离开了，刘老师竟也跟着出来了，缘分就这样开始了，这一跟就是一辈子。

黄老师那时尚在大学学习，虽然爱情来临，她却从不曾因此而在学习方面懈怠。而对于黄老师学习，抑或是毕业参加社教运动，刘老师给予的是无条件的支持和等待。刘老师那时在当兵，两人在确认关系后，部队便对黄老师进行了政审。在交往两个月后，1962年，福建前线情况紧张，刘老师当时当首长的秘书，要跟着首长去福建前线，后来回来了，他当时坚决表态，"要等我读完书我们再结婚"，面对他妈妈多次来信催促，他仍然坚称要等三年半，等黄老师读完书。三年半后，黄老师毕业时到了机关工作，由于要搞社教运动，又不得不离开。本来打算毕业后结婚，黄老师毅然决然决定不结，又去了一年，后来才结的婚。

婚礼简单朴素，没有嫁妆、彩礼，只有32元买的茶叶、烟和糖，以及他们彼此和一些其他军人。在闹婚礼环节，他们邀请新娘唱歌，"我那时唱了《毛主席语录歌》《北京的金山上》和《毛主席的书我最爱读》，我关于这方面的歌会唱很多。"那时又正值红卫兵来扫四旧，因而她带去给同事的喜糖也只能偷摸地给，顺带向同事讲这件喜事。

黄老师和爱人从初始、相遇到结婚，一直到现在都是彼此支持，相互扶持。两人都认为要坚持学习先行，坚决服从组织安排，他们都在各自领域不断奋斗，也在彼此的世界里不曾离开。

三、忆苦思甜，不忘来路

"我从小受的是忆苦思甜的教育"。黄老师的父辈都种的是地主的地，她的父亲在部队里吃的苦对他来讲比较多，她的父亲在部队里做船长，来运送新兵和复员人员，每次新兵运送过来，他给新兵上的第一课就是——忆苦思甜。父辈一代四人天天给地主种地，放牛，然而这样还是不仅吃不饱穿不暖睡泥土坑，而且过年时还要面临地主的讨债。这些黄老师在幼小时也都感受经历过，也让她对父亲更加心疼。"我后来看《白毛女》我就想到黄世仁就是这个样子，你们看电影，现实生活中我们家里，我爸爸经历过得就是这样。我爸爸那么威严的一个人，在地主面前都掉眼泪。"谈到这里，黄老师不禁潸然泪下。黄老师的母亲也因为终日为家人的生机奔波，那时正值大连被日本统治割据阶段，大环境十分恶劣。母亲干的劳动就是天亮之前要把地主家的水挑满、把苞米推出来。由于常年劳累，积劳成疾，最终在黄老师高三时不幸离世，这正是旧社会三座大山压得老百姓喘不过气。

对比自己，黄老师直言自己幸运，新中国成立后9岁开始读书，一路读完大学。由于受到父辈忆苦思甜的教育，所以她从小就深知共产党的好。"我一入少先队就吵着要戴红领巾，到了初中，我们班级到初二才发展团员，我要入团，我的目标，我当时就想我将来要当共产党员，那时就有这个愿望，我也要为穷人服务。正式在组织表达，高中时表达过，到上师大也表达了"。

活动留影

　　"尽管人老了，信念还是不变"。黄明华老师如今在退休党支部，尽管已经八十高龄，平时仍然积极参加线上的党日活动，每年三月到学校参加组织生活会。"党史是要学，现在年轻人不读党史不知道来之不易的，百年的历史走过来也是坎坎坷坷的"。黄明华老师对青年人提出期冀。黄明华老师对党的忠心和感情深厚而绵长，这种传承的力量也熔铸在我们心中，不仅是结束时发自内心与黄老师的拥抱，更是未来坚守初心使命的力量源泉。

感恩党，跟党走

——寻访老党员孙祥珍

学生生活园区第三十六党支部

2021年4月24日，我们寻访了老党员孙祥珍老师。一进门，老师热情地拉着我们参观家里，向我们介绍多年来居住条件的变迁与改善。她说，每次单位分配住处，自己都觉得惊喜感动，心想，这么好的地方，后半辈子就住在这里了。没想到，下一次总还会分到更好的。一次又一次的搬家中，老师感慨于社会经济的发展，更感念党和国家的恩情。

进了客厅，老师腰不好，坐在有靠背的椅子上，招呼我们坐沙发。她向我们展示家中珍藏的档案馆制纪念册，里面有上海师范大学六十年代校门的照片、83年的毕业合照、13年的同学聚会留影……一页页翻过，岁月的影像随着老师的介绍在我

老党员孙祥珍

【老党员个人简介】孙祥珍，女，1939年出生，党龄五十年，大学毕业后留校，在数学系任教直至退休。

们面前缓缓播映。老师说："你们问吧，只要我能回答的都给你们回答。我也可以先跟你们讲讲。"来之前联系时，老师听说我们是上师大的学生党员，要做寻访老党员的支部活动，在电话里就答应得爽快，访谈开始后更是热情配合。似乎在老师眼里，党的活动、党的工作，永远是最重要的。自己能为这样的工作出一份力，自然责无旁贷。

事实上，"感谢党的恩情"与"响应党的号召"两件事，贯穿了孙老师的一生。从无锡到上海，从童工到教师，从群众到党员，在对自己人生经历的讲述与交流中，孙老师说得最多的两句话就是，感恩党，跟党走。

感恩党——一路走来最大的心声

"我的爸爸是贫农，没文化，妈妈是纺织工人。我解放以前做过童工，做了半年以后，上海炮声隆隆响，我妈怕上海要打仗了，把我送到老家去。如果不解放，我的命运就是，童工，工人，慢慢过下去……"访谈从老师的讲述开始。新中国成立前做童工，父母没有文化，觉得女孩子不必念书，只供弟弟上学。新中国成立后，母亲所在的纺织厂扫盲，母亲才知道小姑娘也该读书，写信回家，说服父亲同意女儿上学。孙老师用破衣服自己做了书包，背着去上学。谈起小学生活，孙老师印象最深一件事是，四年级时一位很喜欢自己的老师借给她一本书，方志敏的《可爱的中国》。"那时候我才知道，原来以前中国这样被人欺负，我能有机会念书真不容易。"

对有机会读书上学的感恩让孙老师发奋努力学习。中学期间，她和同在一所学校的小学同学三年没有碰过面。他们在外面玩，孙老师就在教室做功课，晚上回家的时间都要用来做家务。初中毕业，母亲给她在工厂报了名，孙老师不甘心，还想继续念书，考取了中等师范学校。在中师，孙老师看到戴着大学校徽的学生，心里充满羡慕。同学劝她："你别做梦了，我们都是穷出身，做个小学老师就已经很好了。"老师不肯放弃，凭着优异的成绩，成了同样穷苦出身的同学中为数不多考上大学的学生之一。由于家庭经济压力，母亲不准她继续读书，老师便每天把录取通知书放在口袋。报名前几天，走投无路的孙老师从养母那里借来五元钱，在家里找到被母亲藏起来的证件，偷偷迁了户口报了名。

大学期间，吃不饱穿不暖，没有被子盖，没有热水洗澡，甚至没有足够的学习资料。"我没觉得苦，有工做，有书念，我觉得很开心。"由感恩催生的动力和对知识的渴望让孙老师在艰苦的条件下拼命学习。"我觉得我一定要学好，否则我对不起党。那时候我觉得，党给了我生命，给了我政治生命，给了我念大学的机会。做梦也没想到过。同学说我想念大学是做梦，没想到能梦想成真，进了大学。那是真的对党感恩。"

不仅如此，孙老师还深深记得每一位帮助过自己的人。劝父母让自己上学的小学老师、关心自己生活的党委书记、借给自己复习资料的大学老师，这些人、这些恩情，老师直到现在都挂在嘴边，并尽力用自己的方式回报着他们。

跟党走——报答恩情最坚定的行动

孙老师大学时，国家正处于困难时期，粮食紧张。"反正不管怎么样，没有什么埋怨，共产党困难了，我们要跟党走，响应党的号召。"于是孙老师参加了崇明围垦。去农场劳动，要半夜两点起床，从东昌码头乘船到崇明，走三十里路到农场。孙老师是劳动最卖力的一个，别人挑两担米，她要挑四担米。借粮食，老师借到了二十斤，这是她至今仍然骄傲的事。"我觉得我最大的贡献就是给大家借到粮食。"作为劳动负责人，孙老师自己干活最多，腰椎便是那时因过度劳累受伤的。她说："我一定要报答党对我的恩惠，让我能够上学。"

入党后，孙老师更是全心全意跟党走，为人民服务，劳动最卖力，社会工作也做得认真。开展工作没有经费，孙老师就自己办辅导班赚钱贴补。毕业分配时，辅导员问孙老师想到哪里去。孙老师说："我服从组织分配，祖国各地，哪里要我我就哪里去。"她认真地对我们说："这是我真的想法，不是随便说说的。"

1960年，上海动员一百万产业工人回到老家去。孙老师的母亲是名老党员，但没有报名。母亲认为，女儿还要念书，要用钱，自己不该回去。厂党委调查到孙老师在大学里成了党员，就去找学校党委，校党委便通过总支要求孙老师完成动员自己母亲报名回老家的任务。"党交给我的任务我一定要完成的。"于是孙老师与母亲交谈。孙老师说："你是共产党员啊，你要听党的话。

解放以前要工作十二小时，现在只要八小时，多好啊。还让你识字，能看信了。我保证毕业以后养家。"就这样，孙老师说服了母亲，并带领厂里其他目标动员同志一起报了名返乡。"这也算做一点小工作吧，反正党的号召我是坚决拥护的。"

最为可贵的是，在孙老师心中，跟党走，不是迷信盲从，而是要追随党的信仰，坚守党为人民服务的宗旨。"文革"期间，她没有伤过人。因为贫农的出身，两派都拉拢她，她不为所动。她说："我不愿意把人家踩在地下斗，心里难受。""他们说我对敌人太仁慈，我说敌人也是人，敌人首先是人，然后才是怎么教育。所以我不整人。"

活动留影

"四年级看了《可爱的中国》，我觉得我爱国了，我的国家，我在这个土地上，应该爱。大学里，我觉得应该爱党。还有一样，爱学校。看不到学校我心里难受。"爱国，爱党，爱校。孙老师在七十年的岁月里，见证了国家的发展，感念于党的恩情，把青春奉献给学校，用行动回报着党和国家的培养。

采访结束后，孙老师亲切地拉着我们，说："你们从外地来念书不容易，在这边没有亲人，就把我当你们的亲人吧。有什么需要帮助的跟我说，我能帮的一定帮。"其实，在这次寻访中，孙老师早已给了我们最珍贵的帮助。老师的讲述，让不曾经历过那段艰苦岁月的我们看到了老一辈共产党人是如何用坚毅、无私、善良的品质在苦难中发展自己、服务他人，了解了一名普通人是怎样同我们党、我们国家共同成长，明白了如今的幸福生活是多么值得珍惜与感激。感恩党，跟党走，这是孙老师的信念，也将成为我们心中不灭的指引。

伟大出自平凡，平凡造就伟大

——访哲学与法政学院老党员任沙金老师

学生生活园区第三十八党支部

习主席说："伟大出自平凡，平凡造就伟大。只要有坚定的理想信念、不懈的奋斗精神，脚踏实地把每件平凡的事做好，一切平凡的人都可以获得不平凡的人生，一切平凡的工作都可以创造不平凡的成就。"

正值中国共产党建党百年之际，学生生活园区第38党支部于2021年4月27日下午有幸采访老党员任沙金老师，通过访谈了解他的个人经历，给予青年党员模范和榜样作用。任沙金老师是拥有35年党龄的党员老同志，我们与任老师就入党历程、青年寄语等主题开展了深入的交流。在这些平凡的

老党员任沙金

【老党员个人简介】任沙金，男，1955年6月出生，1985年5月入党。1980年2月到上海师大工作，至2015年6月退休，现任上海老年大学副校长。

经历里，更深刻地体会了平凡与伟大之间的联系。

"在上师大工作近35年，也算是老'师大人'，看着上师大一步步地发展起来，我很骄傲。"

1980年报到时，任沙金就是从上师大现在这条主干道进来的，这么多年，它一直没有变化，教学楼和梧桐树都还是老样子。他回忆道："当时桂林路到师大的东西校门口就拦住了，后面全部是农田，以前也没有钦州南路，后来慢慢地都变好了。"

任沙金从担任辅导员开始，在后勤、生活中心、生活服务部门和学工部等都工作过。在奉贤校区工作了六年，见证了哲法学院的合并，这么多年工作下来，他坚持诚恳待人、本分做事，认认真真地履行岗位职责，遇到困难努力想办法，抱着积极的态度，少埋怨、少抱怨、多沟通、多了解，工作当中得到了大家的支持与配合。在后勤部门管理宿舍的时候，他每年都会事先做好准备工作，与各个部门保持密切的联系，在现有资源有限的情况下，合理分配资源、平衡部门、学院之间的需求和矛盾。

"不忘初心，勤勤恳恳为党、为高教事业的发展做出自己的一点努力。"

任沙金在上师大成长、接受上师大的培养，对学校非常有感情。从普通辅导员到处级干部，各个岗位上的付出对他而言都非常值得。例如他在奉贤校区六年的工作期间，每天早晨大概6:45就坐上班车到奉贤，晚上乘坐17:00的班车返校，六年的生活习惯就这样养成了。记得有一年的12月31号，从奉贤回徐汇的途中高速公路大堵车，路上走了三个多小时，晚上八点才到学校，然后再回到家，这是他记忆最深刻的一次经历。但是也没觉得辛苦，只觉得这是工作的要求，于他而言，虽然特别但是也没什么不同。

人生有许多挫折与挑战，有许多的苦难和委屈，如何解决问题是每个人成长的必经之路。任沙金认为，保持积极的心态，迎难而上才是上策。无论是当年的上山下乡，还是工作后的大事小情，不埋怨、肯吃苦就是他的人生信条。同样一个良好的心态也必不可少。不是每个人都会取得非凡的成绩，但是把平凡的小事一件件做好，就是一份伟大的成功。

"现阶段目标想好以后早做准备，多学点东西，今后肯定能派上用场。"

任沙金老师在听取了青年党员的提问之后，对年轻人的寄语就是"早做准备、多做打算"。现在的学生党员各方面的基础都比较好，当下的迷茫也多是未来的就业发展，当前的社会在不断的发展，今后的道路也都是未知的，青年人所需要做的就是"多与早"，即多学一些专业知识、多掌握一些技能、多做些储备、早利用时间。今后的社会发展是多元化的，需要不同的人才，只要肯努力，每个人都能够在自己的岗位上发光发热。

"你要相信，革命道路肯定是曲折漫长的，我们胜利了，证明我们党是有这个能力的，那么中国建设的道路肯定也是不平凡的。"

任沙金于1985年加入中国共产党，他一直相信只有我们的党才能为中国建设创造出自己的道路，创造一条堂堂正正、不被人欺凌、未来光明的道路。这些年，他面对那些疑惑，或者不信任，甚至一些过激的言论，都会非常明确表

活动留影

明自己的立场，坚定不移地相信中国共产党。历史证明，中国共产党在正确的决策和思想引领下，领导人民取得了民族独立、人民解放和社会主义的胜利，开创了建设中国特色社会主义道路。空谈误国，实干兴邦。未来一代的共产党人一定会承前启后、继往开来，把我们的党建设得更好，团结全体中华儿女把我们国家建设得更好，把我们民族发展得更好，继续朝着中华民族伟大复兴的目标奋勇前进。

"伟大出自平凡，英雄来自人民。"一个国家的非凡成就，总是由点点滴滴的平凡构成。任沙金老师一直谦虚地说，"我的工作年限虽然很长，但是说起来十几分钟就讲完了，没有什么特别的经历。"然而，正是这样的平凡才成就了伟大，我们青年党员应该坚持理想、脚踏实地、不怕吃苦、乐观进取，以扎实的知识基础和实践为社会创造一点一滴的价值，以老党员为榜样，共同为实现中华民族伟大复兴的中国梦而不懈努力。

难忘峥嵘岁月，永葆赤忱初心

学生生活园区第三十三、第四十三党支部

"我认识到共产党，是因为我和我的家人曾经受到过阶级压迫，是共产党帮助了我们，所以在那之后共产党就是我的信仰。"面前的这位耄耋老人目光灼灼，精神矍铄，"我一直都渴望加入党组织，起初好多次都没有成功，但是这个念头就没有断过。"他是范朴生，今年94岁，党龄65年。

一、缘起：中共领导农民运动

范朴生出生在重庆的一个农村中，他和他的家人长期受到地主的剥削，直到中国共产党领导农民运动，才渐渐扫除封建地主阶级对中国农村的统治。农民成了村子的主人，终于过上了自给自足且安逸的生活。在青少年时期，范朴生记得有一些士兵常常会来村子中帮助他们，号召大家一起推翻封建阶级，这些士兵称自己是共产党员。当时党员开展工作时，经常受到各方势力的阻挠和威胁。年轻的范朴生积极帮助士兵们宣传，甚至跑去更远的村庄去支持这些共

【老党员个人简介】范朴生，男，1927年出生，1957年加入中国共产党，1949年至1962年服役于福州军区，1963年至1974年工作于福州文工团，1974年至1990年任上海师范大学艺术系副主任，曾四次获得三等功奖章。

老党员范朴生

产党员，年长他几岁的党员们成了这个年轻人心中的大英雄。

二、听从党的指挥，带领文工团为军民服务

1949年，范朴生参军，驻扎在福州军区。他想这次终于可以学习枪法、搏击术，为祖国挥洒热血、冲锋陷阵了。当时，福州军区要新建一支文工团，由于范朴生在校期间学习的是管弦乐，于是领导便让这个才入军营三个月的新兵停下训练，管理起文工团。建国初期，许多歌曲都是口口相传，没有专业的伴奏乐谱，他就自己一遍遍听，再逐个将音符写下来，而后又分乐器、分声部整理乐谱，再招募士兵排练。就这样，一个新兵挑起了重担。文工团从无到有，但范朴生却觉得十分遗憾，男儿当兵便是要上前线的，文工团只是在军营中穿梭。但是，作为军人、作为一名渴望加入中国共产党的有志之士，他明白上级交予的任务，只能回答："是。"前线炮火连天，他带领的文工团一刻都不敢松懈，早晨排练，晚上去军营表演。渐渐地，他意识到这些演出是基层士兵艰苦的军营生活中唯一的一道色彩，是对他们精神的慰藉。"没有浴血奋战，做好自己的本职工作，也是一个英雄。"在这连轴转的艰苦时期，范朴生始终坚持申请入党。1957年，他得偿所愿。1958年10月1日，福州军区文工团在天安门广场接受检阅，他是文工团的领队。在范朴生从军的十四年中，他立了四次三等功。"摒弃自己的私心，党指向哪里就去哪里，这才是真正的、纯正的为人民、为国家服务。"

三、投身高等艺术教育，发挥先锋模范作用

1974年，范朴生来到了上海师范学院（后改名为上海师范大学），任艺术系副主任，主持艺术系工作。那时，艺术系刚刚成立，师资力量薄弱，又恰逢全国恢复高考，教育工作成了党中央当时的重点工作。有一些音乐家经人推荐来到学院，他却只让艺术家们做临时老师。他说："音乐家们大多都是要去做导演和演员的，我要去寻找真正愿意做教育的，一辈子做教育的人，我才放心把高等艺术教育交给他们。"范朴生说他参军前曾在上海求学，举目无亲时是老师收留他、鼓励他、在专业上指导他，老师不仅要专业素养高，更要愿意用自己的灵魂感动与唤醒一个个学生的灵魂。他上门拜访说服一些相熟的艺术家，跑遍了一所所中学寻找他心目中的最佳人选。从军营回来的范朴生，站在了教育的第一线，带领一批青年教师垦荒向前、开拓创新，用自己的专业、敬业和坚持，为学校的高等艺术教育奠定了坚实的基础。除此以外，他还向时任全国师范教育司副司长建议，召开高等师范艺术教育座谈会，推动编写了艺术类学科的教学大纲与教材。1980年前后，高等艺术类学校很受重视，但是高等艺术教育却被忽略，范朴生不为大环境所困，不怕辛苦与困难，大力推动艺术教育，将党员的先锋模范作用发挥得淋漓尽致。

四、学好本领，报效祖国

范朴生总是拿自己为例教育后辈，"国家需要的时候，就要有！我是个学音乐的，我以为打仗的时候，自己的专业不能干些什么，但是国家仍然需要，所以你们年轻人一定要学好自己的本领，这样才能召之即来，为祖国作出贡献。"

走过烽火岁月，范朴生的一些记忆是信仰的开始，一些记忆是致敬可爱的人，一些记忆是关于艰苦的岁月，沿着这些记忆，我们看到的是老党员的党性

活动留影

使命坚如磐石，赤忱初心始终如一，这些都激励着后辈们要赓续共产党员精神血脉，勇担新时代使命。

寻访老党员高惠珠，探寻初心与使命

哲学与法政学院研究生第十二党支部

2021年是中国共产党成立100周年。为庆祝中国共产党百年华诞，传承红色基因、弘扬红色精神，结合党史学习教育，展现上海师范大学一代代共产党人艰苦奋斗、不忘初心的使命担当，强化我校党员学生的理想信念教育和党性教育，传承奋斗精神，哲法学院研十二支部的党员同志和入党积极分子于2021年4月21日在我校文科楼与老党员高惠珠进行了心对心的访谈交流。我们听她讲述数十年的革命故事，跟随老人回忆难忘的文革和北大荒经历，学习她感人至深的先进事迹。

一、投身北大荒，十年磨一剑

年近73岁的退休老党员高惠珠看上去依旧精神抖擞，全身上下散发着腹有诗书气自华的人格魅力。高老感慨时间飞逝，一晃入党已有50载。回

【老党员个人简介】高惠珠，女，1948年8月出生，五十年党龄，1982年获哲学硕士学位，1990年为上海师范大学副教授，1991年7月至1992年7月为美国伊利诺伊大学高访学者。1996年为上海师范大学教授。现任全国历史唯物主义学会、人学学会和价值哲学学会常务理事，上海哲学学会副秘书长。现为上海师范大学知识与价值科学研究所常务副所长，博士生导师。获上海市"三八红旗手"称号，获上海市哲学社会科学优秀成果著作二等奖1项，论文二等奖、三等奖各1项，上海市"精神文明办政治文明研究成果"三等奖1项，上海市优秀教材三等奖1项，上海市优秀教学成果奖1项。

老党员高惠珠

望自身的入党历程，她说道："我觉得我们这一代和你们在座的这一代有一点不一样，因为我们经过了文革、经过了上山下乡、经过了北大荒。在北大荒的十年，我受到了很大的教育。当时赴北大荒的人主要有抗美援朝的复转军人，还有部分解放军的复转军人，这些军人有着钢铁般的毅力，他们回来后不是享福，而是积极投入北大荒的垦荒事业中。北大荒的环境恶劣，冬天气温一般是零下30℃甚至低到零下45℃。如果不戴手套开铁门，手皮都会被掀掉。但是这些军人从不抱怨，而是坚持无私奉献。如此种种都让我的党性得到了锻炼和提高。"同学们听罢高老的分享，均表示自身的党性也受到了一次积极的浸润，这些军人的意志鼓舞着我们新一代党员不懈奋斗，无畏艰难困苦。

二、延续高尚品质，锤炼党性修养

与老党员高老的亲切交谈，让我们在座的每位同学都受益匪浅。"一个党员就是一面旗帜。"我们深深感受到中国共产党的伟大之处，懂得现在的幸福美好生活来之不易。老党员同志的高尚品质，督促我们新一代党员同志勇往直前、不畏艰难险阻、永葆上进心、不懈奋斗和拼搏。我们应该在学习中熔铸党心，在实践中锤炼党性、掌握真理、加强锻炼、争取将来为中国共产党贡献自己更多的力量，做社会主义的合格接班人！历史是最好的教科书，在物质生活丰富的当下，我们要延续党员的意志，不忘初心，为祖国的繁荣富强付出自己的力量！

坚持"赤胆忠心"，践行初心使命

哲学与法政学院研究生第一党支部

老党员管继英

为深入了解党史，切身感受历史文化，研一党支部全体党员以及发展对象于2021年4月27日上午，采访了我校的退休老党员管继英老师。如今已经94岁高龄的管奶奶为我们讲述了她与党结缘的几十年光阴。

一、《新民主主义论》与入党初心

管继英老师于1947年从开封高中考入复旦大学，进入大学的她和室友们，心系劳苦大众，为中国的

【老党员个人简介】管继英，女，1927年出生，1949年加入中国共产党，新中国成立后一直在虹口区工作，1978年至1988年在上海师范大学工作。

未来感到担忧。不久，她遇到了让她毕生难忘的一位同学，这位同学初中就加入了中国共产党。在他的影响下，年轻的管继英于1948年加入了中国共产党地下读书会，她读的第一本书就是毛泽东同志的《新民主主义论》。她认识到，国民党政府腐败无能，只有中国共产党才能带领工人农民，走向光明的道路。于是1949年2月，她加入了中国共产党，成为一名地下党员。在此期间，她作为学生代表，与陈望道等人一起，组建了护校应变委员会，以阻止国民党政府将复旦大学迁到台湾。同时，她还到学校附近访贫问苦，了解底层民众的疾苦，管奶奶说，只看书本是不够的，要去实践，做实地研究，实践出真知。

二、新中国成立前的惊险撤离

印象最深刻的是管老师做地下党期间死里逃生的撤离之路。当时她跟她的表姐一起住在学校宿舍，一天晚上，她跟往常一样到校外去给表姐打水洗脸。刚出校门，两声枪声在其耳后打响。她身体一惊，转头看过去，原来国民党军队已经封锁了学校，正在全校搜捕她。幸好她出来了，不然一定会被抓走的。后来，表姐把自己的衣服借给她，戴上墨镜，化妆坐上车，躲过了敌人的封锁盘查，逃到了表姐亲戚家。从四月二十七日到五月二十七日，在暗无天日的顶棚上躲了整整一个月。直到有一天，她从窗户上看到了躺在南京路上的解放军，她意识到上海解放了！管继英老师面对危险的革命斗争义无反顾，表现出作为共产党员随时为党牺牲一切的奉献精神。

三、新中国成立后的矢志不渝

新中国成立后，管老师一直在虹口区工作。直到1978年，由于上海师范大学的前身上海师院急需人才，管老师积极响应号召，来到了上师大，一直工作到1988年才离休。在上师大任职期间，管奶奶发扬作为党员的先锋带头作用，经常参加捐款活动，获得了许多荣誉。她多次表达对上海师范大学的感谢:"感谢上海师范大学愿意收留我,还给了我这个房子住着,我捐这点钱不算什么!"

管老师回顾自己的入党经历和体会,用真挚的感情、朴实的语言,讲述了自己的入党初心和奋斗历程,分享了难忘的故事。她说:"没有英烈的牺牲,就没有革命的胜利和今天的幸福生活,我们要认真学习党史,发扬红色传统,传承红色基因,矢志不渝践行初心使命。"她不仅践行了党员们学党史、知党情、跟党走的精神,不忘初心使命,还进一步激发党员干部及群众的爱党、爱国热情。

此次采访,按照习近平总书记学史明理、学史增信、学史崇德、学史力行的要求,提升了党支部党组织的凝聚力,并为我们党支部营造出学党史、知党史、懂党史的浓厚学习氛围,在不同的岗位上以实实在在的工作成绩向建党一百年献礼。大家一致表示,老党员是我们的宝贵财富,是祖国发展历程的亲

活动留影

历者和见证人，要始终虚心学习他们的优秀品质，切实以自身经历和见证，分享他们心中的辉煌党史与光荣传统，增强共产党员的责任感、使命感，不断为党的事业和国家的发展做出自己的贡献。最后，管老师寄语我们年轻人：年轻人的生活是令人羡慕的，你们可以自由的读书、思考，要坚持一颗"赤胆忠心"，随时准备为党牺牲一切！

国泰民安，此心方定

——访哲学与法政学院老党员朱国定老师

哲学与法政学院研究生第十党支部

一、"我一直想入党"

虽然如今已是党龄三十多年的老党员，但回忆往昔，朱国定为着入党的目标，付出了多年的努力。

中学时期，朱国定一直积极申请加入共青团。他的家庭出身不太好，发展起来并不顺利。朱国定不放弃希望，一次次递交申请书，终于在一次转学之后，成为中国共产主义青年团团员。20岁那年，朱国定响应组织的号召，到贵州农村插队，担任商业贸易中的公方经理。农村的生涯大大锻炼了年轻的朱国定，他通过观察农民的生活、参与农村的活动，感受到劳动群众建设家园的健康风貌，深刻体会中国共产党一心一意为群众谋福利的诚挚，由是种下加入中国共产党、为人民办实事的心愿。

七年知青岁月结束后，朱国定作别广大农村，到南开大学哲学系深造。

【老党员个人简介】朱国定，男，生于1949年3月，1981年加入中国共产党。上海师范大学哲学与法政学院教授，曾在贵州山区度过七年知青岁月，后在南开大学哲学系深造，1982年南下读研，专业为马克思主义哲学。曾任上海师范大学研究生学生会首任主席。现为上海师大特邀党建组织员、关工委讲师团成员，哲学与法政学院关工分会副主任，学院退休党支部支部书记。

老党员朱国定

1981年6月18日，老同志说，他永远记得这个日子——这天是他成为中国共产党党员的日子，是他的"政治生日"。朱国定深情地说，"我一直想入党"，成为党员是他多年来的心愿。为了加入中国共产党，大学本科期间，他时时要求自己上进，在担任系学生会生活部长、校生活部长的过程中，切实为同学服务，曾因后勤工作得力获评"保卫工作先进集体"荣誉，获得同侪的肯定和拥戴。

1982年，时年28岁的朱国定开启了新的人生经历。当年9月，他被上海师范大学哲学系录取，到上海就读硕士研究生。在美丽的师大校园里，朱国定继续发扬党员的模范带头作用，当选为首届研究生学生会主席为同学们服务，并且作为当年唯一的学生党员，发展了党员王海诚。

二、"我是周总理母校学子，我愿意多承担"

1985年，硕士研究生毕业后，朱国定因为一以贯之的优秀表现，获得留校任教的机会。他主要是在当时的马列部讲授马克思主义哲学，同时兼任音乐、

263

美术、英语等课程的科任老师。除了白天在学校里传道授业，朱国定还抽出夜晚或是周末的时间，到夜大为自考的学生们讲解马克思主义哲学。夜以继日的加班工作，时间排得很满，但朱国定想到自己是在宣传马克思主义哲学，向更多有志者普及这门哲学，便不觉辛苦，甘之如饴。

在上海师范大学的多年工作中，朱国定曾在不同岗位上历练过。他非常尊重组织的安排，也总是乐于在不同岗位认真工作，完成组织交代的任务。1994年，他接受学校的调任，到商学院开设公共关系学课程；2004年，学校改组法商学院，他又接受任命，开课讲授行政管理。朱国定一边用心给学生讲课，一边完成诸多行政工作，历任系副主任、系主任、院长助理等职务，直至2009年从教学岗位上光荣退休。

朱国定的工作史近乎半个学校和学院的发展史。作为党员，他始终积极对待每一份工作。朱国定老师一直尊敬与仰慕以学长周恩来总理为代表的优秀的共产党员，也在身体力行向其致敬和看齐。他说，"我是周总理母校学子，我愿意多承担"。周恩来总理与朱国定老师，两代南开学子都是用毕生精力与心血，书写对党的忠诚的共产党员。

三、"多读党史、多了解党"

2014年，朱国定老同志再一次接受组织的信任和委托，开始担任退休党支部书记。除了例行召集开会之类的工作，他还需要及时了解老党员们的最新情况，组织安排慰问困难党员和家属等。朱老师笑称，都是常规的事情，方方面面都顾到还是颇有挑战性。

除了退休党支部的事务，朱国定老师还志愿参加了不少社会公益活动。他作为哲学与法政学院特邀党建组织员，积极推动学院"创特色，铸品牌"，参与开展"关工报告团（专题讲座）""普法教育（法治宣讲）""文化传承（文明督导）"等品牌工作。在和同学们的交流与座谈中，朱国定总是亲和风趣。比如在访谈中，他以人生命运与国家命运的关系为切入点，结合自己的真实经历，强调了磨难对当代青少年成长的重要性、知识改变命运的可能性、独立生活能力的必要性。娓娓道来的人生故事分享后，朱国定也向学生党员们意味深长地寄语："希望学生们多读党史、多了解党"。朱国定老同志给入党积极分子和党员讲的党课，客观翔实，很受欢迎。

朱国定不但关心学生党员们的发展，而且关怀社会上的年轻人。朱老同志长期在浦东新区三林镇当公益讲座的义务讲师、居委会党员讲师。他讲课不仅结合历史，还与时俱进，不断更新自己的课程内容。他说，中央高瞻远瞩布局精准扶贫，上海定点支持101个县，切实做好社会治理，国家的威信进一步提高。疫情暴发后，举国抗疫的壮举真切保卫人民生命权，也让年青一代愈发认识到党的伟大。老党员亲眼见证祖国的发展壮大，不吝于表达身临其境的自豪和对于党的无限信仰，骄傲与认同溢于言表。

2月20日，习近平总书记出席党史学习教育动员大会并发表重要讲话。习近平总书记的讲话，激励共产党员更好总结历史经验、认识历史规律、掌握历史

活动留影

主动。朱国定与学生党员分享的人生经历，正是厚重的党史极为活泼生动的体现。入党三十多年，朱国定五个大阶段的人生："读书、下乡、深造、从教、退休"，是党员建设中国和创造历史的缩影和见证。他和同时代的老党员，已经是中国共产党光辉历史中不可或缺的组成部分。正是这样一代又一代共产党员，真诚质朴、踏实肯干，才有了中华人民共和国从筚路蓝缕百废待兴，到如今屹立于世界东方的盛世景象。

在与时代、人民同向共行中成就自己

——顾智敏教授专访

哲学与法政学院研究生第十一党支部

适逢建党百年，学校组织老党员寻访活动，本次寻访对象为顾智敏教授。在本次采访中，顾智敏教授分享了他自身的工作和人生经历，及对于党史学习的感悟和心得，并在最后给予青年学子以真诚寄语。

一、入党缘于感恩情怀

"如果没有中国共产党，我是不可能上大学的。"1973年，当时在江西省安福县插队的顾智敏迎来了一个改变自己命运的机会——高考。那年，根据国务院《关于高等学校1973年招生工作的意见》要求，已经中断了7年的高考制度，第一次在各省、市和自治区试点恢复。

得到高考试点恢复的消息，他所在连队竟没有一个知青报名，大家都认为，自己够不上大学的水平。在朋友鼓动下，他在报名截止前的最后一晚，向副指导员表达了意愿。凭借自身在工作之余多方面的学习积累，他被命运眷顾，如愿以

【老党员个人简介】顾智敏，1953年生，上海市人。上海师范大学副教授，曾任上师大法商学院党委书记、党校副校长、老年大学副校长。

偿地获得了上大学的机会，且是那一年他所在连队和营里唯一上大学的知青。

他说，能够读大学，个人的积累、准备只是次要的，重要的是为纠正"文革"纷乱，教育领域开了一个口子。而这个口子所蕴含的机遇，是党给的。

1953年，顾智敏出生于上海的一个普通工人家庭，全家生计依靠父亲一人的工资，生活拮据。幸运的是，因国家政策支持，他及其兄长得以减免学费并顺利完成学业。

1968—1978年期间，按照国家"知识青年上山下乡"的安排，约有十余万上海知识青年前往江西农村插队落户。1970年，年仅17周岁不到的顾智敏，在时代大潮推动下，成为踏上江西红土地的一员。

提起插队的岁月，顾智敏感慨良多，"我们当时，没有什么书可以看。好不容易进趟县城，新华书店书的品种十分贫乏。偶尔向战友借到一两本书，都得限时归还。"但是，物资的匮乏浇不灭年轻人对知识的渴求。很快，他就想出了应对之法——抄书。"唐诗、宋词、数学题目，我都一点点的抄下来，然后再慢慢看，慢慢解。"他回忆道。

特定家庭背景下的求学路，在非常态时代下居然获得上大学机会，使他对党充满感恩之心，并在大二那年，被党组织吸纳，成为一名共产党员。

"既然党给我的成长创造了条件，我就应该有所回报。"谈到自己的入党初心，顾智敏动情地说道，"如果能够加入党组织，我就可以在组织内多承担一点任务，为党多做一点工作。正是抱着这样的心态，我志愿加入了中国共产党。"

二、提升自我，与时俱进

顾智敏认为，感恩是中华民族美德。滋养民族永续发展的优秀文化，就包括"投桃报李""滴水之恩，涌泉相报"。对个人而言，感恩则是养成正直、善良品性的基本要素。但我们党是中国工人阶级先锋队，是中国人民和中华民族先锋队，作为先锋队的一员，仅有朴素的感情不够，还要锤炼服务党和人民的本领。因此，他始终注意提升自我，与时俱进。"从参加工作以来，组织为我们提供了很多历练和表现的舞台。作为一名共产党员，我们切不可将取得的成绩归因于自身，而忘却了党对我们的培养。"

多年来，为了在本职工作上多做奉献，顾智敏养成了以发展的眼光看问题，尤其重视以比较思维的方法审视事情，推进工作。他认为，它山之石可以攻玉。"我们在做工作时，一方面要善于从纵向的维度进行比较，看今天比昨天是否有所进步，或者哪方面有所疏漏，做得好的要继续坚持，不足之处要设法弥补；另一方面，更要学会横向比较，如同本地区、同行业，甚或是外国的高校比较，这样，才能对做什么、怎么做，保持一个清晰的认识，才能提出有价值的发展目标以及采取合适的发展方法，才能保持与时代、与人民同向同行的姿态。在党校工作期间，顾智敏曾根据党的要求，按照对象层次、类型开展了一些有特点的培训，他强调培训既要提高对象的理论水平，又要促进培训对象紧密联系工作实际推动发展。在"围绕中心、服务大局"的培训工作中，很多想法就来源于他平时的比较研究。

这样的思维习惯和工作习惯，甚至延伸到他退休后在老年大学工作期间。顾智敏对老年大学遵循的"控制规模，突出特色，提升质量"的发展思路，从课程建设、班级建设、内部管理、教材建设、理论研究多方面予以细化落实，为老年大学办学质量稳步提升，为创办名副其实的示范性老年大学做出了努力。

三、坚定信念，永远跟党走

"我们这个党一路走来到今天，是非常不容易的。"在纪念建党百年的背景下，提及党史学习话题，顾智敏不胜感慨。他说，"党史我们一直是在学习的，但是在不同年龄段、不同工作岗位和不同背景下读党史，收获也是非常不一样的。"从最初不到百人的小党，历经百年到如今的执政大党，中国共产党经历过很多磨难，也犯过一定的错误，但是"历史证明，不管是早期的革命年代，新中国成立以后的计划经济时期，还是如今改革开放后建立社会主义市场经济体制，我们党都能够审时度势，坚持实事求是的原则，对自身的错误及时做出调整，并不断开创出适应世情、国情、党情的正确道路。"

"改革开放就是我们党的一项英明决策。"顾智敏列举数据说明，从改革开放到现在，我国GDP总量迅速增长，在全球份额中所占比重发生了明显变化。他以曾经历过的凭票购物的生活作为参照，真切地感叹，今天的景象真是始料未及。在比较中他特别强调，巨变的发生，要归功于中国共产党主动开辟的改革开放道路。是党选择的改革开放道路，不断深化的相关政策，使人们得以挣脱精神束缚，焕发出无限的创造力，换来了今天人民群众的获得感、幸福感。他坚信，一个拥有无限创造活力的国度，她的崛起是未来可期的。也因此，要实现民族复兴的梦，"我们仍然要毫不动摇地跟党走，仍然要继续坚持改革开放基本国策。"

在采访最后，顾智敏教授送上了对青年学子的寄语：认准方向、开阔视野、培养能力，在与时代和人民同向共进中成就自己。这既是顾教授对殷殷学子的一片期望，也是他对自己一生所走道路的一种总结。

　活动留影

寻访学校老党员，忆往昔峥嵘岁月

哲学与法政学院研究生第二十党支部

2021年4月27日，我们支部按照学校、学院的安排部署，组织了寻访老党员的活动。上午10点，我们到采访现场的时候，曹老师已经在现场等候多时。一番亲切的问候之后，曹老师开始和我们分享其求学、工作的心理历程。曹老师精神矍铄、神采奕奕，讲起来思路清晰，条条有理，一点也看不出已经78岁了。

一、留在祖国最需要的地方

在整个分享过程中，曹老师令我们印象深刻的主要有以下几点：第一点是他毕业的时候，服从国家分配，留在了祖国最需要的地方工作。15年之后，因为工作上的需要，又回到了上海。第二点是在当年这么艰苦的条件下，祖国为大学生的学习、生活提供了极大的帮助，让他们接受高等教育。因此，他现在非常感激党和国家的培育，非常乐意和年轻的党员分享自己的人生历程。

【老党员个人简介】曹新舟，男，1943年出生，55年党龄，本校高教研究所退休干部。曾在四川国防电子企业任新产品研发、生产项目负责人和企业技术管理负责人，后来先后在上海技术师院、上海师大从事教学、行政管理与党务工作。

老党员曹新舟

二、在平凡的岗位上无私奉献

　　曹老师是奉献典范。曹老师回忆起自己从事相关5G研究的工作经历，非常激动，滔滔不绝地讲述其激动人心的奋斗岁月。支部的陆熙同志说："从我国驻南斯拉夫大使馆被炸、南海撞机事件的被动，到歼十一、歼二十、辽宁舰以及山东舰的服役，这二十年来，见证了祖国从富起来到走向强起来的历程。"曹老师肯定了他的说法，中国从一穷二白，到现在全民脱贫，走向富裕，离不开默默坚守在工作岗位上的每一个人。习总书记说，伟大出自平凡，平凡成就伟大。作为70年代的大学生，或许曹老师的同学有的已经身居高位、功成名就了，但是他依然默默无闻地奉献自己的科研力量，在平凡的工作中默默无闻地发光发热。作为即将步入社会的大学生，我们应该学习这种敬业精神。对工作秉持敬畏之心，戒骄戒躁，一定能在工作中做出成绩。

三、坚决维护党的领导

曹老师在讲述了自己的人生经历后，对社会现状阐述了自己的认知。2020年受全球新冠疫情影响，我国经济大幅下滑，国民生活受到一定影响，但最后在我们党的领导下，成为世界上第一个全面控制住新冠疫情的国家。我们党完成了世界的壮举，证明了我们党是人民的选择，是历史的选择。在党的领导下，我们克服了新冠疫情，克服了经济下滑，克服了世界疫情的冲击，尽管现在没有将疫情完全清除，但是在我国已经开始全面接种疫苗的进程，我国出口的疫苗在国际社会深受好评，我国自主研发的疫苗是世界上第一批确实有效的疫苗。我们要坚决维护党的领导，历史证明了我们党的正确性，人民对党的选择是因为我们党始终都心系人民，始终为人民着想，一切从人民的利益出发。

活动留影

　　最后，曹老同志寄语各个党员和发展对象，不论是在工作上还是专业学习上，我们都应当脚踏实地的向前看，已经成为党员的同志要发挥党员的模范先锋作用，成为党员实属不易，应当珍惜自己的党员身份，学习党章党规，还在努力入党的同志，应当把握现在的时机，努力学习党的理论知识增强自身。经过这次的访谈活动，我们支部备受鼓舞，老同志自我奉献，自我牺牲，自我审视都让我们精神为之一振，那个时代的党员的精神以党为大，以国为重，以民为天，我们现在应当向老党员学习那份矢志不渝的精神，始终以严格的奉献精神要求自己，为党恪尽职守，为国尽心竭力，为民无私奉献。

做一颗钉子，钉在哪里就在哪里发光

学生生活园区第三十五党支部

高雪芳老师的一生是在努力奋斗，自强不息中前行的。"文革"期间，她响应国家上山下乡号召，于1968年12月带领一批中学生到上海市奉贤五四农场务农，虽然那时生活条件很艰苦，住茅草房，卫生间是茅坑，雨天茅草房内泥泞潮湿，但她不畏艰难困苦，本着既来之则安之的心态，积极参加劳动，努力工作，插秧苗、采棉花这些农活她都干过。因表现突出，且有一定的文化水平，被调到本连队的小学教书。高老师在下乡时努力进取，积极上进，她说这和她自己从小的经历有关，因为她是在革命传统的教育下成长起来的，上进心很强，从小立志要做一个对社会有用的人，所以在小学、中学读书时一直是担任学生干部，中学读书时由于年龄小，在校时未能加入团组织。下乡后，1971到1972年，因为她表现突出，组织上先后发展高雪芳老师入团、入党。入党前高老师一直严格要求自己，努力向党组织靠拢，组织也将高老师的表现看在眼里，认为高老师是一个思想成熟、工作干练、能力较强的人。入党后，她更加严格要求自己，努力在农场青年中做表率，担任连队干部，积极投身农场建设，奉献

【老党员个人简介】高雪芳，女，1951年7月出生，1972年2月加入中国共产党，党龄49年，1968年响应国家上山下乡号召前往上海市奉贤五四农场，1977年恢复高考后上大学，毕业后留校，历任学生政治辅导员，校图书馆党支部委员，校机关有关部门联合党支部书记，法政学院党委副书记、副院长。

275

自己的青春。农场生活的磨砺开拓了她视野，增加了阅历。1973年由于农场建设的需要，市农场局在南汇组建了一个新农场，在组织的推荐任命下，高老师担任了该新农场（五七农场）的党委副书记，当年她只有虚岁23，带领知青们一起进行新农场建设。

老党员高雪芳

在那战天斗地的岁月里，曾向往能有上大学的机会，也曾为此付出过努力。但最终因为各种原因未能如愿以梦。高老师曾三次被连队推荐成为工农兵大学生，但都失之交臂，第三次是高老师主动将名额让给了同批年龄更大的同志，因为高老师觉得自己年龄小还有机会，而那位同志是最后一次机会了。上大学是她从小的执念和梦想，她想上大学，可是在个人利益面前，她舍弃了自己的利益，为他人考虑，成全了别人。当组织需要她时，面对个人理想和集体事务，高雪芳老师选择了后者。高老师顾全大局，始终把集体利益放在个人利益之前，这种精神值得我们当代所有人深刻学习。

1977年国家恢复高考制度，为这一代一直做着大学梦的知识青年打开了一扇希望之窗。高老师通过不懈努力考进了上海师范大学（前身是上海师范学院），终于如愿成为一名大学生。她说："与成千上万的同龄人相比，与那些朝夕相处的伙伴们相比，我是幸运的，有机会考入大学，但我深知，这绝不仅仅是个人命运的改变，更是一个时代的改变，一个历史的进步。"因为她在校求学期间表现突出，加之有担任思政工作的经验，便被留校担任学生辅导员，工作期间，她认真负责，表现优异，被评为优秀辅导员。后来她在多个部门工作，总是干一行爱一行，做一颗钉子，钉在哪里就在哪里发光。2002年高老师调任法政学院，担任分管学生工作的党委副书记、副院长，工作期间获得过多种荣誉，2011年7月退休。退休后被法政学院延聘一年多后，又被哲学院返聘分管学生工作，及至2016年底哲学院与法政学院合并。

高老师在上师大工作期间，大部分时间都分管学生工作。高老师认为学生工作也要与时俱进——现在的学生接触面广，接受的信息量大，不能用老一套的方法来对待了，不能刻板，要用新的方法对待。高老师认为这实际上就是邓小平理论的核心内容，即实事求是。做思政工作不能从理论到理论，脱离实际讲问题。而是要一切从实际出发，根据事实来讲道理，根据实际情况来处理问题。

在入党动机方面，高老师认为，谁都有个人利益，但我们不能够以个人利益为主导，不能纯粹考虑个人利益，还应该要考虑集体的利益，要顾全大局。

活动留影

我们可以追求合理的个人利益，但集体利益应高于个人利益。在一个单位工作，不能只想到个人利益，更要考虑如何为单位、为社会做奉献。我们党闹革命的初心，也是为广大劳苦大众谋利益，而不是为了一己私利。所以在做事情时，要兼顾集体利益、全局利益，正确处理个人与集体的关系。特别是要求入党的同学，不应向组织索求什么，而更应严格要求自己，接受党组织的考验，要有党性修养。高老师说，做政治思想工作的一个难处就是，单纯从道理上讲，大家是听不进的，所以要从道理上讲，更要从现实中的实际状况上讲，只有与现实生活中的实际状况结合起来讲，才能更好地被学生听取，被学生接受。

作为老党员、老前辈，高老师说：人的一生是奋斗的，拼搏的，精彩的一生，一定要把握当下。人生在于不断努力奋斗，一定要有奋斗的目标，要有上进心，要自强不息。她叮嘱我们青年人，要珍惜当今这个大好形势，珍惜现在美好时光努力学习，教导我们今后在政治上要健康地成长，抓住机遇，发挥自己的聪明才智，努力为自己赢来一个光明的前途。并叮嘱我们，不管在哪里工作，只要能发挥自己的作用和才华，为社会做贡献就是实现了自己的人生价值。最后，高老师鼓励我们，要根据自己的实际情况，好好安排和规划自己的人生，努力为祖国发光发热，奉献自己的一生！

扎扎实实搞研究，板凳要坐十年冷

学生生活园区第四十二党支部

在我们身边有这样一群人，他们是活的史书，是党在不同历史时期丰功伟绩的见证者、亲历者与参与者。他们头发花白，退休多年，却依旧保持着全心全意为人民服务的奉献精神。为了掀开老党员尘封已久的红色印记，园区42党支部寻访学校老党员，重温时代记忆，感受榜样力量。

在学院会议室我们见到了庄老师，尽管老师头发花白还拄着拐杖，但是说起话来还是精气十足。谈话的开始，我们先聊了聊现在的学生工作。庄老师认为："学生工作也要与时俱进，现在的学生接触面广，接受的信息量大，不能用老一套的方法来对待了，不能刻板，要用新的方法对待。实际上就是邓小平讲的，要实事求是，是怎么样要跟学生讲清楚，根据事实来讲道理，根据实际情况来处理问题，不能从理论到理论。实际上现在关心政治的人并不多了，关心的目的也不是那么纯粹。"

今年是建党一百年，不仅仅是在学校，全社会范围内都掀起了一股学习党史的热潮。有很多人认为这是没有必要的，是浪费时间的。针对这种现象，庄

【老党员个人简介】庄有为，男，1961年从上海师范学院历史系毕业，到党史教研组工作。1977年粉碎"四人帮"后主要从事党史相关的教学和科研。与上海师范学院政治教育系中共党史教研室教师刘昌玉、常美英，和中共一大会址纪念馆任武雄组成研究团队，主要从事中国共产党创建史的研究。主要成果有学术专著《开天辟地的大事变——中国共产党的诞生》等。

老党员庄有为

老师觉得："这个肯定是很好的事情，这个对于党的建设、对于全国人民来说更好地走好下一步的路都有重要意义，我们围绕中央跟着习近平主席更好地学习和了解党史才能更好地走好以后我们要走的路。以史为鉴，方知未来。对于个人来说虽然过去也了解党史，党史有一些新的还不了解也是还要继续学习的，要跟上时代的步伐。"

交谈的最后，庄老师对我们青年学生寄予厚望。对于青年党员，庄老师说："我觉得有很重要的一点就是要扎扎实实的研究，板凳要坐十年冷。要能够坐冷板凳，能够耐得住寂寞。要多学习多读书，把功底搞扎实。"

与庄老师的交谈使得与会党员感触颇深。就像庄老师期望的那样，希望广大青年党员都能珍惜当今这个大好形势，珍惜时光努力学习。今后政治上要健康的成长，抓住机遇，发挥自己的作用，有一个光明的前途。不管在哪里工作，只要能发挥自己的作用和才华都可以去，要根据自己的实际情况好好安排。

"历史不敢忘，党魂需传承。"通过老党员的分享，翻开一本本活的历史书，既加强了对党和国家的艰苦奋斗历史的学习，了解祖国的奋斗史，更加深刻体会今天人们幸福生活的来之不易；也让学生接受更多的爱党爱国主义熏陶，使爱党爱国主义成为学生的精神支柱、前进的动力。

有容乃大，儒生党员

——访哲法学院老党员夏乃儒老师

党委学生党建创新服务中心

为献礼建党一百周年、进一步加强哲法学院学生党支部建设，2021年3月19日上午，哲法学院举办了哲学与法政学院退休教工党支部专题学习暨"对话时代育新人"哲法学院退休教工党支部访谈会。会上，老党员和学生们举行了一次扣人心弦的访谈。学生们认真聆听"光荣在党60、50、40年"的老党员教师分享他们党徽在胸前、党旗在心中，尽情书写忠诚与奉献的人生故事。夏乃儒老师便是一名入党六十余年的老党员。他以丰富的人生经历、丰厚的奋斗历程和对党深厚的情感鼓舞了青年党员走近党史，致敬党员，以优异成绩向建党百年献礼。

老党员夏乃儒老师生于1935年11月，1956年加入中国共产党。他是上海师范大学哲学与法政学院教授，长期从事"中国哲学史"课程教学。1997年3月退休后，继续进行儒学与文化比较的研究。主要著作有：主编《孔子百科辞典》

【老党员个人简介】夏乃儒，男，1935年11月生，1956年加入中国共产党，迄今党龄65年。上海师范大学哲学与法政学院教授，长期从事"中国哲学史"课程教学。主要著作有：主编《孔子百科辞典》《辞海·中国哲学》《中国哲学三百题》，参与主编《中国哲学大辞典》等。

《辞海·中国哲学》《中国哲学三百题》，参与主编《中国哲学大辞典》等。

夏乃儒在与哲法学院学生党员的访谈中，饱含深情地表示，新中国成立前，他等共产党解放上海；工作中，他是党培养出来的人；退休后，他期待年轻党员有更多作为。以下是夏乃儒的访谈实录：

一、"我等共产党解放上海"

七十年前的记忆太过沉重。回忆起上海解放前的日子，夏乃儒叹了口气，不住摇头。国民党当权者根本不顾及底层百姓，蒋经国用金圆券代替早已崩溃的法币系统，导致物价飞涨、民不聊生。腐败不堪的国民党统治落到千门万户，便是每个家庭的不幸。夏乃儒回忆说，自己的哥哥虽然成绩好，但是根本没有合适的工作机会，毕业就无奈失业了；自己为了省学费，不得不经常跳级。生性乐天的普通群众只能苦中作乐，把破洞的棉裤笑称为外国火腿。彼时国民党上海司令汤恩伯实行袋型战术，试图苟延残喘，强逼着十三四岁的青年上阵送死。夏乃儒猜测，国民党的统治肯定不得长久。

穷人的孩子早当家。小学还没毕业，夏乃儒就萌发出政治意识。风雨如晦，鸡鸣不已。获悉中国共产党地下党组织外汇活动，极力帮助上海的底层人民，他觉得这是一个真心实意为人民做事的组织。1949年上半年，得知中国共产党即将渡江、解放上海，当时年仅14岁夏乃儒做出了影响终身的决定——他主动接近党组织。

夏乃儒说，"我一直在等共产党解放上海"。事实也印证了他的判断和选择。国民党统治时期他还太小，眼睁睁看着身边的青年男子被抓壮丁，送上前线。共产党解放上海之后，关心爱护百姓，不会欺压他这样的劳苦大众。

1950年，读中学的夏乃儒经过数年接触，已经充分信任共产党。他向党组织提出申请，成为第一批加入了新民主主义青年团（中国共产主义青年团的前身）的学生。与哲法学院学生党员交流时，夏乃儒想起当时介绍他入团的老同志有的已经为革命事业而牺牲，闭上眼睛，不胜唏嘘。

成为青年团成员后，夏乃儒充分发挥共产党助手和后备军的作用，担当学校的宣传委员一职，积极宣传党的政策和思想。解放初期，国外虎狼环伺，美国悍然发动战争侵犯朝鲜，意在挑衅我国边境。夏乃儒很想参加志愿军，到前线保家卫国，奈何年龄不足。于是他把这股报国热情化为动力，更加投入党的宣传工作，为抗美援朝事业奉献自己的一份力量。

夏乃儒经历过新旧两个时代，强烈地感受到新时代和新生活的来之不易。他表示，他等到了中国共产党解放上海，也确立了自己一生的信仰。

二、"我是党培养的"

1952年夏乃儒中学毕业，正对未来踌躇满志之际，猝然遭逢父亲去世的噩耗。17岁的小小少年一夕之间，肩上便要挑起家里的重担。书是没有机会继续读了，迷茫困顿之际，是组织给了他成长和锻炼的机会。那时，夏乃儒白天在团支委五青工会工作，晚上就到夜校给工人当英语老师。三四年的时间里，他见证小厂民主改革、接触工人，与无产阶级在课后闲聊，了解穷人们不再受剥削、能养活自己的可喜变化。在这个过程中，他更好地理解党全心全意为人民服务的理念，对中国共产党的信赖与日俱增。

1956年，二十出头的夏乃儒再一次主动接近党组织——他自己找介绍人，申请入党。他深情地说，"我是党培养的"，成为一名光荣的共产党员，体现他对党的无限认同。

成为党员后，夏乃儒无比珍惜来之不易的机会，在上海师范大学当助教、自学考副博士，他总是抓紧时间充实自己。慢慢地，他的表现得到组织认可。1957年，党选派他到中共中央华东局党校进修，在哲学理论班系统学习哲学的基础理论知识。

夏乃儒时刻关注党组织的指示，并报以积极的回应。1957年底到1962年，他响应号召，报名到农村去、到基层去，下乡锻炼自己。任职乡镇团委副书记、乡长助理的日子里，作为下放干部，夏乃儒住在贫下中农家里，常常同他们交流。春耕、夏种、秋收、冬藏，多的是毒辣的日头和刺骨的寒风，农民们为了更好的生活从不退缩。他亲眼见到基层百姓辛勤的劳动和最真实的农村生活，这些观察也如同循循善诱的导师，促使他不断反思。应该说，四年农村锻炼的经历使得夏乃儒的思想逐渐成熟。他坦承，从那个时候起，才觉得自己对党的路线、方针、政策，有了较为正确的评价。

提到农民的辛苦，夏乃儒皱紧了眉头。他说，因为年轻时候见过中国农民的不容易，对电视剧《山海情》讲述的宁夏村民想办法致富的故事很是动容。他坚定地相信，中国共产党会带领全体人民都过上好日子。

从农村回到上海师范大学，夏乃儒担任了一段时间的党委宣传部代理部长。他给组织打报告，还是想当老师。辞任领导后，夏乃儒转到了当时的政教系。77届招生后师资匮乏，他便去进修，回来开课教授中国哲学史。他要求自己做"文化自觉"的担当者，也在数十年的教学科研中身体力行。"我是党培养的"，他站到讲台上，用心做好党的育人工作，把光和热传播给一代又一代的学生学人。

三、"希望年轻党员大大超越我辈"

夏乃儒无比珍惜年轻时组织提供的难得的学习机会，总想着给学生再多讲点知识。只是人逃不过自然规律。1935年出生的夏乃儒，在工作岗位上兢兢业业数十年，于1997年退休。虽则名义上退下来了，但学校和学生都希望他能发挥一生所长，继续传道授业，他便返聘到老年大学，依然讲授挚爱的中国哲学。

2008年，因为视力障碍，夏乃儒没办法再给学生讲课。从讲台上退下来后，夏乃儒仍心心念念哲学学科的发展，不曾停止对学术的追求。他先后主编《孔子百科辞典》《辞海·中国哲学》《中国哲学三百题》和《中国哲学大辞典》等，并且手不释卷，每年坚持发表高质量高水准的文章。

孜孜以求的教书育人是一方面，另一方面，夏乃儒一以贯之地关心学生们的发展。纵使耄耋之龄，他仍不辞辛劳，专程回到学校与学生党员们交流，分享他从被党组织培养到献身党的教育事业的经历。虽是广受尊敬的老教授，但

活动留影

他并不陈旧说教，也不干喊口号，而是不紧不慢地讲他的切身体会。时而唏嘘、时而闭目、时而摇头、时而动容，都是人最真实的情感表达。面对着一张张青春的面庞，夏乃儒殷殷寄语：青春的年华是美好的！希望你们能大大超越我辈，有才华出众的新星涌现！

2月20日，习近平总书记出席党史学习教育动员大会并发表重要讲话。习近平总书记的讲话，激励共产党员更好总结历史经验、认识历史规律、掌握历史主动。夏乃儒同学生党员分享的人生经历，正是厚重的党史极为活泼生动的体现。入党60多年，夏乃儒经历过与农民同吃同住同劳动，也体会过焚膏继晷的苦读和学术漫道的求索，是党员建设中国和创造历史的缩影和见证。他和同时代的老党员，已经是中国共产党光辉历史中不可或缺的组成部分。正是这样一代又一代共产党员，真诚质朴、踏实肯干，才有了中华人民共和国从筚路蓝缕百废待兴，到如今屹立于世界东方的盛世景象。

不忘初心，薪火相传

——寻访老党员许丽娟同志

党委学生党建创新服务中心

问题一：许老师，请问您是什么时候入党的？

答：我是1997年入党的，当时我在学校的马列部任教，教马克思主义哲学。

问题二：您觉得在入党前后有什么变化？能否结合您的实际工作和生活谈一谈？

答：我入党前后都对自己要求很高。要说变化，主要是心理上的变化，入党后变得更加自律，会更加注意自己的言行。因为入党后会经常参加党校的学习，参与民主评议，听取同志们的批评意见。

问题三：您入党后参加过哪些令您印象深刻的活动？

答：我还记得我入党后参观过嘉兴的中共一大旧址，深刻认识到革命先辈为共产主义事业奋斗的先进事迹，也更加坚定了自身的理想信念及继承光荣传统的信心。当然令我印象最为深刻的主要还是党的组织生活，因为组织生活让我切实地感受到了组织内严谨的工作作风和高效的办事效率，这是和入党前的生活很不一样的。

【老党员个人简介】许丽娟，女，1997年加入中国共产党，迄今党龄已有24年。系上海师范大学哲学与法政学院马列部教师，长期开设马克思主义哲学课程。

活动留影

问题四：您认为应当如何发挥党员的先锋模范作用？

答：对教师而言，我认为应当做好自己的本职工作，发挥教书育人的作用。具体而言，可以通过自身的实际行动为学生树立榜样，例如上课时要有时间观念，不要迟到早退，讲课过程中要认真投入，循循善诱。还可以通过给学生传递自身爱岗敬业的精神，塑造学生正确的价值观。此外，在业余时间，我会投身公益活动和科学研究，充分珍惜并利用好自己的时间。

问题五：作为老党员，您对我们这些学生党员有什么建议？

答：目前各行各业基本都是年轻人的身影，都是年轻人在为我们服务。虽然现在很多都是独生子女，在家里都是"小太阳"，但是面对社会上激烈的竞争，他们也能够做到积极进取、踏实能干。而且年轻的一代相对于老一代而言，拥有更加广阔的知识面，能够从国内外和历史发展这两种不同的视角来看问题，并且具备独立思考和分辨是非的能力，因此可以说年轻人就是民族和国家未来的希望。

铭记誓词，砥砺前行

——寻访老党员洪小夏同志

党委学生党建创新服务中心

问题一：洪老师，请问您是什么时候入党的？

答：我是1984年入党的。我之前是在学校的行政管理系教中共党史，教了15年。一直到2018年还在给学生们上课。

问题二：能否谈谈您的入党经历？

答：我一直以来都是一个很上进的人。小时候是孩子王，在班里是班干部。我个人经历很丰富，做过5年知青，4年工人，后来陆续在不同的工作岗位工作，工龄有50年。我当年是一边工作一边学习的，从中专到大学再到硕士和博士，都是靠自学考上的。我第一次接触中国共产党是在1970年下乡当知青的时候，那时候基层党组织想把我列为发展对象，但是由于我实际上未满18周岁，所以没有发展成功。第二次是在1977年初，工厂的党组织把我列为发展对象并召开了征求意见会，但是后来发现我没有写入党申请书，所以也没有发展成功。一

【老党员个人简介】洪小夏，女，1984年加入中国共产党。曾任上海师范大学哲学与法政学院教授、党史与党建研究所所长、中共党史专业硕士学科点带头人。曾为中国现代史学会、中国近现代史料学学会等会员。主要研究方向为中共党史、中国近现代史、政治现代化，主要科研成果有《出席旧金山联合国制宪会议的中国代表团略述》等文章70余篇，出版著作《血祭金门》等著作11部。

活动留影

直到三中全会以后，我写了入党申请书，准备好了材料，最终才顺利入党。

问题三：作为一名党员同志，您是如何在自己的岗位上为党和国家培育未来的接班人的？

答：我在我校中共党史的硕士点工作了十几年，曾经带领学生参观过中国共产党第一次全国代表大会会址纪念馆、中共上海地下组织斗争史陈列馆和上海淞沪抗战纪念馆。在教书育人方面，本专业的学术氛围非常浓厚，我在职期间该专业一直排在全市第一，就业率也是第一。我带过的学生发表过大量的文章，读博率也很高。此外，我还组织过许多学术讲座，鼓励学生在讲座后提出一些高水平的问题，多进行学术交流。

问题四：作为前辈，您对年轻党员有什么建议？

答：首先要把自己的本职工作做好，在不同的岗位上做出力所能及的贡献。作为学生，要提高自己的学习能力和对学习的热情，养成良好的学习习惯，尤其要注重培养正确的学习方法。作为老师，要充分发挥教书育人的力量，以身作则，为学生树立起学习的榜样。作为管理人员，也应当认真完成自己的工作，勤勤恳恳，尽职尽责。其次，对于学生干部而言，要珍惜锻炼自己的机会，通过从事学生工作不断提高自己的协调、管理、表达和沟通能力，还要端正工作态度，提高责任意识。最后，希望年轻一代要走正道，不要受社会上不正之风的影响，不要投机取巧、同流合污。世上没有那么多"捷径"可走，学生党员更要遵守学术规范，恪守本分，踏踏实实做好学问。

4

心灵的回应：学生大课堂

仁心为成，博闻俊彦

董　策

　　"师者也，教之以事而喻诸德也。"这是李成彦老师给同学们的寄语。大二第一学期，我在课表上看到李成彦老师讲授的《现代人力资源管理》课程时，便对这门课程满怀期待。与其说对课程内容充满期待，倒不如说对老师满怀期待。

　　第一堂课上，李成彦老师就给我留下了深刻的印象。那是一个行为方式都让人如沐春风的老师，在第一节课就结合多年的经历跟我们描绘了大学四年生活的该有的样子，她在第一节课和声细语地讲了许多本专业优秀学子的故事，也分享了很多她自己的人生经历和独到的见解，记得那一节课，我听到了许多深受触动的故事，也第一次对自己的大学生活和未来规划有了新的展望和期待。

　　李老师对现代企业中的人力资源管理有着独到的见解。她将具体的实践案例渗透到课堂教学之中，将教学生涯的所有经验悉数传授，让每位上课同学都受益匪浅。给我留下最深印象的是，李老师的上课风格：那亲切温柔的语气语调和自由轻松的课堂氛围给予了我们绝佳的课堂体验。李老师在课上细致入微地把每个容易忽略的细节讲清，用大量的案例让同学们更好地理解每一个知识点和难点；李老师的课堂氛围轻松中又不失规矩，给予学生更多自由的空间又告诉他们什么是方寸之内；李老师给予了学生充分思考的时间，她喜欢让学生们进行讨论同时希望同学们能表达他们自己的观点，充分的课堂互动也让同学更多地参与到课堂之中，也使得课堂更加有趣生动。

说到课堂教学，李老师的每堂课都能给我带来不同的体验：能在轻松的氛围中将理论和案例相结合学到真知灼见，而不是对着书本死记硬背；能在课堂上与同学们讨论交流各抒己见，而不是看着密密麻麻的知识点昏昏欲睡。这是我从小就幻想的课堂，所以每次课前总对这堂课充满期待，课后总觉得这堂课回味无穷，这就是李老师这位"好老师"的课堂的魅力！

什么样的老师是好老师，李老师这么说道："教师应该用渊博的知识、崇高的品行影响学生、引导学生。"正如苏联教育家苏霍姆林斯基曾说过："要记住，你不仅是教课的教师，也是学生的教育者，生活的导师和道德的引路人。"真正的好老师最重要的就是要知道如何引导学生，而李成彦老师则是把"引路人"这个角色发挥到了极致。

一个好老师，从来不是扮演课堂上只懂灌输，即填鸭式教育的讲授者的角色。真正的好老师懂得什么是引导式教育，更懂得如何引导学生们进行独立思考和自主学习，以及如何激发起学生们学习的兴趣。正如李老师那样，少了些许强制的色彩，多了引路明灯般的光芒。

除了在专业知识上的引导，好老师更是学生们人生道路上的引路人。李老师也曾引用过《礼记》中的一句话："师者也，教之以事而喻诸德也。"好老师更是学生们在为人处事、待人接物等世俗即道德方面的指路明灯，他们用自己高尚的品格潜移默化着每一位学生，在成为学生心目中的学术楷模的同时，更成为他们心中的道德楷模。

"为别人照亮道路，自己必须放出光芒，这就是人的最大幸福。"我想，用捷尔任斯基这句话来形容好老师最合适不过。仁心为成、博闻俊彦，您的思想、您的话语，充溢着诗意，蕴含着哲理，又显得那么神奇。在我的脑海里，它们曾激起过多少美妙的涟漪！

闪　耀

狄子扬

　　"人力资源管理到底是什么？""难道真的是他人口中所称'任何人都会做'的工作？""我学习它真的合适吗？我行吗？"带着这样一些自我难以解答的问题，大一紧张而又迅疾的生活恍然已逝，回顾时却又顿感迷茫。二年级伊始，原本想"混四年也未尝不可"的我，却有幸接触到了李成彦老师的《人力资源管理》课程，以往的迷茫随着课程深入逐步烟消云散。

　　"我有一个朋友……"这句话许是李成彦老师的口头禅吧。李老师喜欢用这句话开头，然后一个个生动有趣又发人深省的真实案例便会活灵活现在我们眼前铺陈开来。

　　从李成彦老师的课上我初次拨开"人力资源管理"的迷雾，真真切切了解到人力资源管理的六个模块：人力资源规划、招聘与配置、培训与开发、绩效管理、薪酬管理和劳动关系管理。每一个板块对我来说是那样的清晰又模糊，忽明忽暗中引领着我去探索。

　　想来我最感兴趣的、过程与结果最随机不定的板块就是招聘——是俗话所说的"相马不可凭马蹄"。现如今多数公司限制招聘的第一因素便是学历，但如果使其极端化，盲目追求高学历，有时反而会让企业陷入困境。记得成彦老师关于海底捞的做法就令人深思：不要求学历，但要求人品端正、待人温和等等。

海底捞目前蒸蒸日上的实力我们也有目共睹，这不正再次就学历与人品在员工招聘关系中发人深思吗？其次，要从企业自身实际出发，选择合适的人才。"让合适的人在合适的时候上车"，看似简单的话语却点出最深刻的道理——适合的才是最好的。当然，就目前的情况而言，中国老板仿佛更喜欢听话的下属。但真正的宝藏人才往往都会有自己的想法与个性，这一点在招聘中也需要注意。

说到招聘，仿佛成彦老师正在耳边道："我有一个朋友，自己开了一家公司，在招聘时使用的就是情境式面试。比如突然打翻一杯水啊……"未经世事的我们听得津津有味，身临其境般揣摩着当时的情境，思索着如果我们是应聘者或面试官我们会如何去做。一瞬间恍若儿时的寓言童话，又引得人兴趣大涨，又在一次次上扬的嘴角中体悟到暗含的道理与秘密。

每每讲起这些事，李成彦老师的从容、淡定、优雅、自信常常让我恍惚间觉得讲台上的李老师在发光，照着教室中的每一个人。

现在想起，仍会惊叹于李成彦老师的记忆能力以及将这许多事物汇编至不同章节的超强逻辑性，实属吾辈楷模！诚然，如果一件事情被真正学透了，那你眼中的万事万物都将会与它产生千丝万缕之联系，道理会蕴含在每一个细节之中。

仍记得在学期末将至时，我仿佛一个孩童般，小心翼翼在教材的扉页写下"超喜欢李老师！"这样简单又幼稚的话语。但我想，有太多情感不能用苍白的文字来表述了，最简单有时便是最极致，如此便足矣。

非常感谢遇到李成彦老师，感谢她带我打开了人力资源管理这个新世界的大门。人才之光无论何时何地都不会被湮灭，能做如此优秀的人才的学生是我的荣幸！我想也会尽自己所能，提升自己的价值，争取让自己也成为会发光的人才。去闪耀、去照亮身边人和后辈，为庞大而浩瀚的知识宝库提供一点绵薄之力；为现实中各类疑难杂症提供举手之劳。毕竟——人才之光是永远不会熄灭的。

如明灯，似皎月

陆怡颖

"你的眼睛是两颗明星；你的声音比之小麦青青、山楂蓓蕾的时节送入牧人耳中的云雀之歌还要动听。"——如若要形容李成彦老师的《人力资源管理》课程，我愿引莎翁一席话。

我的大一学年，茫然而不知所向。我不了解我的专业，不了解前景，不了解未来。我甚至做不好当下，没有社交，失去干劲，每天都是麻木的走马观花。"人力资源管理"是我读不出的词。选了这个专业，我不知道未来的我能做些什么。诚然，大家都在说，"这就是一个招聘的工作"，但怎么做，如何才能做好？没有人能回答。一年过去，我还是无法回答这个问题。

李老师打破了这一切，让我从麻木中清醒过来。那是堪称醍醐灌顶的体验：我至今还记得第一次上课的那天，天朗气清，惠风和畅。我走在学海路，兴奋地对朋友说："天啊，我终于知道人力资源能干什么了。"

凡是生长的东西，不到季节，就不会成熟。这恰如初步入大学的我们：如蓓蕾初绽间悬在花瓣上的晨露，对大学的世界尚且懵懂无知，待晨曦升起便要随风而逝。多少人在填报志愿的时候，对自己填下的那一个选项毫无了解？大学的时光其实也譬如朝露，不留神便要逝去了。所以，若在大学能遇到启发自我的好老师，又是怎样幸运的一件事？

李老师的课堂上，从不是照本宣科的僵硬。她总是用生活中的经验深入浅出地为我们讲述一个个生动有趣的故事与案例。她讲了许多，有她在民企、国企、外企的HR朋友经历的故事；有她在参加人力资源相关会议经历的趣事；有她个人在这个领域发展的路径；有她与调研企业高管开展的对话；有与其他高校人资老师的交流……也因此她的课堂上从不乏欢声笑语。我不知他人的感受如何，但我的心确实为此激荡。我感觉到一幅未来的画卷徐徐展开，仅窥其一隅我便已经欣喜不已。

"高山仰止，景行行止，虽不能至，然心向往之。"别人听的是故事，我窥见的是未来。那个我称之为"HR的可能性"的未来。当样本足够大，听到的故事，或许就是你未来的路径。

HR有怎样的发展路径、需要具备怎样的技能？其实在李成彦老师的口中，已经告诉了我们：进入私企当招聘或培训专员；进入猎头公司；开个人的培训工作室；跟着导师，进行人资专业方向的深入研究……这是HR的可能性，亦是我们未来发展的可能性。引人莫如引路，李成彦老师做到了。她总是与每一届的学生打成一片，广受爱戴。

我非常害怕陷于当下的琐碎，当我们眼中不再有星辰与远方，会开始计较起眼前的一分一毫。更何况，当一个人失去了方向和目标，生活又是怎样的被无趣所充斥？多么幸运，我遇上了这样好的老师：她像是最无私的匠人，用自己的语言织就一番通向未来的康庄大道；她亦用一如既往的耐心与温柔陪伴我们，走在这个偶尔孤独茫然的道路。

如明灯，似皎月，这是老师在我心中的样子。

钟楼映像下的课堂

宋丹萍

以立方体为主体的钟楼，戴了顶温暖的红色三角"帽子"，其下的面孔是镶着黑色指针的白底钟表。走廊一侧有一扇窗户正对着这座钟楼，这扇窗户正对着一间教室。李成彦老师的《现代人力资源管理》课程就是在这间教室中讲授。

李成彦老师的课堂是紧张刺激的，我们都舍不得松懈。精心挑选的教科书有其特色，但对于一门学科而言，拘泥于课本是不够的。于是李老师的讲解成为知识传承的桥梁。其形式更像是亦师亦友的交流，言语间记下点点精粹。从导论入手，讲到管理学派时，一位位先贤，带着各自的学说、思想鲜活起来。畅游在纵向的时间长河中，没有地域的限制：从科学管理学派的泰勒、韦伯，到行为科学学派的梅奥、麦克雷戈和巴纳德；经由管理科学学派的钱德勒、劳伦斯和洛希到综合发展时期的维克、马奇……学科发展的道路向更前方更远处延伸。当我们沉溺在某一观点时，李老师对于其时代背景的分析总能为我们打开新的思路，从强权的拥有至高无上权力的雇主对于劳动者进行温情管理；从工业革命时期的变革，到信息等科学技术不断发展……于是学科的脉络渐渐清晰。

从学科的过往中醒来，面对现实的种种。一步步了解现代人力资源管理是如何运作的，在理论上又汲取了哪种学派的哪种观点，或是哪些学派的组合；在实际上又如何运用。李老师或创设、或描述大量实际问题，询问身临其境时会怎么做。利弊权衡间，表象的行为是更深层次学识的选择。有时我们采取的方法恰到好处，有时我们苦思冥想不得其解，有时我们的想法也会新鲜而并非异想天开。李老师讲述的内容非常丰富，包含古今中外，层次深深浅浅；有某一学派的做法、有某一企业的行为、有我们往年学长学姐的思路……于是我们见识到不同的思想，从井底之蛙的角落走出，学科的脉络渐渐抽枝发芽。

团队合作是常采用的学习方式。在团队中扮演不同的角色，实操不同的任务，工作设计、工作分析、招聘、绩效管理……模拟各项实际流程时，与想象不尽相同。在一次次实验中，我们尝试向职业靠拢，模仿专业的模样去锻炼。不同成员、不同团队、不同的思想碰撞出别样的色彩。总是记得李老师常说的"不要把人力资源管理当成事来做"。

每次课后自学重新回到课堂之上，我们常常喜欢与李老师直接交流自己课后的思考，并征询这些想法的可行性或细节，于是打开思路，形成更清晰的雏形；有时聆听复盘，直面不足之处，暗自记下。李老师是包容而又严谨的，在她的指导下，我们自然少了些不切实际，又努力更上一层楼。整个过程像是薪酬管理以及激励理论时，提到的那句，生动形象的"跳一跳，摘桃子"。李老师的声音温和有力，谆谆道来：像是衬着知识星光的薄纱般的黯蓝夜色，像是承载着我们乘风破浪小舟的学海波澜，像是教堂钟楼顶层悬挂的钟鼎摇晃时发出的使人清醒的鸣响。

四教包围着的钟楼是某种程度上的地标建筑。课上课余的间或一瞥，经过一段时日，一瞬的印象拼凑成立体的钟楼，点点碎片伴随着求学的记忆。课程间隙，学子涌动：或转换思路走向另一门课程，或三两同学同行谈论课业，或收拾书包独自走向僻静自习地。途中总能望见那座钟楼。而下课后从教室走出，钟楼的光影直直映入眼帘。那一刻可以暂时放松课堂上所有的全神贯注，晃神间又沉浸在新鲜记忆的学识中。

在这样的时候，李老师或是在教室中静候准备接下来的课程，或是在教室中解答同学的疑问，或是难得得以在休息室中稍稍休憩，或是暂时结束课程走出教室，瞥见那座钟楼。钟楼指针转动，时光轮转不歇，我们以各自的方式行进。在流逝的时光中，在李老师的教导下，我们自觉地进行自我管理，迎接未来的际遇。

讲真理

孟晓馥

在我的理解里，社会保障是关系国计民生的大事。最初在专业分流之时，我怀揣着"君子之为学也，将以成身而备天下国家之用也"的想法，毅然决然选择了劳动与社会保障专业。大三上学期，我有机会聆听了胡于凝老师的《公共管理学前沿》。

初见胡老师，便被老师的气质所吸引，而这也影响了我此后对于胡老师所授课程的感受：胡老师用朴实的信念端正学习方向，用创新的思维开拓学习道路，并用扎实的知识指导多样实践，让我们愈发感受到理论视野的开阔和理论研究的魅力。

胡于凝老师在《公共管理学前沿》的教学中，常常和我们介绍前沿课程的特殊性：前沿是学科发展的关键，通过研究和解决前沿领域的问题，来带动学科其他相关问题的解决，并将学科向前推进。但同时老师强调：对于我们本科阶段的学生而言，对待本门课程仍要端正学术态度，因为前沿课程也并非我们想象中那样过于高深而遥不可及。尤其是无论公共管理学学科如何发展，最经典的理论始终起到关键的作用，它既总结了前人的经验又给予后人不断的启发。胡老师常和我们说："社保学生一定要去读一读《政府论》这类经典著作，摸透理论得出的来龙去脉，体悟所谓公共管理的核心与内涵。"而通过学习我明白，

302

掌握与了解管理学中的相关理论有助于我们当下理解管理实践中的问题，而公共管理理论研究有多深，管理实践就能做得多好。

常常，胡老师让我们感受到一股可亲、可信、可敬的思想力量。在胡老师的课上，专业知识和时事政治总能够找到合适的交集，能够看出老师时刻保持作为学者的敏捷思维。记得之前课上学习了公共管理五大范式的内容与特征之后，胡老师顺势而为地将理论知识融入我国国情的分析，布置了概括总结"中国科层制行为"基本内涵的作业。而在之后的课堂讨论中，胡老师也都以我国这一发展中大国为切入点，引导我们通过文献资料查询与归纳的方式，了解中国改革开放以来政府的伟大成就。我们意识到国家的决策受限于特殊国情，绝不是"拍脑袋"的决策，以及认识到中国特色道路背后对中国乃至世界未来发展的意义。胡老师以身作则，向我们传递正能量，也使平时课程的积累为写出高质量的论文做好了积累。以期末论文为例，胡老师要求我们选题立足于实际，关心国家和社会面临的各种问题。在老师的言传身教下，潜心学术又热心实践的思想被深植于我们的科研初心，因此我选择了关注美丽乡村建设、百姓生活变迁的独特视角，利用新公共管理理论范式尝试分析我国农村地区文化事业发展建设的现状。

作为社保专业的学生，我们深知学习社会保障深钻公共管理理论规律为的是认清并结合世界和中国发展大势，最终将其运用到中国特色社会主义建设的实践中去。胡于凝老师会充分利用各种资源为学生寻找实践机会，着力以内容多样且新颖的实践形式活用理论。情境教学、问题分析、互动交流、实地考察等方法都富有创意，令人印象深刻。例如：胡老师会精心选择现实主义题材的影片，作为社会写照的官场现形记，让我们利用官僚制理论分析片中人物的官场行为与行为动机。除此之外，我们还跟着胡老师来到山清水秀的崇明，一起参观薄弱养老机构改建的成果，一起采访综合为老服务中心里的老人们，感受生态经济下的养老产业的新发展模式，见证乡村振兴。实践的机会十分宝贵，但是我们师生能够有机会一起用专业知识解释实际生活的问题，反之又通过实践来做实事、做好事，从而对书本知识进行更新与补充，这让我再一次确信自己在做十分有意义的事。

在求学道路上，我有幸遇见如胡老师一般术业有专攻的老师们，并得到他们的循循教导，让我更加坚信自己是在做一件有意义的事，深知自己所肩负的社会责任与公平正义。我有幸遇见如胡老师一般潜心学术同时热心实践的老师们，传授我们知识，更教会我们做人，教导我们学会奉献和感恩。我想，我也会用自己的力量点燃更多生命，让更多学生真正将所学知识用于造福社会，在创新创业大潮中为社会进步和国家富强创造更多价值。

理解更重要

刘全盼

认识胡于凝老师，是在做大创项目时。那时候，我总觉得胡老师很温柔可亲。更重要的是，胡老师对我们的提问是"指引"，指引我们方向，带领我们自我探索；而不是"指出"，指出我们想知道的答案。胡老师的《公共管理学前沿》课程，让我不仅仅收获到理论知识，更有对思考和行为方式的新的理解。

接触胡老师的这门课程之前，我不太了解"公共管理学前沿"，有限的认识都是从其他专业同学那里获知的。我当时觉得这门课特别偏向理论，恐怕不是自己喜欢的。但是，胡老师在课堂上坚持让我们自主学习的同时，积极鼓励我们进行团队合作和积极发表自己想法，让我们同学们之间、和老师之间都能及时有效的交流。一直以来，我都有些"畏惧"在团队内或班级上发表自己的想法。但是，在胡老师的课堂上，我发现我可以去尝试改变自己。

记得有一次课上，胡老师让我们尝试总结概括"中国科层制行为的基本内涵"。在资料查找的过程中，我发现仅查询文献资料并不能准确概述，而是首先要了解基本定义，之后再进行思考，联系实际生活，然后再查找相关文献去丰富、完善自己的内容。这种在胡老师课堂上逐渐形成的思维方式，对我写论文、课程学习等特别有效。

"课上理论+课下辅助理解+课上总结交流"胡老师经常给我们这样上课。在讲授官僚制理论章节内容时，胡老师带领我们一起观看了电影《背对背脸对脸》，然后结合电影人物性格分析、官场行为和行为动机分析，帮助我们清楚地明白：一个已经逐渐保持稳定起来的组织，想在官僚组织中改变现目前的运作方式、管理方式等等，都是十分困难的事情；身处这个组织的任何人往往很有可能抵制任何形式的变革。在一个组织中，由于每个人的不同利益目标的存在，每个人都在为自己的利益做事，会产生不同的"偏见"，这也是官僚制的局限性所在。这也表明靠利益维系起来的组织，有着极大的不稳定性。不管是什么类型的官员，其都应该在官场上必须做到的一点就是：处理好上级、同级、下级三者之间的关系。更好地将理论与实际结合起来，同时也对于我们的社会有一定的了解，理论联系实际、实际助于理解理论、从而丰富理论指导实际。

胡老师说过的令我印象很深的一句话是：理解更重要。考试的题目更多的是想让你们能真正理解理论知识，在十几年、甚至几十年后对于这门课的知识，还能有印象、有想法。

胡老师的课程每一节课都与我国目前的政治、民生生活等联系在一起，并不仅教授我们理论知识；在我看来，更多的是引导我们透过理论去看我们的现实生活，将理论与实际联系起来。

其实，学习并不仅仅是学习课本知识，更是学习人生的各个方面。小组合作中，吸取团队成员的不同想法、观看其他组讲解时的内容……都能够很好地取长补短来提升自己。在这一课堂上，我们收获了很多，成长了很多。

知心姐姐

宋梦娇

从我们社保专业的角度出发，胡于凝老师的《公共管理学前沿》课程并不是一门必修课程。提起这门课程，第一印象可能是繁杂无味、满满学术理论气息，但是胡老师用其别出心裁的讲课方式，为我们开阔眼界、拓展思路，让我们喜欢上这门课。

由于疫情原因，胡老师的第一堂课是在线上开始教学的。虽然我看见过胡老师的样貌，听见过她的声音，但是和面对面的交流相比，屏幕终究有一种莫名的阻隔作用，少了一丝亲近感。

随着国内疫情好转，我们陆续回到校园。第一次线下上课之前，我对胡老师的课充满了好奇和期待，迫不及待地想到教室等老师。走到教室门前，令我意外的是，胡老师已经早早地打开教室多媒体设备，在教室等候同学们的到来。我迈着缓慢的步伐走上前去，和老师微笑地打招呼介绍自己，老师微笑回应。"哇，胡老师好亲切！"我的内心不断重复着这句话。

课堂上的胡老师思维敏捷，讲课娓娓道来，讲理论知识也是很平实但不失趣味。课堂上的胡老师总能捕捉到可讨论的话题，让学生大胆表达自己的想法，课堂气氛十分活跃。她经常和我们说："同学们不要局限于书本上的内容，要多多阅读文献，开拓自己的思路，有自己的想法……"

胡老师鼓励我们通过小组讨论展示的形式，在课后完成开放性作业，在读文献中开拓思路。在完成开放性作业的过程中，她要求我们认真严谨地对待调研过程的数据采集、面对面访谈，要求细究每一个可探究的点、抓住每一个细节，并认真做好笔记。同时，胡老师还在课堂上设计小组展示环节，让我们汇报作业完成情况，让我们锻炼语言表达能力，为未来的答辩、面试做好充分准备。每一次小组展示完成后，胡老师从不吝惜对我们的赞美，充分肯定我们的努力，并指出小组汇报中存在的不足之处。这样的课堂设计，让我和同学们锻炼了思维，更锻炼了思维的表达。

春蚕一生没说过自诩的话，那吐出的银丝就是丈量生命价值的尺子。我心中的胡老师，她从未在别人面前炫耀过，但那盛开的桃李，就是对她最高的评价。桃李不言，下自成蹊，的确是这样。因为喜欢胡老师的课，我在大三学年时，选择了和胡老师相关的研究方向作为我的学年论文，也正是这次的论文指导，使我与胡老师之间的纽带进一步加强，让我对胡老师又多了一份敬畏之情。

起初，我们几个同学由于对具体选题方向还没有确定，总是有点拖拖拉拉的，是胡老师主动找我们讨论，提供权威学术论文给我们参考，指导我们明确选题方向。在确定研究思路时，胡老师认真听取我们每一位同学的想法，在肯定的基础上提出建议，让我们充分认识到自己的不足。"没关系的，你们有任何问题随时找我！"我常常记得胡老师提醒中带着关爱的这句话。

胡老师给我的感觉就像是我们的知心姐姐，严肃不失亲切。深秋时节，我们到崇明岛开展关于养老机构调研时，胡老师为我们夹菜、关注我们睡眠的一幕幕，都让我们对胡老师有了更加深刻的了解，拉近了我们之间的距离。

春华秋实，时序更替。胡老师，我想对您说："今后，漫长的岁月，您的声音，依旧会常在我耳畔响起；您的身影，依旧会常在我眼前浮现；您的教诲，将永驻在我的心田；您的课堂，犹如一盏明灯指引我们人生前进的方向……"

"学"而"思"

徐 凡

  偶然整理笔记，我在其中一页中发现了这样一句话读起来极有意思："别让你的舌头抢先于你的思考"。再翻看页首，上面写着七个大字《公共管理学前沿》，一切就变得了然。但是我的记忆仿佛也随着这本笔记，一页一篇，一字一句，回到了大三上学期，回到了那一节节令人难忘的课堂之上，凝视着那个温婉的身影。

  囿于疫情的影响，课程采用线上学习和线下结合的形式。起初我以为这门课程的学习也是"落于窠臼"，每日自主学习、线上课堂互动、老师答疑、完成平时作业、考试自测，一个学期就如此逝去。但是胡老师总能给我们带来惊喜。因为自主学习总是以公共管理学理论前沿的基本原理与科学机制为研究对象，围绕"国家与市场""公平与效率"等四个核心概念和两对核心范畴展开的前沿性理论知识学习，与我们当今生活的距离较远，阅读吸收中总是带着一丝的距离感。胡老师第一节就让我知道了什么是正确的高效的自主学习方法，至今都令人记忆犹新。她上来就点明不会再赘述课本中的知识，因为前期的基本学习我们都应当有所了解，通过一个人——埃莉诺·奥斯特罗姆——美国著名政治学家、政治经济学家、行政学家和政策分析学家，2009年诺贝尔经济学奖获得者，美国公共选择学派的创始人之一，展开了公共管理学的探索之旅。胡老师通过奥斯特罗姆教授对于公共选择与制度分析的理论和方法的发展，借助其核心成就多中心治理理论、自主治理理论等深入浅出地讲述了有关观点提出的背景渊源和发展应用。

其中最令我印象深刻的便是胡老师提及的公共池塘资源问题：在政治学上，我们常将"公地悲剧"和"搭便车"的现象联系起来；在经济学中，大众习惯从效率、利益的角度解释"公地悲剧"，认为人皆为理性人，都是自私的，仅考虑自身利益的最大化。所以，人人都为了自己的利益而不加节制地利用、开采"公地"的资源，从而产生了一系列公共事物退化、破坏的问题。但是如果我们从公共管理的学科视角出发，就可以从市场和政府两个维度提出解决"公地悲剧"的方法：一个是市场内化即将"公地"私有化，界定、明确产权；另一个就是政府重建或者完善制度建设，以制度来约束行为，避免"公地悲剧"。这就极大的将"公地悲剧"问题与行政和市场关系联系起来，提供了一个思考的新路径。

那一刻我忽然感受到"学"而"思"的真正意义，不是为了学而强迫自己去"咀嚼生硬的知识"，而是在学习中找到自己自我感兴趣的点，像掘金一样不断激发自己深挖的动力。

培根说过，青年长于创造而短于思考，长于猛干而短于讨论，长于革新而短于持重。胡老师说："我希望你们在这门课上学到的知识，到了年老之际仍能记忆犹新"。思索是为了化为己用，亦是学习的终极目的。一个好老师不会仅满足于知识的传授，而是在学习方法上言传身教，对学生有着极大的影响。在我心中，胡老师是一个会温声细语地同我们讲着科层制体系范式，然后又会漫谈般和我们探讨着费孝通先生的乡土中国的人。这样的谈话看似天马行空，实则是激发大家对于公共管理中国化的思考和理解。她也会让我们自己尝试去探寻一个公共管理领域大家的一生：不限于学术、不拘于生活，从一个榜样的角度去了解、去学习。平时作业更是不拘束于题目，可以畅聊自己的想法和理解，就算说的可能不是完全正确的，但是她会鼓励大家说出你的思考，化温柔于无形，让大家没有压力地去探索自己心中的公共治理之道。

　　我想笔记本上的那句"别让你的舌头抢先于你的思考"就是我对这门课最深的感受。不论是胡老师每周发给我们阅读的文献，还是生活中贴心的关怀、课堂上温柔有力的讲解，都在点点滴滴中让我感受到了这门学科的魅力。我不仅获得了许多公共管理、创新思维等领域方面的理论知识和前沿信息，更学到了胡老师身上认真调查研究、发现问题、分析问题、解决问题的研究精神和思维方法，极大的激活了自己的思维。良师如此，幸甚至哉。

足够精彩

王 霞

    转眼间，线上上课的日子已经过去了大半年。犹记得去年接到推迟开学、全部课程改为线上形式的通知时我们内心的焦虑。但邢海燕老师在正式开课前发在微信课程群里的几段话让我们一下子平静了许多："面对突如其来的困难，我们每个人都要学会担当。因为危难常常为我们开启真正的思考：我们在建设一个怎样的社会？我们能不能有独立思辨的能力和追求真理的勇气？能不能有改变世界的行动？"邢老师的一席话不仅饱含着对我们的殷切期望和鼓励，而且表达了对我们的关心和爱护，希望我们能够在这样一个特殊的时期里，比以往更加努力，将内心的力量理性地转化为学习的动力。

    作为一个对社会学有着很大兴趣的学生，我从大二就开始期待全英文形式的《城市社会学》这门课程，时常想着上这门课时会是怎样的场景。但我从未想过，这门课程是从线上开始、线上结束。虽然略微有些遗憾，但是却也从这门课程中收获许多，因为邢老师所讲授《城市社会学》足够精彩。

    精彩在于老师所授。城市社会学的研究离不开相关的城市社会学理论，通过这门课，我深入学习了欧洲社会的城市化和城市社会学的兴起、芝加哥学派和人类生态学、战后马克思主义传统城市理论——城市政治经济学等理论。邢老师讲课深入浅出，循序渐进。从对城市社会文化特征的讲解到对城市问题的阐释，再到社会学家对城市问题的解释，从而引出齐美尔和芝加哥学派的城市决定论、刘易斯和甘斯的人口决定论以及费舍尔的亚文化论等。

精彩在于学生所说。邢老师上课非常注重课堂上的互动，经常组织同学线上展开讨论，鼓励学生表达自己的所思所想。通过这门课，我虽然足不出户，但是听同学们每周用全英文所讲的各种关于城市的故事，我游过了"革命圣地"江西吉安、领略了民系分布广泛的客家文化、听过了不同的地方语言……在短短的十几节课上，我感受到了我国大大小小的城市不同的历史变迁、语言、饮食以及富有魅力的文化。在这门课上，邢老师让每个同学都有张嘴说话的机会，并且鼓励我们把握这次机会。在每个同学讲解完之后，老师都会认真进行点评：补充一些这位同学没讲到的该城市的特点、文化背景，穿插着会讲解一些城市社会学的理论知识；也会表扬这位同学哪里讲得非常好，建议后面的同学借鉴学习。我是一个比较内向的人，不太善于去表达。这门课促使我积极地参与课堂讨论，表达自己的想法。

其实，我与邢老师的初次相识并不是在《城市社会学》这门课上。时间线要拉回到大二上学期：有一天我看见学院发布的关于鼓励同学们积极参加科研项目的通知，附件里有老师们主持的在研项目。学术小白的我思考了良久，终于鼓起勇气找到邢老师表达了自己想参加项目的想法，老师非常爽快地答应了我。当我说起自己并没有任何科研经历时，邢老师表示只要学生肯努力、踏实地学，她就是满意的。就这样，邢老师指导着我们从校级的大创一路走到了国家级并顺利结项。团队成员跟着邢老师去西北做田野调查，收集访谈、问卷资料，虽然辛苦但是乐在其中，收获颇丰。那一段和团队小伙伴进行田野调查的时光，是我在大学期间最珍贵的回忆。

"读万卷书，行万里路"是邢老师经常对我们所说的一句话，八个字却蕴含着能够知行合一、理论联系实际的深刻道理。还有四个月我就要大学毕业，我相信不论是步入社会还是继续学习深造，邢老师的谆谆教诲都将被我铭记于心。

翻转课堂

植嘉嘉

夏日炎炎，晚风微微，知了在窗外哼着歌。我打开电脑，进入网络会议室，屏幕上出现了一张张熟悉的面庞，耳边逐渐响起邢海燕老师温暖的声音，思绪一下子拉回到2017年海燕老师第一次为我们上课的时候。

我记得，那天和舍友匆匆忙忙赶到教室，有些慌乱地拿出书籍，蓝色的封面印刻着"社会学"三个字。我记得，海燕老师带着轻快的步伐走进教室，她轻松自信的自我介绍，从容不迫的授课方式，开放包容的课堂氛围给当时的我留下了极好的第一印象。我从未想过，邢海燕老师带着她的自信与从容走入我的学习生涯，从那之后会成为我大学生活的一盏明灯。

"我的课欢迎大家随时发言，我喜欢和大家多互动。"熟悉海燕老师的都知道，这是她上课时的口头禅。这不，《社会学》第一堂课上，她就"玩"起了翻转课堂，同学以小组互助的方式，课前自主学习，课时上台分享。对习惯于传统教学模式的我来说，这无疑是一个不小的挑战。

都说挑战激发潜能，为了增加分享的趣味性，我所在的第一组在自主学习的基础上，决定在上台分享的环节增加一幕情景剧，让整个章节的内容变得更加生动。首次尝试上台分享，效果差强人意，演讲时磕磕巴巴，演情景剧时不自觉地笑场，但邢老师不仅为我们小组的表现点赞，还给出了精彩点评，她说：

"你们敢做第一个吃螃蟹的人，多少有点紧张，但勇气可嘉。人生就是要多去尝试第一次。"听完老师的点评，我悬着的心放了下来。

后来她的每次点评都极为中肯，既客观地指出同学们在自主探究过程中存在的问题，又真诚地给予建议和指导。她总说，大学的学习不用太拘泥于形式，不用太在意结果，更为重要的是思考的过程，要学会在知识的海洋中畅游而不被淹没。

或许是受到海燕老师的影响，我慢慢喜欢上了社会学，我学着用更客观理性的视角看待社会现象，用更专业审慎的态度分析社会问题，并开始申报大学生社科项目，积极参与科研竞赛，而海燕老师就是我第一次参与科研竞赛的指导教师。还记得刚报名参加科研竞赛那会儿，我整个人是懵的，想法相对稚嫩，从如何设立一个科学的研究目标，到如何设计调查问卷与访谈提纲，海燕老师总是耐心地为我答疑解惑，手把手地教，逐字逐句地改。她常说，不少社会现象不是简单一句"存在即是合理"能够说清楚的，切换社会背景、转换观察视角、调整理论学派，同一个社会现象往往有截然不同的解读与分析，而这恰恰是社会学的核心价值所在，真理的火花往往在一次次思维的碰撞中闪现。这就要求学习社会学的学生不断自我鞭策，不断寻求突破。

我还记得有天晚上，围绕课题研究，邢海燕老师召集本科组和研究生组一起头脑风暴，当天的讨论非常激烈，不少观点针锋相对，听她指出这些天来同学们在态度上以及课题组内部出现的各种问题。她希望我们能够意识到这些问题的严重性，同时认清楚当前所需要做的事情，而不是陷入这种关系上的漩涡中。我尤其记得她说过的一句话："我做这一切并不是为了自己的利益，而是希望带好你们，除了传授你们知识之外也希望你们学到更多的东西。"在她眼里，教书未必只是传授书本的知识，更多的是教会学生如何走进社会、如何选择自己的道路。

求学道路上难免会有磕磕碰碰，我也常有灰心气馁之时，此时，海燕老师就像学姐一样用她自身的成长经历为我加油鼓劲儿。她说，赴美求学前她也曾忧心忡忡，但与其担忧焦虑，不如用心练好英语；独自在海外求学时，她也曾遭遇过"傲慢与偏见"，但只要怀揣着回国报效之心，就不会在意一时荆棘；成为一名人民教师，就是"捧来一颗心，不带半根草"，应该把学生健康快乐成长放在第一位。娓娓道来的趣事、听来搞笑的片段，转念一想，却蕴含着丰富的人生哲理。

我想在漫漫求学路上，得遇海燕老师这样的良师益友，是一件多么幸运的事儿呀。

红　色

范慧华

邢海燕老师的《城市社会学》是在大三下学期开授的一门课程，采用全程英文授课的方式，在大学学业进程过半时听讲这门课程，可以说是为我的学业再增添绚烂的一笔。海燕老师的课堂注重师生互动以及学生自我展示，鼓励学生大胆表达自己的观点，这种教学方式能够极大地调动学生参与课堂的热情。通过这门课程的学习，我受益匪浅，不仅我的英语能力得到了极大的提升，同时我还得以锻炼自身的辩证思维能力以及理论联系实际的能力。

最令人称赞的还数海燕老师的独特而高效的教学与讲解模式。社会学是与现代性相伴而生的学科，现代城市的发展促进了城市社会学的崛起，可以说城市社会学与我们的生活息息相关。但是，要理解城市社会学的理论绝非易事，好在有海燕老师的帮助，她凭借对于理论的独到理解和深入浅出的讲解方式，带领我们在城市社会学的理论海洋中尽情徜徉。通过海燕老师生动形象、寓教于乐的讲解，马克思、齐美尔、滕尼斯、列菲弗尔、哈维等学者的形象跃然纸上，其理论也不再深涩难懂。社区失落论、社区继存论、社区解放论之间的论辩，不同流派学者之间的思维碰撞摩擦而出的火花，让我们体会到不同理论流派之间的对话。

在整个教学过程中，海燕老师注重培养我们辩证的思维方式。在她的指导下，我们学习并梳理城市社会学相关理论脉络，发现不同理论之间呈现错综复杂的联系，这就需要我们用更为辩证的视角看待问题，用开放包容的心态分析城市问题。"横看成岭侧成峰，远近高低各不同。"此外，海燕老师还注重培养我们理论的实际运用能力，在授课时她列举了许多事例帮助我们理解理论，而期末考试则采取论文写作的形式，考察我们对知识灵活运用的能力。她的授课目的不仅仅是让学生们掌握理论知识，更是为了教会学生使用社会学的想象力来解决城市社会中的实际问题。

"古之学者必有师。师者，所以传道，受业，解惑也。"一个好的老师，对于学生的帮助往往是方方面面的。海燕老师的指导不仅限于讲台的教学过程中，她在课后论文指导方面同样给予我极大帮助。海燕老师严谨的治学品格也延续在科研指导当中，她能以深入浅出的方式指出学生论文的不足，在她的指导之下，原本枯燥的科研课题也变得有趣起来。"新竹高于旧竹枝，全凭老干为扶持。"这句诗词便是对海燕老师最生动的写照。对于学生的问题，她总是知无不言，言无不尽。在同学们眼里，海燕老师永远是一副精力充沛的模样，脸上洋溢着自信、从容的微笑。她总是说："教学相长是学生与老师最融洽的相处模式。"因此她经常与同学们探讨科研问题到深夜，在长时间的头脑风暴后，依然神采奕奕，这让我们这些年轻人自叹不如。她对于学术的热情也深深地鼓舞了每一位同学，许多同学在她的影响之下对科研产生了浓厚的兴趣。

海燕老师不仅是学术上的良师，更是我们生活中的益友。除了授课，海燕老师还担任了2017级劳动与社会保障2班的班导师。她常与同学们进行学习、生活上的交流，在每一次的班会上都让同学们感受到暖心的关怀。在二十岁的年纪，既充满着对未来生活的希望与憧憬，但同时也伴随着对人生目标的迷茫与彷徨。海燕老师言传身教，以自己的日常言行和人格魅力作为榜样，仿佛一座灯塔，指引我们前进的方向。如果可以用颜色来形容她，我想红色一定是她的底色。她像红色一般热情似火、充满精力，又如红色一般温暖热诚、活力满满。她身上有一种特殊的亲和力，她如同朋友一般，与学生探讨时下热点，共同关注网络流行现象；又如同亲人长辈一般，对学生们关怀备至，嘘寒问暖，将学生当成自己的孩子一般悉心教导。

在我的心中，她就像一颗钻石，每一个侧面都折射出不同的光彩。讲台上的她循循善诱、寓教于乐，将复杂的知识以生动有趣的方式教授给学生。讲台下的她悉心指导、教导有方，对于学生的问题总是倾注所有热情，耐心解答；生活中的她平易近人，关心学生成长，指引前进方向。"厚谊常存魂梦里，深恩永志我心中"。在大学时光中能接受她的指导，是我的幸运。

红色

从师　从始　从是

吴　燕

　　"学习雷锋好榜样，放到哪里，哪里亮！"听着一股豪迈嘹亮、富有时代气息的歌声，不要怀疑自己走错了教室，意外闯入了声乐课堂，事实上这就是行政管理系陶庆教授富有感染力的教学现场。陶老师个子不高，上课时总爱穿西装，面容和蔼，眼神和气，给人留下自然妥帖的第一印象。很难想象他是一位入选教育部"新世纪优秀人才支持计划"、获得"第五届全国教育改革创新先锋教师奖"等多项殊荣的教授，或许只有从他斑白的发丝中才可隐隐猜到这是一位不辞辛劳、潜心治学的优秀学者。

　　在他的课堂上，教师和学生是学习上的利益共同体，是通过《公共管理学前沿（双语）》这门课中携手寻找人类社会善治基因密码的求学者。为了激发大家的学习热情，陶老师或在课前用多媒体设备播放有关大猩猩群居生活的精彩影片，在看到成年雌猩猩奋不顾身保护孩子时，他动容地说："动物世界的母爱也很伟大。"或在讲台上信手画上一条从far-right government到far-left government的时间轴，而他手中的白板笔就像一位优雅舞蹈的精灵不断散发神奇的魔力，让我们不知不觉进入了一段国家与市场力量此消彼长、民主与效率相伴相生的历史长河；或快步走下讲台，走到某位学生的身边，将话筒递给学生，用最温暖的笑容鼓励学生及时分享所思所想；或调整教室布局，让同学围成一圈，交流讨论公共管理五大范式，在讨论最热烈的时候他还会激动地双手比划，好像世界就在眼前；或带领我们去四教大厅组织一场《习近平谈治国理政（全英版）》的读书交流会。就这样，我们的课堂从线上到线下，从教室里到草坪花园，无论空间如何变换，陶老师的教学热情以及循循善诱的教学手段，总能引领我们在专业上孜孜以求，勇攀高峰。

当然，除了新颖多样的教学形式，在《公共管理学前沿（双语）》的线上教学中，陶老师善于引导我们结合专业知识，分析社会问题，并尝试寻找解决的方法。记得在以"新冠疫情后政府职能的思考"为题的讨论中，同学们针砭时弊，有人说防控疫情所取得的丰硕成果是中国特色社会主义制度的优越性，但也不能忽视此次疫情中暴露出中国超大城市基层治理能力不足等问题。同学们结合自身经历，积极参与讨论，陶老师边听边逐一点评同学们的观点与思考。在这一问一答的互动中，老师引导我们用科学严谨的态度看待疫情带来的社会影响，既要坚定对社会主义建设事业的信心，又不能忽视问题的存在，在分清主要矛盾和次要矛盾，用更正面积极的态度应对客观存在的社会问题。清晰坚定的观点，如一盏明灯，一扫我们心头的阴霾。

通过学习《公共管理学前沿（双语）》这门课程，我对行政管理专业有了更深的理解，也感悟到了古今中外公共管理的丰富智慧。或许，就像亚里士多德所言："Public management is for the good life for all the people.（公共管理的本质是为了全体人类的美好生活。）"在这个百年未有之大变局中，身为行政管理专业的学生，我们更应奋发向上，未来才能主动承担时代赋予我们的使命。

学高为师，身正为范。于我，陶庆老师不仅是探寻真理过程中的灯塔，更是我人生旅途中的导师，传授着处世之道。从师，是热爱专业的开始；从师，也是学习辨别是非、探求社会发展规律不可或缺的重要的经历。望吾等行管学子不忘陶老师的谆谆教诲，努力成为学贯中西的经国人才！

以史为线

陈思源

"用学术讲政治，唤醒公共管理知识的魅力！"这是陶老师在多年教学过程中总结出的经验。他将《习近平谈治国理政》列为必读书目，提升学生对公共管理学科的理论阐释和学理表达能力。通过精读书中内容，我们学习习总书记如何从人民群众的实践中汲取治理国家的磅礴力量，如何在地方和基层历练中守住初心、锤炼党性、增长才干。学习习总书记治国理政方略的思想形成与现实价值，是理解当代中国国家治理体系和治理能力现代化建设的重要切入点，也是学好中国特色公共管理学科体系和话语体系的关键所在。

《公共管理学前沿》课程坚持以史为线、以情动人，运用案例式、专题式、互动式、参与式等多元教学方式，用中国故事讲好中国治理，推动传统治国理政之道创造性转变、创新性发展。陶老师在授课期间重视让学生理解概念，鼓励学生发言，让抽象的公共管理概念变得通俗易懂，调动学生学习的积极性。陶老师的课程有水平、有深度，但又不枯燥，而是非常生动有趣，这有助于学生较快地掌握知识点、理清思路。

用实践讲理论，体验公共治理教育的温度。"上善若水，水善，利万物而有静，居众人之所恶，故几于道。"在陶老师眼中，水是一面镜子，折射了岸上人的精气神，也折射了流域治理的上中下游关系；水是一条纽带，联结了公共管理学子与流域治理实务工作者，也联结了治国理政的理论与实践以及历史、现实与未来。公共管理专业的实践性要求学生走出"象牙塔"，在实践中感受公共管理知识的魅力，形成对于公共管理学科情感的美好体验，从而将公共管理知识有效运用到具体实践和行为上。陶老师曾勉励我们用脚力丈量大地，用眼力观察社会，用脑力凝练思想，用笔力萃取精华，用听力感知时代问题。我们要走遍大大小小的流域，穿过润泽万物的河流湖泊，理解和抒写多样化的流域公共治理之道，体会公共管理的内在精华。"从实践中提炼理论案例，再反哺于课堂教学，让专业课堂"动起来"，让教学科研"活起来"，让学科建设"强起来"。

作为一名行政管理专业本科生，《公共管理学前沿》这门课程塑造了我的学科认知、身份认同和理想信念。我深刻地意识到，当今世界正经历百年未有之大变局，时代的责任与使命已经悄然落在我们这一代人的肩上。面对日趋复杂的社会新形势、新局面、新任务，作为青年公共管理学子，更应当"谨怀家国心，不负青春行"，将专业所长、自我价值与祖国的发展繁荣紧紧相连。

随着中国特色社会主义建设进入全面深化改革关键期，"公共管理教育"前所未有地与中国特色社会主义国家治理现代化紧密地联系在一起，我们的国家和社会从来没有像今天这样需要"公共管理事业""公共管理教育""公共管理人才"。如何引导学生树立公共价值理念、战略思维和前瞻视野，培养推动国家治理现代化的公共管理专业人才？这既是新时代国家治理现代化实践向公共管理学科提出的重要问题，也是《公共管理学前沿》教学孜孜以求、不懈追寻的答案。

说说"公共管理学前沿"这门课

姜 晴

"亚里士多德……亚当·斯密……嗯……接下来该是谁来着?"

我随手翻开一本与专业相关的书,看着那些公共管理学发展史上的重要人物,脑海里突然迸出一个铿锵有力的声音,那个充满激情的声音好像还在说着:"所有人的美好生活(Good life for all the people!)"那声音是陶庆老师的。不错,那抑扬顿挫、充满激情的声音是我对陶庆老师的第一印象。

初识陶庆老师是在2020年上半年的网课,那个时候,他没见过我,我却认识了他,准确地说是先认识了他的声音。当时电脑突然黑屏,我看不见老师的脸,只听到了老师的声音,那应该是我在这十多年的学习生涯中听过的最有激情的授课声音了。在每个单词的字母里,每个单词与每个单词之间,句子与句子之间,你都能感受到他对教学的热爱、对专业的执着、对学生的坦诚。

电脑终于恢复正常的那一刻,我见到了老师的面貌,是一位头发花白、笑容和煦的学者。而接下来的日子里,经过每一节课的接触,我越发觉得,陶庆老师真的是一个充满活力的老师,他就像是一朵太阳花,总是向着太阳,不停地生长,不停地将这种活力传递到我们身上,这是他给我留下的最深刻印象。

陶庆老师的课堂很精彩,主要体现在两大方面,一是他的昂扬向上的积极态度,另一个是他的扎实雄厚的理论知识。这么说吧,听陶庆老师的授课,从某种程度上来说像是一种由"错觉"向"真香"的反转变化。至少对我而言，毫不夸张地说，他在一定程度上改变了我对公共管理这一专业的态度。

我自认是一个理性的人，喜欢有逻辑、有条理地分析、整理、总结，习惯性地会去分析是什么、为什么、怎么做；但同时，我又是一个十分感性的人，陶庆老师那昂扬热情的授课方式，对我产生了很大的影响。我听着陶庆老师讲什么是"市场失灵（Market failure）"、什么是"政府干预（government intervention）"、什么是"官僚制（Bureaucracy）"，这些客观存在的背景、出现的问题、被实践证明的理论，甚至是那一个个专业单词，这些在曾经我看来无趣的东西，从他的口中说出，却是那么的富有情感，似乎每一个单词都被赋予活力，是有着强烈意义的鲜活的东西，是值得我们去了解、去感悟的。

这种感觉使我对这门课程产生了初步的兴趣，让我有了学习下去的动力，而让我真正喜欢上这门课的是陶庆老师那富有逻辑性的思辨能力和扎实的学识基础。我喜欢有条理的东西，最简单的表述就是一个字——"线"。所有的东西，都能被放到一条线上，直观清晰又有条理。而陶庆老师，就是给了我这样的一条"线"。

他对公共管理学前沿这一门课程研究深入透彻，他将重要的知识，都画在了一条"线"上，在这条"线"上的左右两端分别是"（极）左政府（far）left government"和"（极）右政府（far）right government"，所有的理论都在这条线上呈现、移动，同时他又按照时间的顺序，将公共管理学前沿中主要的思想，总结出"五大范式"，这些范式在这条"线"上展现得格外清晰。

在这条"线"上，我们了解了亚里士多德、亚当·斯密、韦伯的不同，也了解了邓小平、撒切尔夫人、里根之间的共同联系，我们一起在这条画出来的"线"上，走过了几百年。

我就是因为这条"线"，第一次发觉，原来我所学的知识并没有那么混乱难懂，他们其实很有条理，很容易接受。陶庆老师利用他的扎实的学识，以一个有逻辑、通俗易懂的方式向我们展示了公共管理学这几百年的发展历史。

其实，除了两大精彩之处以外，陶庆老师的授课还有很多精彩之处。

陶庆老师喜欢朗读一些书中精彩的段落，因为这门课是双语，所以我们学习的过程中就会用到英语教材，他经常会在讲课的时候突然停下来，对我们说这段写得真的很不错，我来给大家读一下，然后就开始了富有感情的朗读。

听着陶庆老师那抑扬顿挫的朗读，十分佩服他能将英文教材读得这么有声有色，听他朗读的过程中，我偶尔会抬头看他一眼，他的神情如此认真而又坚定，你甚至不需要听清他读的内容，单听他的语气，你就能感受到他对那一段话的喜爱赞美之意。我觉得，我也可以试着读一读自己喜欢的段落，看看是否真的有不一样的感悟。

让我印象深刻的还有一件事，是他在课上给我们唱歌。我已经记不清是因为什么了，只记得是在讲了很久的专业内容后，他说要唱首歌给我们听，在他歌声响起的那一刻，我愣了，真的，我甚至不由得发出了细小的惊呼赞叹，我没有想到，陶庆老师竟还有这种才艺。陶庆老师的男低音浑厚流畅，与他讲课说话时的声音很不一样，那声音，就像是换了一个人一样，但一样的是都极有感情。

课程结束了，但是陶庆老师教授的那些专业的知识、那条"线"，以及他在网络上留下的"慕课课程"，我想，我应该是短时间内不会忘记了，就算忘了，也可以顺着网络再去看一看，而那"朗读""歌唱"的满腹热情的声音，我想，我可能很久之后，还会记起。

我想，陶庆老师对我最大的影响，不是他教给了我多少专业的知识，而是他那份对学术研究的热忱，是他的那份热爱让我走进了公共管理的学术殿堂，对那些枯燥的知识有了改观，是他的那份热诚，让我明白做任何事都要充满活力，昂扬向上。